우리 동네 초등 돌봄교실 독서프로그램 수업 지도안 52

초등 저학년용

**수업계획서부터 PPT와 활동지까지,
독서 강사를 위한 완벽 가이드**

라의눈

서
문

복도 끝에서 우당탕탕 소리가 들려옵니다. 수업은 아직 30분 정도 남았지만, 정규 수업을 마친 아이들이 벌써부터 교실 앞에서 장난을 치고 있습니다. 여자아이들은 한쪽에 가방을 맨 채 쪼그리고 앉아 뭐가 그리도 재밌는지 까르륵거리고, 남자아이들은 복도를 운동장마냥 쿵쿵거리며 뛰어다니지요. 학교 전체가 아이들의 발소리와 목소리로 울립니다. "야! 뛰지 마!" 하며 마치 자기는 처음부터 점잖았다는 듯이 훈계하는 친구도 있습니다.

아이들은 처음부터 특별했습니다. 수업을 준비하며 상상했던 것보다 더 에너지 넘쳤고, 수업 중에는 쉴 새 없이 종알거렸습니다. 40분이 1초처럼 지나간 뒤, 교실을 나가던 아이가 돌아보며 "선생님, 다음주에 또 와요?" 물었습니다. "다음주에 또 올 거야. 왜?" 수업 마무리하며 건넨 초콜릿이 맘에 들었나 혼자 생각해 봅니다. "…… 선생님 또 보고 싶어서요."

어머나!!! 이 말을 듣는 순간, 저도 아이가 된 양 얼굴이 발그레해지고 미소가 피어납니다. 아이들이 오가며 툭 내뱉은 말들이 차곡차곡 쌓여 저를 다시 학교로, 현장으로 이끕니다. 아이들의 말들을 꽃처럼 귀하게 감싸 마음속에 간직해 둡니다. 그리고 가끔 왜 이 일을 하고 있을까, 회의가 들 때마다 아이들의 보석 같은 말들을 떠올리며 다시 책을 보며 기획안을 뒤적이고 수업을 준비합니다.

처음 독서 수업을 시작할 때는 무척 어려웠습니다. 아이들과 책 읽고, 이야기나누는 것은 정말 잘할 수 있을 것 같은데, 그런 나를 증명할 방법이 없어 막막했

습니다. 이력서 작성과 수업을 위한 강의 기획안이 첫 번째 고비였지요. 이력서에는 '어떤 이력'을 적어야 할지 몰랐고, 기획안은 '어떻게 구성'해야 할까 혼란스러웠습니다. 냉장고 안에 많은 식재료가 있어도 막상 어떤 요리를 할지 떠오르지 않았을 때처럼요. 수업 도서 선정, 책의 주제 찾기, 학습 목표 설정, 질문지 만들기, 독후활동까지 머릿속에 가득한 것들이 정작 기획안의 틀 안에 쏙 들어가지 않았으니까요.

이제 막 독서 수업을 시작하는 선생님들에게서 그때의 저와 비슷한 이야기를 듣곤 합니다.

이번에 강사 지원을 하려고 하는데, 서류 준비부터 너무 버거워요.
수업하는 그림책은 어떻게 구성하나요? 하나도 모르겠어요.
이 책에서는 무슨 질문을 해야 하나요?
저는 아직 준비가 안 되었는데 덜컥 합격하면 어떻게 하지요?
아이들 수준에 맞는 질문이나 독후활동을 모르겠어요.

이런 질문에 답을 드리고 난 후에는 언제나 마지막으로 제 경험을 들려 드립니다.

저도 그랬어요. 저도 잘 몰랐어요.
사실 지금도 다 알지는 못해요.
그런데 저는 이 일이 너무 좋아요.
선생님들도 책과 함께 사람을 만나는 이 일을 좋아하셨으면 좋겠어요.
제가 했으니까, 선생님들도 다 하실 수 있어요.
하다 보니 어느 순간 나눌 것들이 생기네요.
함께 준비하면 되지요. 제가 도움이 될 수 있을 거예요.

그래요, 함께 준비하면 돼요. 혼자라면 버겁고 힘들 수업준비 과정 전체를 이 책이 도와드릴 거예요. 처음 수업을 시작했을 때를 떠올리며, 실제 수업 현장에 바로 적용할 수 있는 실질적인 자료를 아낌없이 나누고자 차근차근 준비하였습니다.
먼저 북해빛 선생님들이 현장에서 직접 수업한 1~2학년 도서들 중에서 학생들의 흥미를 유발하면서도 주제성이 좋은 52권의 그림책을 선정하였습니다.

그리고 학교, 도서관, 온라인 등 다양한 곳에서 독서 수업을 진행해온 경험을 바탕으로 책의 내용을 재분석하고 수업에 활용할 수 있도록 수업 자료와 워크지, 만들기 동영상을 제작하였습니다. 이렇게 수업계획안부터 활동용 PPT와 동영상까지 제공하는 책은 없습니다.

대학에서 문학과 독서를 강의해온 선생님은, 52권의 책을 주제별로 분류하고 제작된 자료를 분석해 일일이 설명을 덧붙여 주었습니다. 또한 전문가의 시각에서 초등돌봄교육과 어린이 독서수업의 특징을 설명하며, 아이들의 문해력 향상과 정서 발달을 위해 강사가 어떤 시각을 가져야 하는지 지침을 주었습니다.

수업을 처음 시작하실 때는, 이 책에 수록된 수업 자료들이 실제 수업의 진행 방법을 익히는 데 큰 도움이 될 것입니다. 차곡차곡 경험이 쌓이면 스스로 도서를 선별하여 자신만의 기획안과 자료를 만들 수 있게 되리라 확신합니다. 또한 이론과 실제를 아우르고 있어, 다년간 강의를 해온 선생님들께도 새로운 아이디어와 색다른 관점을 제공할 것입니다.

강사 역량강화 강의를 여러 해 해왔으나, 강의 노하우를 책으로 만드는 과정은 녹록하지 않았습니다. 여러 위치에서 다양한 경험을 가진 여러 선생님이 모여 하나의 결과물을 위해 노력했습니다. 이렇게 모은 이론과 실제 자료를 책이라는 결과물로 만들어 준 출판사 역할도 적지 않았습니다. 이분들이 안 계셨다면 이 책의 출간은 불가능했을 것입니다. 정말 감사합니다.

무엇보다 선생님으로서의 기쁨을 알게 해준 저의 어린 책 친구들에게 벅차고 행복한 마음을 전합니다. 이 책을 통해 만나게 될 더 많은 책 친구와 선생님들을 기다립니다.

저자 일동

목 차

초등돌봄교육 독서수업,
어떻게 해야 할까?

1장

1 초등돌봄교육 독서 프로그램의 필요와 특징

1) 전인적 발달을 돕는 독서수업

초등돌봄교육은 돌봄과 교육을 아우르는 프로그램입니다. 따라서 정규 수업과 변별되는 다양한 활동을 포함하고 있으며, 학습 주체인 어린이의 인지적 측면의 발달과 정서 함양을 목표로 수업 내용을 구성하고 있습니다. 교육 프로그램에는 다양한 독서활동이 개설되어 운영되고 있는데, 학생들의 문해력 신장과 인지적 발달, 정서적 측면의 성장에 독서수업과 독서 연관 활동이 긍정적인 영향을 줄 수 있기 때문입니다.

초등돌봄교육 독서수업의 필요성은 학습자 요인과 학교·강사 요인으로 나누어볼 수 있습니다. 먼저 학습자 요인입니다. 독서가 학습자의 인지적, 정서적 측면의 발달에 기여한다는 것은 잘 알려진 사실입니다. 특히 초등학교 저학년은 독서를 통해 매우 다양한 능력을 기르고 그것을 학습이나 생활에 적용할 수 있습니다.

초등학교 저학년은 독서를 통해 인지 능력, 정서 및 창의력 발달 등에 도움을 받을 수 있습니다.

인지 능력 발달은 학습 능력과 연관되는데, 글을 읽고 이해하는 능력인 문해력 향상이 대표적입니다. 물론 독서를 통한 인지 능력 발달이 문해력 향상에 국한되는 것만은 아닙니다. 책을 읽는다는 행위가 문자로 수행되기 때문에 일차적으로는 언어와 문해력의 발달에 영향을 주지만, 책 속의 내용을 문자로 읽고 이해하여 말하거나 쓰는 과정을 통해 학생들은 어휘력을 확장하고 다양한 표현을 익혀 사용할 수 있습니다. 그리고 책에서 지식을 습득하거나 정보를 얻는 과정에서 생각하는 능력을 향상시킬 수 있습니다. 지식과 정보를 찾고, 선택하고, 정리하는 활동을 통해 판단력과 사고력을 기를 수 있기 때문입니다.

연령이 낮을수록 집중력은 약하기 마련입니다. 그런데 독서는 어린이들의 집중력을 향상시키고 다른 활동에서도 집중하거나 몰두하는 능력을 키울 수 있습니다. 이러한 능력은 또 다른 영역으로 확장되기도 합니다. 독서수업의 다양한 활동을 통해 어린이

들은 이야기의 전개와 문제 해결 과정을 이해해 인과관계와 같은 논리적 사고력을 강화할 수 있는데, 이야기를 기억하고 요약하는 활동이 기억력의 향상으로 이어지기 때문입니다. 즉 독서활동에 참여하는 어린이들은 문해력 향상만이 아니라 집중력 강화, 논리적 사고력과 기억력 향상 등의 인지 능력 발달을 경험하고, 이러한 경험은 학습 능력의 향상으로 이어질 수 있습니다.

독서수업과 독서활동은 책을 읽는 학생들의 정서적 측면의 발달에도 도움이 됩니다. 어린이들은 자신의 감정을 제대로 표현하거나 타인과 관계를 맺는 것에 어려움을 느끼곤 합니다. 초등학교 저학년 학생들은 독서를 통해 이러한 어려움을 해결하는 방법을 익힐 수 있습니다. 등장인물의 감정에 공감하거나 등장인물 간의 문제를 해결하는 활동을 거듭하면서 자신의 감정만이 아니라 다른 사람의 감정도 이해하고 사람들 간의 관계에 대해서도 이해하게 되기 때문입니다.

책은 혼자서도 읽을 수 있지만, 다른 독자들과 함께 읽고 활동을 수행하기도 합니다. 정규수업 이외의 영역인 도서관, 박물관, 체험관 등에서 진행되는 독서수업과 같이 또래 집단인 다른 독자들과 함께 활동을 수행하는 과정에서 어린이들은 의사소통 능력을 신장시킬 수 있으며, 토의나 토론, 글쓰기, 발표 등을 통해 표현력을 향상하고 성취감을 느끼며 자아 존중감을 높일 수 있습니다. 이처럼 어린이 독자들에게 독서수업과 활동은 단순히 책을 읽고 내용을 이해하는 데 그치지 않고 정서적인 측면의 성장과 사회적 관계 형성에도 도움이 됩니다.

또한 독서수업은 초등학교 학생들의 창의적 능력을 기르는 데 도움이 됩니다. 새로운 생각은 무(無)에서 나오는 것이 아닙니다. 기존의 지식(정보, 생각 등)을 바탕으로 개선과 발전을 위한 노력에서 만들어집니다. 책에는 여러 사람의 생각이 담겨 있습니다. 학생들은 책을 읽고 함께하는 독서 활동을 통해 책 속에 투영된 생각을 읽어내고 그 생각에 대해 찬성하거나 반대하고 새로운 의견을 제시합니다. 때로는 숨겨진 작가의 의도를 찾아내기도 합니다. 이러한 활동을 혼자 혹은 여럿이 함께 수행하면서, 책에서 찾은 '무언가'에 자신이 생각하는 '무언가'를 덧붙여 새로운 '무엇'을 만들어내는 것입니다. 즉 책을 통해 창의력과 상상력을 발달시키는 것입니다. 이처럼 독서수업을 통해 학생들은 이미 존재하는 것을 발전시키거나 새로운 것을 만들어내는 경험을 하고, 이를 통해 자신의 창의력과 상상력을 키울 수 있습니다.

앞에서 살펴본 바와 같이 초등학교 저학년 학생들을 대상으로 한 독서수업은 언어 능력과 문해력, 인지 능력과 정서적 측면을 강화하고, 책을 기반으로 한 활동을 통해 창의력과 상상력 향상에 도움을 줍니다. 이러한 능력의 향상은 학생의 논리적 사고력 발달과 함께 전인적 능력 발달에 긍정적인 영향을 줄 수 있습니다.

독서수업과 활동은 학습자 개인의 능력 향상에만 이바지하는 것이 아닙니다. 초등돌봄교육은 학교와 강사의 입장에서도 매우 의미 있는 프로그램입니다. 학습자별 발달 상황에 중점을 두어 프로그램을 운영하며, 학습과 함께 성장에 필요한 적절한 보육이 이루어지는 것에 목표를 두고 있기 때문입니다. 따라서 학습 능력 향상과 정서적 측면의 신장이 함께 이루어지는 독서수업은 초등돌봄교육 프로그램 운영에 매우 적합한 활동입니다. 독서 관련 활동은 정규 수업 시간에 행해진 학습을 돕거나 정규 수업에서 채워지지 않는 부분을 보완하는 역할을 할 수 있습니다.

독서활동은 학생들이 책 속에서 교과와 연계된 부분에 흥미를 갖도록 하여 학습 동기를 유발하기도 하고 독서를 통해 향상된 문해력과 논리적 사고력을 통해 전반적으로 학업 성취도를 향상시키기도 합니다. 초등학교 저학년 학생들은 독서를 통해 문자 해독력의 향상과 함께 인지 능력과 감성적 측면을 아울러 발달시킬 수 있으며 정규 수업과 연계한 다양한 활동을 통해 학습적인 측면에서도 도움을 받을 수 있습니다. 특별활동 프로그램 중 독서나 문해력 향상과 관련된 수업이 많은 것은 이러한 이유 때문일 것입니다.

독서수업과 독서활동이 지니는 이러한 장점은 교실 외에 도서관, 박물관, 체험관, 문화센터 등에서 이루어지는 다양한 독서 관련 프로그램에도 적용될 수 있습니다. 따라서 흥미로운 주제와 내용을 담은 책, 책에 대한 명확한 분석, 열린 관점으로의 접근, 학생의 이해도를 확인하는 적절한 질문, 책과 연관된 흥미롭고 다채로운 활동이 마련된다면 독서 교육과 활동을 효과적으로 계획하는 데 도움이 될 것입니다.

2) 복합적이고 다면적인 독서 활동

초등돌봄교육 프로그램은 지역별, 학교별, 학년별로 다양하게 운영되고 있습니다. 또한 학업과 관련된 활동을 기반으로 인지적 능력과 신체적 능력을 강화하는 것에 목표를 두고 있습니다.

초등돌봄교육 독서수업의 기본적인 목표도 동일합니다. 학생들에게 읽기의 즐거움을 발견하게 하고, 사고력, 창의력, 정서적 능력을 키우는 데 중점을 둡니다. 학생들은 책을 읽으면서 어휘력을 늘리고 표현력을 키워 문해력을 향상하고, 책 속의 문제를 분석하고 해결하며 비판적 사고력을 기릅니다. 책 안에서 이루어지는 관계들을 이해하는 과정에서 자신과 타인의 감정에 공감하고 사회적 관계와 역할을 깨닫게 되고, 책과 연관된 활동을 통해 상상력을 발휘해 새로운 생각을 창안하고 현실로 이어지도록 하는 창의력을 키울 수 있습니다. 학생들은 독서수업과 활동을 통해 스스로 책을 선택하고 읽으며 자기 주도 학습 능력을 기를 수 있으며, 그러한 능력의 향상은 자존감의 형성과 정서적 안정감을 이끌어냅니다.

또한 독서수업은 책읽기라는 단일한 활동이 아니라 책읽기와 관련된 신체 활동을 수행하거나 독서와는 다른 활동으로 확장해 진행하는 경우가 많습니다. 실제 2023년과 2024년에 운영되었던 독서 프로그램명을 살펴보면, <책놀이>, <독서탐구>, <한글놀이>, <독서논술>, <독서토론>, <독서활동>, <과학독서>, <역사독서> 등과 같습니다. 수업명에서 책을 읽고 다른 활동을 수행하거나 학습과 연계하려는 목적이 분명하게 드러납니다. 초등학교 저학년 학습자를 대상으로 한 <한글놀이>의 경우, 한글을 익히고 쉬운 책을 통해 연습을 한 다음 다양한 놀이를 통해 한글 자모나 어휘를 습득하도록 구성한 것입니다. <과학독서>, <역사독서>도 마찬가지입니다. 과학이나 역사와 관련된 책읽기를 통해 학습과 연관된 지식과 정보를 습득하도록 하려는 점이 명확합니다. <독서논술>, <독서토론>, <독서활동>과 같은 수업은 독서를 기반으로 글쓰기나 발표와 같은 의사소통 능력을 향상시키고자 하는 것입니다. <책놀이>의 경우, 책의 주제와 관련된 공작 활동이나 놀이 활동을 연계하는 수업입니다. 따라서 초등돌봄교육 독서수업은 책을 통해 얻는 일차적 효과에 더해 복합적인 목표를 두고 운영된다고 볼 수 있습니다.

미성년 학습자를 대상으로 이루어지는 최근의 독서수업은 대부분 책을 읽는 것에 그치지 않고 사고력을 확장하거나 창의적 능력을 신장하는 등의 이차적 효과에 주목하고 있습니다. 이것은 다양한 활동을 통해 이루어집니다. 책을 읽고 그 안에 제시된 요소를 추출해 놀이나 게임을 만들거나 책의 주제와 관련된 음악이나 영상물을 감상하고 이야기를 만들거나 느낀 점을 쓰거나, 책의 내용을 재해석해 새로운 내용을 만드는 등의 활동이 그 예입니다.

이 책에서 제안하는 독서수업은 이러한 최근의 경향을 반영하고 있습니다. 초등학교 저학년에서 이루어지는 독서수업 대부분은 단순히 책의 내용을 이해했는지 확인하는 것에 그치지 않습니다. 책을 읽은 학생이 새로운 내용을 창안하거나 교사가 마련한 게임을 수행하면서 내용이나 주제를 강화하고 연상되는 이미지를 형상화하거나 손이나 신체를 이용한 활동을 통해 관련 내용을 체화하는 등의 활동을 수행합니다. 이러한 활동은 책을 읽고 내용을 확인하는 전통적인 방식의 독서수업과 관련이 적어 보이기도 합니다. 그러나 작가가 책을 통해 전달하고자 하는 것과 책 속 인물들이 제시하는 메시지를 독자가 이해하도록 하는 데 이러한 활동은 매우 요긴합니다. 책을 문자로 이루어진 것으로만 이해하여 내용을 파악하는 데 그치지 않고 신체 활동이나 창의 활동을 통해 대상 도서의 내용과 함께 연관된 지식과 정보를 익힐 수 있기 때문입니다. 이처럼 초등학교 저학년을 대상으로 이루어지는 독서수업의 목표는 단순히 문자를 읽고 이해하는 것이 아니라 독자가 읽은 내용을 스스로 내재화하고 체화하여 새로운 것을 창안하는 데까지 이르도록 하는 것입니다.

2 # 초등 저학년 독서수업을 위한 완벽 가이드

1) 저학년용 독서지도 리스트 52와 교과 연계 목록

지금부터 52권의 도서를 소개하려고 합니다. 북해빗의 독서 지도 선생님들이 방과후 학교와 돌봄교실 독서 수업에서 활용한 책들과 줌 수업 교재로 활용했던 책들을 중심으로, 초등돌봄교육 독서 프로그램을 위해 새롭게 분석하여 정리한 도서 목록입니다. 뒷장에서 보실 <초등돌봄교육 저학년 독서지도 리스트 52>가 그것입니다.

북해빗 독서 지도 선생님들이 여러 해 동안 수업에서 다루었으며, 수업에 참여한 학생들의 호응이 높은 책 중에서 초등학교 저학년에 적합하다고 판단한 책입니다. 52권의 주제는 여섯 가지 유형으로 나눠지는데, 학급 상황에 따라 유사한 주제로 묶어 수업을 구성해도 되고, 다양한 유형을 고루 선택해 수업을 진행해도 됩니다.

초등돌봄교육은 1년 동안 약 16~48주 운영됩니다. 학교에 따라 1학기제 또는 2학기제로 운영하므로 실제 수업은 23~24주 또는 46~48주로 운영됩니다. 따라서 강사는 자신이 담당한 수업 진도와 학급 상황에 따라 도서의 주제와 학습목표를 참고해 수업 계획을 세워야 합니다. 독서수업을 계획하고 운영할 때, 북해빗이 제공하는 독서지도 리스트는 든든한 지원군이 되어줄 것입니다.

독서지도 리스트는 도서의 표지와 작가, 출판사 등의 도서 정보, 북해빗 선생님들이 분석한 주제는 물론 수업 진행 방식을 한눈에 볼 수 있게 구성되었습니다. 독서 강사는 자신의 수업을 구성하고 진행할 때 이 리스트를 활용해 한 학기 혹은 1년 동안의 수업을 짜임새 있게 준비할 수 있습니다.

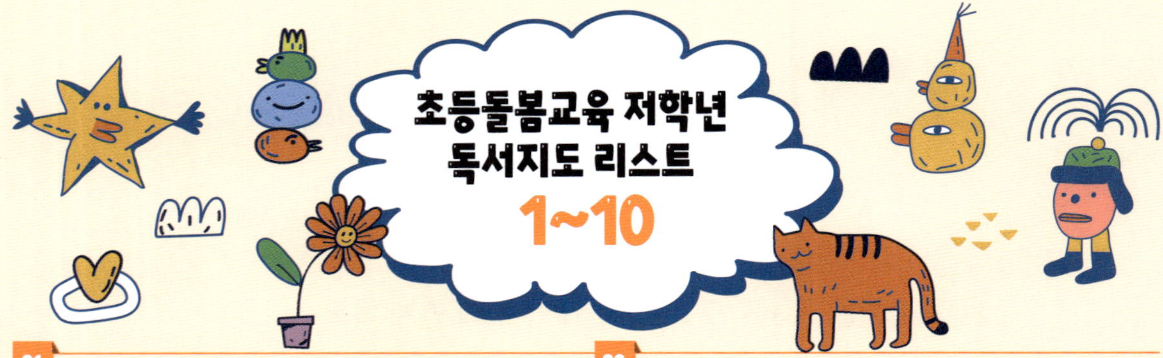

01

선정도서 **강아지똥**
도서정보 권정생 글, 정승각 그림
출 판 사 길벗어린이
주   제 쓸모/쓰임/도움/이타적 삶

| 수업
진행
방식 | • 개똥벌레 노래하기
• 그림책 함께 읽고 이야기하기
• 강아지똥 좋은 문장 캘리 쓰기 |

02

선정도서 **거짓말**
도서정보 미안 글, 그림
출 판 사 고래뱃속
주   제 장난/학교/억울한 감정

| 수업
진행
방식 | • 심한 장난 경험 나누기
• 그림책 함께 읽고 이야기하기
• 결말 바꾸기 4컷만화 |

03

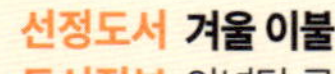

선정도서 **겨울 이불**
도서정보 안녕달 글, 그림
출 판 사 창비
주   제 따뜻한 조부모님의 사랑

| 수업
진행
방식 | • 찜질방 경험 나누기
• 그림책 함께 읽고 이야기하기
• 교실 찜질방 영업 개시 |

04

선정도서 **후끈후끈 고추장 운동회**
도서정보 오드 글, 그림
출 판 사 다림
주   제 운동회/협력

| 수업
진행
방식 | • 옛날 운동회 보여주기
• 그림책 함께 읽고 이야기하기
• 교실 미니 운동회 |

05

선정도서 **깔깔 주스**
도서정보 박세랑 글, 그림
출 판 사 노란돼지
주   제 상상력/음식/의성어

| 수업
진행
방식 | • 놀이 경험 나누기
• 그림책 함께 읽고 이야기하기
• 나만의 깔깔주스 메뉴판 |

06

선정도서 **꿈의 학교**
도서정보 허아성 글, 그림
출 판 사 책읽는곰
주   제 학교/창의력

| 수업
진행
방식 | • 학교에 대한 생각 나누기
• 그림책 함께 읽고 이야기하기
• 꿈의 학교 팝업북 만들기 |

07

선정도서 **내가 가장 듣고 싶은 말**
도서정보 허은미 글, 조은영 그림
출 판 사 나는별
주   제 마음 표현/가족/사랑

| 수업
진행
방식 | • 사랑의 말 쪽지 나누기
• 그림책 함께 읽고 이야기하기
• 종이 포춘쿠키 만들기 |

08

선정도서 **내 빤쓰**
도서정보 박종채 글, 그림
출 판 사 키다리
주   제 절약정신/추억

| 수업
진행
방식 | • 물려받는 문화 이야기 나누기
• 그림책 함께 읽고 이야기하기
• 야광 팬티 만들기 |

09

선정도서 **눈물샘**
도서정보 김세연 글, 그림
출 판 사 월천상회
주   제 슬픔/감정

| 수업
진행
방식 | • 제일 많이 울었던 에피소드 나누기
• 그림책 함께 읽고 이야기하기
• 플러스펜 수채화 기법으로 감정 그리기 |

10

선정도서 **똥떡**
도서정보 이춘희 글, 박지훈 그림
출 판 사 사파리
주   제 귀신 문화/화장실 문화/지혜

| 수업
진행
방식 | • 옛날 재래식 화장실 보여주기
• 그림책 함께 읽고 이야기하기
• 나쁜 일이 생겼을 때 물리치는 방식 이야기 |

초등돌봄교육 저학년 독서지도 리스트 11-20

11

선정도서 마씨 할머니의 달꿀 송편
도서정보 권민조 글, 그림
출 판 사 호랑이꿈
주　　제 추석명절/동물/환경

수업 진행 방식	
수업	• 마고할머니 전설 들려주기
진행	• 그림책 함께 읽고 이야기하기
방식	• 소원 달꿀송편 팝업 카드 만들기

12

선정도서 마음 안경점
도서정보 조시온 글, 이소영 그림
출 판 사 씨드북
주　　제 잔소리/자존감

수업	• 그림책 안경들 스토리 만들기
진행	• 그림책 함께 읽고 이야기하기
방식	• 나의 마음 안경 만들기

13

선정도서 스마트맨
도서정보 박서영 글, 그림
출 판 사 북극곰
주　　제 그래픽 노블/상상력

수업	• 스마트폰이 없었을 때의 생활 이야기
진행	• 그림책 함께 읽고 이야기하기
방식	• 뒷 이야기를 4컷 만화로 그려보기

14

선정도서 감기 걸린 날
도서정보 김동수 글, 그림
출 판 사 보림
주　　제 동물복지/환경

수업	• 감기에 걸렸던 이야기 나누기
진행	• 그림책 함께 읽고 이야기하기
방식	• 약속 선언문 만들기

15

선정도서 구름을 키우는 방법
도서정보 테리 펜·에릭 펜 글, 그림
출 판 사 북극곰
주　　제 만남과 성장/이별

수업	• 하루 중 내가 가장 행복한 시간 이야기하기
진행	• 그림책 함께 읽고 이야기하기
방식	• 감정단어 찾아보기

16

선정도서 다다다 다른 별 학교
도서정보 윤진현 글, 그림
출 판 사 천개의바람
주　　제 존중/개성

수업	• 학교 친구와 있었던 에피소드 나누기
진행	• 그림책 함께 읽고 이야기하기
방식	• 나만의 별 표현하기

17

선정도서 데이지와 감정 드래곤
도서정보 프랜시스 스티클리 글, 애너벨 템페스트 그림
출 판 사 파스텔하우스
주　　제 감정표현/캐릭터

수업	• 오늘 기분 이모티콘으로 고르기
진행	• 그림책 함께 읽고 이야기하기
방식	• 나만의 감정 캐릭터 만들기

18

선정도서 라면 맛있게 먹는 법
도서정보 권오삼 시, 윤지회 그림
출 판 사 문학동네
주　　제 동시의 즐거움

수업	• 동시가 무엇인지 이야기하기
진행	• 동시 낭독, 동시 퀴즈
방식	• 나만의 동시 쓰기

19

선정도서 불량 식품 발명왕 제인은 어디로 갔을까?
도서정보 메흐디 라자비 글, 마라얌 타흐마세비 그림
출 판 사 머스트비
주　　제 불량 식품

수업	• 가장 맛있었던 불량 식품 이야기
진행	• 그림책 함께 읽고 이야기하기
방식	• 나만의 불량 식품 발명하기

20

선정도서 붉은 여우 아저씨
도서정보 송정화 글, 민사욱 그림
출 판 사 시공주니어
주　　제 나눔/공존

수업	• 나눔에 대한 경험 나누기
진행	• 그림책 함께 읽고 이야기하기
방식	• 칠교놀이판 만들기

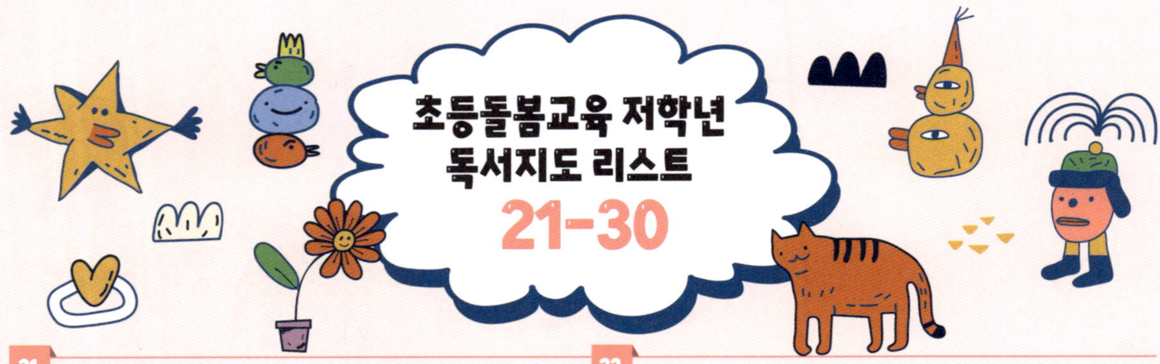

초등돌봄교육 저학년 독서지도 리스트 21-30

21

선정도서 **오싹오싹 편의점**
도서정보 김영진 글
출 판 사 책읽는곰
주　　제 부정적인 감정/실수

수업 진행 방식
- 편의점에서 내가 제일 좋아하는 간식
- 그림책 함께 읽고 이야기하기
- 스토리를 보고 간식 만들기

22

선정도서 **욕심쟁이 딸기 아저씨**
도서정보 김유경 글, 그림
출 판 사 노란돼지
주　　제 나눔의 기쁨

수업 진행 방식
- 욕심쟁이라고 느꼈을 때
- 그림책 함께 읽고 이야기하기
- 딸기 풍선 만들기

23

선정도서 **이 고쳐 선생과 이빨투성이 괴물**
도서정보 롭 루이스 글, 그림
출 판 사 시공주니어
주　　제 선입견/편견

수업 진행 방식
- 치과, 괴물 경험 나누기
- 그림책 함께 읽고 이야기하기
- 이 고쳐 선생의 일기 쓰기

24

선정도서 **천천히 해, 미켈레**
도서정보 엘레나 레비 글, 줄리아 파스토리노 그림
출 판 사 여유당
주　　제 새로운 길/개척

수업 진행 방식
- 오늘 하루 가장 많이 들었던 말 이야기하기
- 그림책 함께 읽고 이야기하기
- 워크지 활동 – 말풍선 넣기

25

선정도서 **아빠얼굴**
도서정보 황K 글, 그림
출 판 사 이야기꽃
주　　제 아빠/가족

수업 진행 방식
- 우리 가족을 소개하기
- 그림책 함께 읽고 이야기하기
- 가족 얼굴 그리기

26

선정도서 **민들레는 민들레**
도서정보 김장성 글, 오현경 그림
출 판 사 이야기꽃
주　　제 본질/민들레꽃/성장

수업 진행 방식
- 내가 제일 좋아하는 식물 이야기
- 그림책 함께 읽고 이야기하기
- 민들레꽃 과정 4컷만화 그리기

27

선정도서 **팥죽 할멈과 호랑이**
도서정보 박운규 글, 백희나 그림
출 판 사 시공주니어
주　　제 전래/권선징악/협동/보은

수업 진행 방식
- 옛날이야기 속 호랑이의 특징
- 그림책 함께 읽고 이야기하기
- 등장인물 카드 만들기

28

선정도서 **헨리의 자유상자**
도서정보 엘렌 레빈 글, 카디르 넬슨 그림
출 판 사 뜨인돌어린이
주　　제 인종차별/인권

수업 진행 방식
- 우리가 아는 차별 이야기하기
- 그림책 함께 읽고 이야기하기
- 나의 생각 짧은 글쓰기

29

선정도서 **바삭바삭 갈매기**
도서정보 전민걸 글, 그림
출 판 사 한림출판사
주　　제 공존/해양생태계

수업 진행 방식
- 갈매기 사진 보고 상상하기
- 그림책 함께 읽고 이야기하기
- 과자 스퀴시 만들기

30

선정도서 **숲속 재봉사의 옷장**
도서정보 최향랑 글, 그림
출 판 사 창비
주　　제 계절의 아름다움

수업 진행 방식
- 나의 옷장 소개하기
- 그림책 함께 읽고 이야기하기
- 나만의 봄의 옷장 만들기(북아트)

초등돌봄교육 저학년 독서지도 리스트 31-40

31

선정도서 봄을 찾은 할아버지
도서정보 한태희 글, 그림
출 판 사 한림출판사
주　　제 봄/사군자

수업 진행 방식	
수업	• 봄이 온 것을 알 수 있는 방법 이야기하기
진행	• 그림책 함께 읽고 이야기하기
방식	• 매화 종이접시 액자 만들기

32

선정도서 조선시대 냥
도서정보 냥송이 글, 그림
출 판 사 키즈엠
주　　제 민화/패러디/풍속화

수업 진행 방식	
수업	• 옛날 물건 탐색해 보기
진행	• 그림책 함께 읽고 이야기하기
방식	• 호박고누놀이(전통놀이)

33

선정도서 가을 열매 산책
도서정보 신수인 글, 원혜영 그림
출 판 사 개똥이(보리출판사)
주　　제 가을/열매

수업 진행 방식	
수업	• 걷기 좋은 산책길 추천하기
진행	• 그림책 함께 읽고 이야기하기
방식	• 솔방울 숲~골인 장난감 만들기

34

선정도서 책벌레 이도
도서정보 정하섭 글, 조은희 그림
출 판 사 우주나무
주　　제 한글/어린 세종

수업 진행 방식	
수업	• 내가 읽은 책 소개하기
진행	• 그림책 함께 읽고 이야기하기
방식	• 한글 팝업북 만들기

35

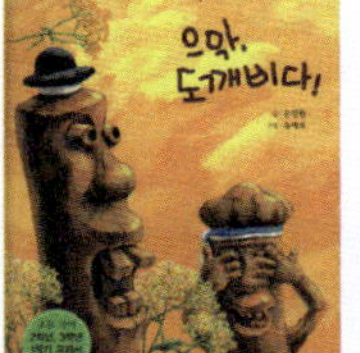

선정도서 으악, 도깨비다!
도서정보 손정원 글, 유애로 그림
출 판 사 느림보
주　　제 장승/우정

수업 진행 방식	
수업	• 마을 입구에 장승을 세워둔 이유
진행	• 그림책 함께 읽고 이야기하기
방식	• 뽁뽁이 장승 만들기

36

선정도서 산타 할아버지는 알고 계신대!
도서정보 리차드 커티스 글, 레베카 콥 그림
출 판 사 키즈엠
주　　제 크리스마스/배려/사랑

수업 진행 방식	
수업	• 가장 기억에 남는 선물은?
진행	• 그림책 함께 읽고 이야기하기
방식	• '○○아이' 크리스마스 배지 만들기

37

선정도서 팬티 입은 늑대2
도서정보 윌프리드 루파노 글, 마야나 이토이즈 그림
출 판 사 키위북스
주　　제 이웃/나눔

수업 진행 방식	
수업	• 동물들의 겨울나기
진행	• 그림책 함께 읽고 이야기하기
방식	• 핑거니팅 겨울 목도리 만들기

38

선정도서 방귀쟁이 며느리
도서정보 신세정 글, 그림
출 판 사 사계절
주　　제 전래

수업 진행 방식	
수업	• 안 좋은 줄 알았는데 알고보니 좋았던 일
진행	• 그림책 함께 읽고 이야기하기
방식	• 풍선 방귀쟁이 며느리 만들기

39

선정도서 달밤 수영장
도서정보 간장 글, 그림
출 판 사 보랏빛소어린이
주　　제 물놀이

수업 진행 방식	
수업	• 여름을 시원하게 보내는 나만의 방법
진행	• 그림책 함께 읽고 이야기하기
방식	• 여름 손 선풍기 만들기

40

선정도서 행복한 버스
도서정보 우리아 글, 이여희 그림
출 판 사 머스트비
주　　제 재활용/쓸모/가치

수업 진행 방식	
수업	• 내가 타본 교통수단에 대해 이야기 나누기
진행	• 그림책 함께 읽고 이야기하기
방식	• 워크지 활동 – 감정 어휘력 키우기

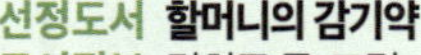

초등돌봄교육 저학년 독서지도 리스트 41-52

41

선정도서	**곤충 호텔**
도서정보	한라경 글, 무운 그림
출 판 사	소원나무
주　　제	생태탐구/곤충

수업 진행 방식
- 곤충들의 겨울나기
- 그림책 함께 읽고 이야기하기
- 곤충 호텔 만들기, 무당벌레 돌림

42

선정도서	**할머니의 감기약**
도서정보	김희주 글, 그림
출 판 사	고래뱃속
주　　제	공감/할머니/사랑

수업 진행 방식
- 감기에 걸렸다 나았던 이야기
- 그림책 함께 읽고 이야기하기
- 나만의 감기약 만들기

43

선정도서	**윷놀이 이야기**
도서정보	이은화 글, 한유민 그림
출 판 사	한림출판사
주　　제	전통놀이/윷놀이

수업 진행 방식
- 전통놀이 경험 말하기
- 그림책 함께 읽고 이야기하기
- 가족과 함께 하고 싶은 전통놀이 이야기하기

44

선정도서	**돌려줘요, 스마트폰**
도서정보	최명숙 글, 그림
출 판 사	고래뱃속
주　　제	선물/놀이

수업 진행 방식
- 스마트폰으로 가장 많이 하는 것은 무엇인지 이야기하기
- 그림책 함께 읽고 이야기하기
- 겨울 놀이 소개하기

45

선정도서	**세종대왕을 찾아라**
도서정보	김진 글, 정지윤 그림
출 판 사	천개의바람
주　　제	한글/세종대왕

수업 진행 방식
- 내가 좋아하는 책 소개하기
- 그림책 함께 읽고 이야기하기
- 오공안정침법 노트 만들기

46

선정도서	**쿠키 한 입의 사랑 수업**
도서정보	에이미 크루즈 로젠탈 글, 제인 다이어·브룩 다이어 그림
출 판 사	책읽는곰
주　　제	감정단어

수업 진행 방식
- 내가 직접 만든 음식 소개하기
- 그림책 함께 읽고 이야기하기
- 쿠키 그림 맞추기 게임

47

선정도서	**괴물이 오면**
도서정보	안정은 글, 그림
출 판 사	이야기꽃
주　　제	상상력/두려움/감정

수업 진행 방식
- 내가 읽고 싶은 괴물 그림책 제목 말하기
- 그림책 함께 읽고 이야기하기
- 괴물판 만들기

48

선정도서	**일곱 빛깔 내 감정의 책**
도서정보	스테파니 쿠튀리에 글, 모렌 푸아뇨넥 그림
출 판 사	청어람미디어
주　　제	감정단어/기분단어

수업 진행 방식
- 나의 하루 빛깔 고르기
- 그림책 함께 읽고 이야기하기
- 감정 공 잡기

49

선정도서	**안녕, 나의 고래**
도서정보	장은혜 글, 그림
출 판 사	크레용하우스
주　　제	소중한 생명/모성애

수업 진행 방식
- 엄마가 나를 사랑하는 순간 이야기하기
- 그림책 함께 읽고 이야기하기
- 고래 피리 만들기

50

선정도서	**읽는 사람 김득신**
도서정보	전자윤 글, 박슬기 그림
출 판 사	우주나무
주　　제	끈기/인내/노력

수업 진행 방식
- 내가 가장 좋아하는 위인 소개하기
- 그림책 함께 읽고 이야기하기
- 캘리 엽서에 꾸미기

51

선정도서	**송아지와 바꾼 무**
도서정보	최래옥·박완서·정채봉 편집, 변정연 그림
출 판 사	고려원북스
주　　제	수확/성실/동기

수업 진행 방식
- 전래동화란 무엇인지 이야기하기
- 그림책 함께 읽고 이야기하기
- 의도, 행동, 결과에 대해 이야기하기

52

선정도서	**훨훨 날아간다**
도서정보	최래옥·박완서·정채봉 편집, 최달수 그림
출 판 사	고려원북스
주　　제	소통/경청/관찰

수업 진행 방식
- 한달살기에 필요한 것 이야기하기
- 그림책 함께 읽고 이야기하기
- 동물 움직임 보고 이야기 만들기

<초등돌봄교육 저학년 독서지도 리스트 52>는 초등학교 저학년 수업과정도 반영하고 있습니다. 선정 도서 모두 국어과나 사회과 교과 과정과 관련되므로 아래의 <초등돌봄교육 도서 교과 연계 목록>을 참고하여 수업을 구성하는 것도 도움이 될 수 있습니다. 초등학교 저학년 수업은 대부분 학년 구분 없이 운영되는데, 교과 연계 목록을 참고하면 학년별로 수업 진행 상황을 확인할 수 있습니다.

초등돌봄교육 도서 교과 연계 목록

도서정보	주제어	초등 연계 교과 단원
01 강아지똥 권정생 글, 정승각 그림 | 길벗어린이	이타적인 삶	**1-2 국어** (7단원) 생각을 나타내요. **2-1 국어** (8단원) 마음을 짐작해요.
02 거짓말 미안 글, 그림 | 고래뱃속	억울한 감정, 거짓말	**1-2 국어** (7단원) 무엇이 중요할까요. **2-1 국어** (10단원) 다른 사람을 생각해요.
03 겨울 이불 안녕달 글, 그림 | 창비	가족, 사랑, 계절	**2-1 국어** (2단원) 자신있게 말해요. **1-2 통합겨울** (2단원) 겨울철 날씨와 우리 생활 알아보기
04 후끈후끈 고추장 운동회 오드 글, 그림 | 다림	운동회, 협력	**1-1 국어** (6단원) 받침 있는 글자 **2-1 국어** (1단원) 시를 즐겨요.
05 깔깔 주스 박세랑 글, 그림 | 노란돼지	상상, 낭독훈련	**2-2 국어** (3단원) 말의 재미를 찾아서 **3-1 국어** (1단원) 재미가 톡톡톡
06 꿈의 학교 허아성 글, 그림 | 책읽는곰	학교 상상, 꿈	**2-2 국어** (7단원) 일이 일어난 차례를 살펴요. **1-1 통합 봄** (1단원) 학교에 가면
07 내가 가장 듣고 싶은 말 허은미 글, 조은영 그림 | 나는별	마음, 표현, 한부모, 이웃	**2-1 국어** (10단원) 칭찬하는 말을 주고 받아요. **3-2 사회** (3-2단원) 다양한 가족이 살아가는 모습
08 내 빤쓰 박종채 글, 그림 | 키다리	절약, 과거	**2-2 국어** (3단원) 말의 재미를 찾아서 **3-2 사회** (2-1단원) 옛날과 오늘날의 생활 모습
09 눈물샘 김세연 글, 그림 | 월천상회	슬픔, 감정	**2-1 국어** (8단원) 마음을 짐작해요. **2-1 통합 여름** (1단원) 여러 형태의 가족
10 똥떡 이춘희 글, 박지훈 그림 | 사파리	귀신 문화, 화장실 문화	**2-2 국어** (1단원) 장면을 떠올리며 **3-2 사회** (2-2단원) 옛날과 오늘날의 세시풍속
11 마씨 할머니의 달꿀 송편 권민조 글, 그림 | 호랑이꿈	추석, 명절	**1-2 국어** (3단원) 문장으로 표현해요. **1-2 통합 가을** (2단원) 추석에 대해서 알아 봐요. **3-2 사회** (2-2단원) 옛날과 오늘날의 세시풍속

도서정보	주제어	초등 연계 교과 단원
12 마음 안경점 조시온 글, 이소영 그림 | 씨드북	잔소리, 자존감	**2-1 국어** (3단원) 마음을 나누어요. **2-2 국어** (9단원) 주요 내용을 찾아서
13 스마트맨 박서영 글, 그림 | 북극곰	그래픽 노블, 상상력	**1-2 국어** (10단원) 인물의 말과 행동을 상상해요. **3-1 국어** (6단원) 일이 일어난 까닭
14 감기 걸린 날 김동수 글, 그림 | 보림	동물 복지	**3-1 국어** (4단원) 감동을 나타내요. **2-1 국어** (9단원) 생각을 생생하게 나타내요.
15 구름을 키우는 방법 테리 펜 · 에릭 펜 글, 그림 | 북극곰	만남과 성장, 이별	**1-1 국어** (7단원) 감동을 나타내요. **3-2 국어** (1단원) 작품을 보고 느낌을 나누어요.
16 다다다 다른 별 학교 윤진현 글, 그림 | 천개의바람	존중, 다름	**1-1 통합 봄** (1단원) 학교에 가면 **2-2 국어** (1단원) 장면을 떠올리며
17 데이지와 감정 드래곤 프랜시스 스티클리 글, 애너벨 템페스트 그림 | 파스텔하우스	다양한 감정, 표현력	**2-1 국어** (3단원) 마음을 나누어요. **3-2 국어** (8단원) 글의 흐름을 생각해요.
18 라면 맛있게 먹는 법 권오삼 시, 윤지회 그림 | 문학동네	동시의 즐거움	**1-1 국어** (2단원) 재미있는 ㄱㄴㄷ **2-1 국어** (1단원) 시를 즐겨요.
19 불량 식품 발명왕 제인은 어디로 갔을까? 메흐디 라자비 글, 마라얌 타흐마세비 그림 | 머스트비	불량 식품	**3-1 국어** (8단원) 의견이 있어요. **2-2 국어** (7단원) 일이 일어난 차례를 살펴요.
20 붉은 여우 아저씨 송정화 글, 민사욱 그림 | 시공주니어	나눔	**2-2 국어** (10단원) 인물이 말과 행동을 상상해요. **3-1 국어** (10단원) 문학의 향기
21 오싹오싹 편의점 김영진 글, 그림 | 책읽는곰	부정적인 감정, 편의점	**2-2 국어** (9단원) 주요 내용을 찾아요. **3-2 국어** (9단원) 작품 속 인물 되어보기
22 욕심쟁이 딸기 아저씨 김유경 글, 그림 | 노란돼지	나눔의 기쁨, 봄	**2-1 국어** (11단원) 상상의 날개를 펴요. **3-2 국어** (6단원) 마음을 담아 글을 써요.
23 이 고쳐 선생과 이빨투성이 괴물 롭 루이스 글, 그림 | 시공주니어	선입견	**1-1 국어** (9단원) 그림일기를 써요. **3-1 국어** (9단원) 어떤 내용일까 상상해요.
24 천천히 해, 미켈레 엘레나 레비 글, 줄리아 파스토리노 그림 | 여유당	새로운 길	**2-2 국어** (4단원) 인물의 마음을 짐작해요. **3-2 국어** (9단원) 작품 속의 인물이 되어
25 아빠얼굴 황K 글, 그림 | 이야기꽃	아빠, 가족	**1-1 국어** (7단원) 생각을 나타내요. **2-1국어** (2단원) 자신있게 말해요
26 민들레는 민들레 김장성 글, 오현경 그림 | 이야기꽃	본질, 민들레꽃, 성장	**1-2 국어** (5단원) 알맞은 목소리로 읽어요. **2-2 국어** (1단원) 장면을 떠올리며 읽어요.

도서정보	주제어	초등 연계 교과 단원
27 팥죽 할멈과 호랑이 박운규 글, 백희나 그림 | 시공주니어	전래, 권선징악	**1-2 국어** (2단원) 소리와 모양을 흉내내요. **2-1 국어** (11단원) 실감나게 표현해요.
28 헨리의 자유상자 엘렌 레빈 글, 카디르 넬슨 그림 | 뜨인돌어린이	인종차별	**2-2 통합 겨울** (1단원) 세계 여러 나라 살펴보기 **3-1 국어** (8단원) 의견이 있어요.
29 바삭바삭 갈매기 전민걸 글, 그림 | 한림출판사	공존, 욕망	**3-1 국어** (1단원) 재미가 톡톡톡 **2-2 국어** (3단원) 말의 재미를 찾아서
30 숲속 재봉사의 옷장 최향랑 글,그림 | 창비	계절의 아름다움, 디자인	**1-2 국어** (10단원) 인물의 말과 행동을 상상해요. **2-1 국어** (2단원) 자신 있게 말해요.
31 봄을 찾은 할아버지 한태희 글, 그림 | 한림출판사	봄, 봄꽃, 사군자	**2-1 통합 봄** (2단원) 봄이 오면 **2-2 국어** (1단원) 장면을 떠올리며
32 조선시대 냥 냥송이 글, 그림 | 키즈엠	민화, 전통 물건	**2-1 국어** (7단원) 친구에게 알려요. **3-2 사회** (2-1단원) 옛날과 오늘날의 생활 모습
33 가을 열매 산책 신수인 글, 원혜영 그림 | 개똥이(보리출판사)	가을, 열매, 자연	**1-1 국어** (7단원) 생각을 나타내요. **2-2 통합 가을** (2단원) 가을아 어디 있니?
34 책벌레 이도 정하섭 글, 조은희 그림 | 우주나무	한글, 세종대왕	**1-1 국어** (4단원) 글자를 만들어요. **3-1 사회** (2-2단원) 우리 고장의 문화유산
35 으악, 도깨비다! 손정원 글, 유애로 그림 | 느림보	장승, 옛 문화, 우정	**2-1 국어** (2단원) 자신 있게 말해요. **3-1 국어** (1단원) 재미가 톡톡톡
36 산타 할아버지는 알고 계신대! 리차드 커티스 글, 레베카 콥 그림 | 키즈엠	겨울, 가족애, 크리스마스	**1-1 국어** (7단원) 생각을 나타내요. **2-2 국어** (4단원) 인물의 마음을 짐작해요.
37 펜티 입은 늑대 2 윌프리드 루파노 글, 미야나 이토이즈 그림 | 키위북스	이웃, 나눔, 겨울	**2-1 국어** (3단원) 마음을 나누어요. **2-2 통합 겨울** (2단원) 동물의 겨울나기
38 방귀쟁이 며느리 신세정 글, 그림 | 사계절	전래, 해학	**1-2 국어** (5단원) 알맞은 목소리로 읽어요. **2-1 국어** (9단원) 생각을 생생하게 나타내요.
39 달밤 수영장 간장 글, 그림 | 보랏빛소어린이	여름, 물놀이	**2-2 국어** (7단원) 일이 일어난 차례를 살펴요. **1-1 통합 여름** (2단원) 더운 날의 우리 모습 살펴보기
40 행복한 버스 우리아 글, 이여희 그림 | 머스트비	재활용, 쓸모, 가치	**2-1 국어** (10단원) 다른 사람을 생각해요. **2-1 국어** (6단원) 자세하게 소개해요.
41 곤충 호텔 한라경 글, 무운 그림 | 소원나무	곤충, 자연, 생태	**2-2 겨울** (2단원) 겨울 탐정대의 친구 찾기 **3-2 국어** (1단원) 작품을 보고 느낌을 나누어요.
42 할머니의 감기약 김희주 글, 그림 | 고래뱃속	공감, 겨울, 사랑	**1-1 겨울** (2단원) 우리의 겨울 **1-2 국어** (9단원) 겪은 일을 글로 써요.

도서정보	주제어	초등 연계 교과 단원
43 윷놀이 이야기 이은화 글, 한유민 그림 | 한림출판사	전통놀이	**1-2 가을** (2단원) 현구의 추석 **3-2 사회** (2단원) 옛날과 오늘날의 세시풍속
44 돌려줘요, 스마트폰 최명숙 글, 그림 | 고래뱃속	선물, 놀이	**2-2 국어** (7단원) 일이 일어난 차례를 살펴요. **1-2 통합 겨울** (2단원) 우리의 겨울
45 세종대왕을 찾아라 김진 글, 정지윤 그림 | 천개의바람	역사, 한글, 자부심	**1-2 겨울** (2단원) 여기는 우리나라 **1-2 국어** (1단원) 소중한 책을 소개해요. **3-1 국어** (7단원) 반갑다, 국어사전
46 쿠키 한 입의 사랑 수업 에이미 크루즈 로젠탈 글, 제인 다이어·브룩 다이어 그림 | 책읽는곰	감정, 표현	**2-1 국어** (3단원) 마음을 나누어요. **1-1 봄** (1단원) 학교에 가면
47 괴물이 오면 안정은 글, 그림 | 이야기꽃	상상력, 두려움, 감정	**2-1 국어** (9단원) 생각을 생생하게 나타내요. **2-2 국어** (4단원) 인물의 마음을 짐작해요.
48 일곱 빛깔 내 감정의 책 스테파니 쿠튜리에 글, 모렌 푸아뇩넥 그림 | 청어람미디어	감정단어	**2-1 국어** (3단원) 마음을 나누어요. **4-1 국어** (3단원) 느낌을 살려 말해요.
49 안녕, 나의 고래 장은혜 글, 그림 | 크레용하우스	소중한 생명	**1-2 국어** (7단원) 무엇이 중요할까요? **2-1 여름** (2단원) 초록이의 여름 여행 **1-1 봄** (2단원) 도란도란 봄 동산
50 읽는 사람 김득신 전자윤 글, 박슬기 그림 | 우주나무	끈기, 인내, 노력	**1-2 국어** (10단원) 인물의 말과 행동을 상상해요. **2-1 국어** (11단원) 상상의 날개를 펴요. **2-2 국어** (6 단원) 자세하게 소개해요.
51 송아지와 바꾼 무 최래옥 · 박완서 · 정채봉 편집, 변정연 그림 | 고려원북스	수확, 성실, 동기	**1-2 국어** (5단원) 생각을 키워요. **3-1 국어** (7단원) 생생하게 표현해요.
52 훨훨 날아간다 최래옥 · 박완서 · 정채봉 편집, 최달수 그림 | 고려원북스	소통, 경청, 관찰	**1-2 국어** (8단원) 느끼고 표현해요. **2-1 국어** (4단원) 분위기를 살려 읽어요.

2) 도서의 주제 유형과 수업 방법 안내

(1) 주제 유형별 도서 목록

수업 대상 도서 52권을 주제에 따라 유형별로 분류하면 다음과 같습니다.

① 감정을 표현하는 방식을 보여주는 책
② 어린이들의 성장 과정과 성장의 동력을 제시하는 책
③ 관계 형성과 유지에 대해 배울 수 있는 책
④ 사회적 인식을 갖추고 문제 해결 능력을 기르도록 돕는 책
⑤ 문화와 예술을 배우고 느낄 수 있는 책
⑥ 역사 속 인물을 소개하는 책과 다양한 즐거움을 제공하는 책

6가지 유형은 초등학교 저학년 학생을 위해 임의로 분류한 것입니다. 북해빛에서 선정한 52권의 도서는 대부분 그림책인데 그림책은 글과 그림 모두 독후활동의 대상이 되어 주제가 여러 가지로 이해될 수 있습니다. 이 책에서는 그러한 점을 반영하되 수업에서 가장 보편적으로 활용할 수 있는 주제를 중심으로 책을 분석하고 수업 자료를 마련했습니다.

주제별로 나누어 도서 목록을 제시하는 이유는 강사가 수업을 준비할 때 참고하도록 하기 위함입니다. 앞에서 제시한 바와 같이 초등돌봄교육은 상황에 따라 다르지만 학기당 22주 정도로, 한 학기 또는 두 학기의 수업을 준비한다면 20주에서 40주 이상의 수업 계획이 필요합니다. 동일하거나 유사한 주제가 반복되는 경우에 학생들이 지루함을 느낄 수 있는데 이런 경우에는 대상 도서의 주제를 다양화하여 집중도와 학습의 효과를 높일 수 있습니다. 때로는 동일한 주제의 책들을 집중적으로 다루어 하나의 주제를 강조하고 심화하는 방식으로 수업을 진행할 수도 있습니다. 북해빛에서는 수업에 적용할 수 있도록 52권의 도서들을 6가지 주제별로 분류했으나 이러한 기준이 절대적인 것은 아닙니다.

02 거짓말

03 겨울 이불

07 내가 가장
듣고 싶은 말

09 눈물샘

17 데이지와
감정 드래곤

42 할머니의
감기약

46 쿠키 한 입의
사랑 수업

47 괴물이 오면

48 일곱 빛깔
내 감정의 책

초등학교 저학년 어린이들은 자신의 감정을 구체적으로 표현하는 능력이 부족합니다. 자신의 감정을 제대로 인지하지 못하거나 그러한 감정을 느끼는 이유도 알지 못하는 경우가 많습니다. 그런데 자신의 감정을 알지 못하고 제대로 표현하지 못하는 경우에는 소통의 문제가 생기거나 심리적인 어려움을 겪을 수 있습니다. 실제로 어린이들은 기분이 좋을 때는 자연스럽게 감정을 표현하지만, 슬픔이나 화와 같은 부정적인 감정을 효과적으로 드러내는 방법을 모르는 경우가 많습니다. 또한 감사함을 전하거나 거절하는 법에 익숙하지 않고, 외로움이나 억울함 같은 감정을 섬세하게 표현하는 것에 서툽니다. 그러므로 독서를 통해 자기 감정을 이해하고 표현하여 전달하는 방법을 익히는 것은 어린이의 성장에 매우 큰 도움이 될 수 있습니다.

감정을 표현하는 방식에 대한 그림책은 ②번 유형으로 정리된 성장 과정의 책과도 관련이 되며, ③번 유형의 주제인 관계 유지와 관련된 도서와도 연관이 됩니다. 세 가지 주제 모두 초등학교 저학년 학생들이 성장 과정에서 경험하는 감정 표현과 관계 설정과 유지에 관련되기 때문입니다. 이러한 유형의 도서들은 어느 정도 교집합을 지니기 때문에 필요한 경우 수업 목표와 활동을 서로 넘나들며 변형해 수업에 적용할 수 있습니다.

<거짓말>은 자신의 말을 믿어 주지 않는 주변 사람들에 대한 불만과 억울함에 대한 내용으로 학생들의 경험을 적용할 수 있습니다. 동일한 주제와 소재의 연장선에 있는 작품이 <내가 가장 듣고 싶은 말>입니다. 이 책은 자신에 대한 부정적인 평가를 들은 주인공의 마음이 반영되어 있습니다. 부정적인 말 대신 자신을 따뜻하게 봐주는 시선과 관심이 그리운 등장인물에 독자들이 공감할 수 있습니다.

<겨울 이불>, <할머니의 감기약>은 조부모의 사랑을 느낄 수 있는 책들입니다. 한 편은 판타지적으로 따뜻함을 강조하고 다른 한 편은 할머니의 사랑을 사실적으로 보여 줍니다. 두 편은 일하는 부모님 때문에 조부모에게 맡겨진 어린이가 주인공으로 등장합니다. 어린이 독자들은 두 편의 작품을 통해 사랑과 감사의 마음을 전하는 방법을 배울 수 있습니다. 더불어 책 속에는 나오지 않는 부모님과의 관계에 대해서도 생각하고 가족 간의 사랑을 표현하는 방식을 연습할 수도 있습니다. <눈물샘>은 슬픔을 참는 아이의 이야기입니다. 슬픔을 참아야 했던 이유와 그로 인해 발생하는 문제들을 살필 수 있습니다. 감정을 억누르는 등장인물을 통해 독자는 자신의 상황과 비교하고, 솔직하게 감정을 표현해야 하는 필요성에 대해 이해할 수 있습니다.

<데이지와 감정 드래곤>, <쿠키 한 입의 사랑 수업>, <일곱 빛깔 내 감정의 책>은 어린이들이 자신의 감정을 확인하고 받아들일 수 있게 돕는다는 점이 비슷합니다. 이 세 권의 도서는 학생들이 자신의 감정에 대해 규정하고 표현하는 방식을 익히도록 하는 데에 유용합니다. 어린이들은 감정을 느끼지만 그 감정을 명확하게 알지는 못하고 그것을 현명하게 표현하는 방법도 모르는 경우가 많습니다. 자신의 감정을 인식하고 그것을 효과적으로 표현하는 방법을 익히는 것은 어린이의 성장에 도움이 됩니다. 다만, 내용과 주제가 유사하기 때문에 수업 준비할 때 이러한 점을 고려해야 합니다.

<괴물이 오면>은 이 영역에 속하는 다른 책들과는 조금 다른 점이 있습니다. 이 책에는 괴물을 두려워하는 아이가 나옵니다. 엄마와의 대화를 통해 아이는 두려움의 실체를 알게 되고 그것을 극복하는 법을 배웁니다. 어린이가 두려움을 직면하고 이겨내는 방법을 배울 수 있는 책입니다.

어린이들의 성장은 드라마틱하지는 않지만 지속적으로 이루어집니다. 성장에는 아주 특별한 순간, 특별한 사건 대신 아주 작고 사소한 주변의 일들이 영향을 줍니다. 성장을 촉진하는 요인은 매우 다양합니다. 일상 속의 사소한 깨달음일 수도, 늘 접하는 주변 상황일 수도, 사회적인 요인일 수도 있습니다. 사실 모든 책은 독자의 성장을 꾀합니다. 어린이를 대상으로 한 책들은 독서를 통해 독자들이 자신의 세계를 조금이라도 넓히기를 바랍니다. 이 주제 유형의 도서들은 그러한 점이 조금 더 반영된 것으로 볼 수 있습니다.

<강아지똥>은 세상의 낮은 것에 대한 사랑이라는 점이 부각되어 세상에 쓸모없는 사람은 없다는 깨달음과 함께 타인에 대한 배려를 배울 수 있습니다. <마음 안경점>도 자기를 사랑하는 방식을 배울 수 있는 책입니다. 이런 책들은 자신의 모습을 사랑하고 성장하는 방식을 알려 줍니다. 세상에 보잘것없는 존재는 없으며 나는 나 자신으로 존중받아야 한다는 점을 깨닫게 합니다. <민들레는 민들레>는 어떠한 경우에 처하더라도 변하지 않는 '자신'에 대한 내용입니다. 어린이들에게는 어려운 개념이지만 '정체성'이라는 부분을 조금 쉽게 알려 줄 수 있습니다.

<내 빤쓰>는 대가족에 대한 향수와 함께 옷이나 물건을 물려받았던 시절의 추억을 통해 가족 간의 배려와 사랑을 깨닫게 합니다. <산타 할아버지는 알고 계신대!>는 사실과는 다른 진실을 통해 보이는 것만이 전부는 아니라는 교훈과 자매의 사랑과 배려를 보여 줍니다. <으악, 도깨비다!>는 옹기촌에 남은 도깨비들의 우정이 두드러지는 책입니다. 책 속의 도깨비들은 납치된 친구를 찾기 위해 노력하고 서로를 챙기고 배려합니다. 이런 책들에는 가족, 자매나 형제, 친구들이 서로를 이해하고 배려하는 모습이 담겨 있습니다. 독자들은 책 속에서 나 아닌 다른 사람을 이해하고 배려하는 것을 배울 수 있습니다.

<구름을 키우는 방법>과 <다다다 다른 별 학교>의 내용은 어린 독자들의 한계를 넓힐 수 있는 가능성을 제시합니다. <구름을 키우는 방법>은 ①번 유형의 책으로 분류할 수도 있습니다. 이 책은 사랑하는 대상과의 이별을 받아들이며 더 성장하는 등장인물을 보여 줍니다. 이별의 슬픔을 극복하는 방법을 알게 된다는 점에서 ①번 유형의 책들과 유사하지만, 이별에 대한 인식을 달리하고 자신의 주변을 더 넓게 살피는 능력을 기를 수 있다는 점에서 성장에 무게를 두어 수업을 운영할 수 있습니다. <다다다 다른 별 학교>는 독자들이 자신과 다른 존재에 대해 수용하고 다양성에 대해 이해할 수 있도록 합니다. 사회적 인식의 폭을 넓힐 수 있다는 점에서 ④번 유형으로 묶을 수도 있으나 문제를 제시하거나 문제를 해결하는 방안에 대한 모색이 드러나지는 않아 ②번 유형으로 정리했습니다. 초등학교 저학년 독자들의 세계는 작습니다. 알고 있는 세계가 달라 인식의 폭이 좁을 수 있지만, 사고가 유연한 만큼 자신이 모르는 세계에 대해서도 선입견 없이 받아들일 수 있습니다. 그런 독자들에게 이 유형의 책들은 사고의 폭을 넓히는 데 도움이 됩니다.

03 관계 형성과 유지에 대해 배울 수 있는 책

04 후끈후끈 고추장 운동회

20 붉은 여우 아저씨

25 아빠얼굴

30 숲속 재봉사의 옷장

33 가을 열매 산책

39 달밤 수영장

41 곤충 호텔

이 유형의 책들은 세계의 유지와 연관되어 있습니다. 달리 말하면 세계에 대한 지식이나 정보를 제공하거나 관계를 맺고 유지하는 방식에 대해 생각할 수 있는 책들입니다. <숲속 재봉사의 옷장>, <가을 열매 산책>, <곤충 호텔>은 계절에 따른 자연의 변화에 대한 정보를 제공합니다. 사실적인 그림과 과학 지식을 바탕으로 쓴 책들을 통해 독자들은 계절 변화에 대해 배울 수 있습니다. 이 책들을 읽으며 독자들은 자연을 이루는 요소들이 각기 자신의 역할을 함으로써 자연이 유지된다는 점을 알게 됩니다. 이 책들은 숲속 생물들과 재봉사의 관계, 할머니, 엄마, 딸로 이어지는 관계, 겨울을 나는 곤충들의 관계를 관통하며 세계가 서로 관계 맺고 유지하는 방식도 보여 줍니다.

<아빠얼굴>은 아빠 얼굴을 그리는 숙제를 통해 가족의 의미를 새롭게 이해하는 내용입니다. 아빠를 그리는 숙제를 통해 가족 관계를 이해하고 성장한다는 점에서 ②번 유형에 속할 수도 있지만 가족 관계라는 점에 무게를 두어 이 영역으로 정리했습니다. 책을 읽으며 수행하는 활동을 통해 '관계'라는 주제를 한 단계 더 심화할 수도 있습니다.

<후끈후끈 고추장 운동회>는 비빔밥의 재료들이 서로 어우러지는 과정을 익살스럽게 그리고 있습니다. <붉은 여우 아저씨>는 친구들을 위해 자신의 것을 나누고, 고양이는 더위를 타는 동물 친구들을 위해 <달밤 수영장>에 초대를 합니다. 경쟁과 협동, 나눔과 배려를 통해 관계가 어떻게 형성되고 유지되는지를 배울 수 있습니다.

04 사회적 인식을 갖추고 문제 해결 능력을 기르도록 돕는 책

05 깔깔 주스

06 꿈의 학교

11 마씨 할머니의 달꿀 송편

13 스마트맨

14 감기 걸린 날

21 오싹오싹 편의점

22 욕심쟁이 딸기 아저씨

23 이 고쳐 선생과 이빨투성이 괴물

24 천천히 해, 미켈레

28 헨리의 자유상자

29 바삭바삭 갈매기

37 팬티 입은 늑대2

40 행복한 버스

44 돌려줘요, 스마트폰

49 안녕, 나의 고래

초등학교 저학년 학생들은 사회적 문제나 불합리를 실제로 경험할 기회가 적습니다. 그러나 '이불 밖은 위험하다'는 말처럼 세상은 여러 가지 모순들을 지니고 있습니다. 이 유형은 학생들이 사회문제에 대해 관심을 갖고 적극적으로 문제를 해결하는 방식을 배울 수 있는 책들입니다.

초등학교 저학년 독자들도 '환경' 문제와 '디지털 기기'의 위험성에 대해서는 비교적 잘 알고 있는 편입니다. <마씨 할머니의 달꿀 송편>, <바삭바삭 갈매기>, <안녕, 나의 고래>는 환경의 변화로 인한 위험을 보여주고 있습니다. <마씨 할머니의 달꿀 송편>은 신화 속 인물인 마고 할머니를 등장시켜 환경오염으로 인해 멸종되어 가는 동물들에 대해 알려 줍니다. <바삭바삭 갈매기>는 사람들 때문에 바뀐 환경으로 스스로 생존하는 방법을 잃어 버린 갈매기 이야기입니다. <안녕, 나의 고래>에는 바다 오염으로 아기를 잃고 스스로 죽음을 택한 엄마 고래가 등장합니다. 독자들은 글과 그림을 통해 사라지는 생명들에 대해 알게 되고 자연스럽게 해결 방법을 모색하게 됩니다. <스마트맨>과 <돌려줘요, 스마트폰>에는 스마트폰에 중독된 현대인이 등장합니다. 학생들은 자연스럽게 '기계'에 중독되는 자신의 문제와 해결 방법에 대해 고민할 수 있습니다.

<감기 걸린 날>, <오싹오싹 편의점>, <욕심쟁이 딸기 아저씨>, <천천히 해, 미켈레>, <팬티 입은 늑대 2>는 가치 판단에 관해 묻고 있습니다. <감기 걸린 날>은 따뜻한 외투와 동물의 생존권에 대해 고민하도록 합니다. <오싹오싹 편의점>은 사회 규범을 어기는 문제와 해결 방법을 생각하게 하고, <천천히 해, 미켈레>는 기존 사회 질서와 규범을 바꾸는 일 혹은 그런 일을 하는 선구자를 어떻게 볼 것인지 생각하도록 합니다. 또 <욕심쟁이 딸기 아저씨>나 <팬티 입은 늑대 2>는 부의 분배와 사회 계층 문제를 떠올리게 합니다. 이들 도서는 어린이들이 미처 알지 못했던 '사회적 사실'에 대해 인식하고 그 문제를 해결하는 방법을 '생각'해 보도록 유도합니다.

선입견이나 차별에 대해 말하기도 합니다. <이 고쳐 선생과 이빨투성이 괴물>과 <헨리의 자유상자>는 가짜 뉴스와 인종 차별을 다루고 있습니다. 사실과 다른 소문과 선입견이 어떻게 퍼지게 되는지를 보여주는 <이 고쳐 선생과 이빨투성이 괴물>을 통해 독자들은 선입견에서 자유로워지는 방법이나 가짜 뉴스를 판단하는 능력을 키울 수 있습니다. 또 역사적 사실에 바탕을 둔 <헨리의 자유상자>를 읽고 노예제도에 대해 배우고 인종 차별을 비롯한 다양한 차별에 저항하는 의식을 기를 수 있습니다. <헨리의 자유상자>는 실존 인물이 등장하기 때문에 ⑥번 유형의 도서로 분류할 수도 있으나, 인종차별이 중심 내용이기 때문에 사회 문제에 대해 다루는 책으로 정리했습니다.

자신이 처한 상황을 유쾌하게 해결하도록 하는 <깔깔 주스>와 희망하는 학교를 설계할 수 있는 <꿈의 학교>에는 심각한 사회문제가 등장하지 않습니다. 그러나 이들 도서를 통해 독자는 일상의 어려움을 해결하고 자신이 바라는 것을 이루는 방식에 대해 배울 수 있습니다. <행복한 버스>에도 해결해야 할 사회적 문제는 나오지 않습니다. 그러나 낡은 마을버스가 몽골로 가는 이야기를 통해 환경, 국제 교육, 이타성 등 세계를 보는 다양한 시각을 제공합니다.

④번 유형의 책들은 학생들이 책 속의 내용을 통해 개인으로서의 '나' 뿐만 아니라 자신이 포함된 세계를 인식하도록 하고, 그 안의 문제를 깨닫고 해결 방안을 모색하는 과정을 통해 성장하도록 돕습니다. 이러한 점에 무게를 두어 수업을 계획하고 운영하는 것이 좋습니다.

책을 통해 전통문화나 예술작품을 접하고 즐길 수도 있습니다. 전래동화를 현대적으로 풀어낸 <팥죽 할멈과 호랑이>, <방귀쟁이 며느리>, <송아지와 바꾼 무>, <훨훨 날아간다>는 재미와 함께 전통문화에 대해 이해하고 옛이야기에 담긴 지혜를 배울 수 있습니다. <윷놀이 이야기>는 놀이의 유래와 방식을 소개하고 있으며 <조선시대 냥>은 조선 후기 대표적인 풍속화를 패러디해 옛 그림에 대한 흥미를 유발하고 전통문화에 관심을 갖도록 합니다.

<똥떡>은 '화장실 귀신'이라는 전통 소재를 현대적으로 풀어낸 책으로 전통문화를 배우고 즐길 수 있습니다. <봄을 찾은 할아버지>는 현대 동화지만 전통적인 봄을 소개하고 있습니다. <송아지와 바꾼 무>는 선한 의도와 나쁜 의도, 욕심 없음과 탐욕이 결국 어떤 결과를 가져오는지 대비해서 보여줍니다. <훨훨 날아간다>는 전래동화 속의 해학과 이야기의 즐거움, 의성어와 의태어를 통한 입말(구어체)의 재미에 대해 알려줍니다.

이들 도서들은 전통문화, 예술 등을 어린 독자들이 쉽게 접하고 즐길 수 있도록 배려하고 있습니다. 수업을 구성할 때 이러한 점을 염두에 두어야 합니다.

책벌레 이도

세종대왕을 찾아라

읽는 사람 김득신

라면 맛있게 먹는 법

역사 속의 인물들을 다룬 책으로는 <책벌레 이도>, <세종대왕을 찾아라>, <읽는 사람 김득신>이 있습니다. 세종대왕을 소재로 한 두 권의 책은 한글 창제에 대해 다루지 않습니다. 세종의 어린 시절과 애민정신에 대해 다루고 있으므로 수업을 준비할 때 유의해야 합니다. 역사적 인물이 주인공인 책들은 미리 역사적 사실에 대해 확인하고 자료를 준비하는 것이 바람직합니다. 또 개별 도서들이 지닌 특징을 파악하는 것도 중요합니다.

<책벌레 이도>는 세종대왕의 어린 시절에, <세종대왕을 찾아라>는 세종대왕의 애민정신에 무게를 두되, 그림 속에 숨어 있는 세종 찾기라는 특징을 놓치지 않도록 해야 합니다. <읽는 사람 김득신>은 노력을 통해 역사 속에 독서가로 이름을 남긴 김득신에 초점을 맞출 수도 있고 유사한 주제인 <책벌레 이도>와 연결해 수업을 진행할 수도 있습니다.

<라면 맛있게 먹는 법>은 독자들이 시에 재미를 느끼도록 구성되었으므로 이러한 점에 초점을 맞추어 수업을 준비해야 합니다. 책 속의 시를 함께 읽고, 다양한 활동을 통해 시를 읽고 창작하는 재미를 느낄 수 있도록 하는 것이 중요합니다.

(2) 초등돌봄교육 수업 자료와 이용 방법

초등돌봄교육 독서수업을 위해 북해빗에서 개발한 자료는 다음과 같습니다.

㉠ 초등학교 저학년용 도서 목록과 교과 연계 목록
㉡ 52권 도서 목록의 수업계획서
㉢ 수업용 PPT 자료
㉣ 학생에게 제공하는 워크지
㉤ 수업 공작 활동 동영상과 도안

초등학교 저학년용 도서 목록과 교과 연계 목록은 그림책을 중심으로 초등학교 1~2학년에게 적합한 책들을 정리하고 교과목과 연계해 표로 정리한 것입니다. 52권의 책을 대상으로 한 수업계획서와 수업 자료는 본문과 QR코드를 참고하면 됩니다. 강사가 수업을 운영하기 위해서는 이 수업계획서와 수업 자료가 만들어진 기본 틀을 이해해야 합니다.

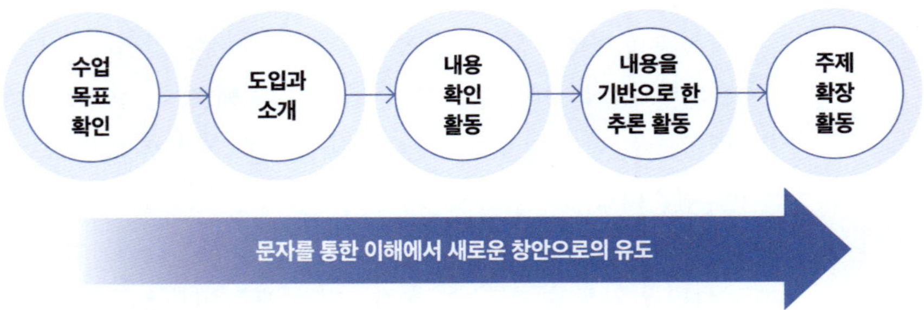

북해빗에서 설계한 초등돌봄교육 독서수업은 초등학교 저학년 학생들의 발달 단계에 맞춘 수업 얼개를 기반으로 하고 있습니다. 초등학교 저학년 독자가 책을 통해 문해력과 내용 이해력을 높이는 것이 초등학교 저학년 독서수업의 기본 목표입니다. 그리고 책의 내용을 확인한 학생들이 스스로 이해한 내용을 분석하고 논리적으로 자신의 의견을 글이나 말로 표현할 수 있도록 하고 대안을 새롭게 마련하거나 창의력을 발휘해 다양한 활동을 수행하는 것이 단계적으로 이루어져야 할 것입니다. 이 책에 수록된 활동들은 이러한 단계에 맞춰 수업을 진행할 수 있도록 준비되었습니다.

수업의 각 단계는 책의 내용 이해에 그치지 않고 학생들이 여러 활동을 통해 사고력을 확장하고 스스로 문제를 해결하고 새로운 견해를 제시할 수 있도록 구성되어 있습니다. 수업을 이끌 강사를 위해 대상 도서를 분석해 수업을 위한 수업계획서를 작성하고 수업계획서에 맞춰 수업 자료 PPT를 제작했습니다.

수업계획서는 <초등돌봄교육 저학년 독서지도 리스트 52>의 대상도서를 분석해, 학습 목표와 수업 중에 이루어지는 도입 활동, 책 읽기 전, 책을 읽는 동안, 책을 읽고 나서 이루어지는 활동을 표로 만들어 제시했습니다. 학생들에게 화면으로 제공할 내용은 수업용 PPT 자료로 제작했으며, 학생에게 제공되는 워크지와 만들기 활동 동영상도 제작해 QR로 제공하고 있습니다.

수업계획서와 수업용 PPT 자료는 수업을 위해 밀접하게 연관됩니다. A4 1장 분량의 수업계획서가 수업 구성의 전체적인 틀과 내용을 제시했다면, 수업용 PPT 자료는 수업계획서를 시각적으로 구현해 실제 수업에서 활용할 수 있도록 했습니다.

수업계획서와 수업용 PPT 자료는 현장에서 바로 사용할 수 있도록 만들었으나, 수업 시간, 수업 목적, 수업 참여자의 특성, 학습의 특수성을 고려해 강사가 변경하거나 수정할 수 있습니다. 수업계획서는 수업 대상, 인원, 소요시간, 준비물(활동), 활동목표, 도서 소개와 같은 수업 준비 부분과 도입, 전개 활동 1, 전개 활동 2, 기타 등의 실제 수업 운영 부분으로 구성되었습니다.

먼저 수업계획서 맨 윗부분에는 수업의 기관과 대상 학년, 인원수, 수업 시간과 준비물이 제시되어 있고 활동목표가 설정되어 있습니다. 수업계획서에는 활동목표로 제시되었으나 학생들과 함께 보는 수업 자료 PPT에는 수업목표로 제시되어 있습니다. 책을 통해 가장 기본적으로 수행해야 할 학습 내용입니다.

수록 도서 중 <후끈후끈 고추장 운동회>의 수업계획서와 수업 자료 PPT를 통해 수업계획서가 수업 자료 PPT로 제작된 방식과 수업에 어떻게 적용할 것인지 간단히 살펴보겠습니다.

기 관 명	초등돌봄교육 / 온동네 초등돌봄교육센터 / 방과후학교	
대　　상	초등 1~3학년 / 최대인원 20명	
준 비 물	탁구공, 종이컵, 풍선, 백업	
소요시간	50분　　　단　가　500원 (구비후 재사용가능 재료들)	
활동목표	① 예전과 지금의 운동회를 비교해서 볼 수 있다. ② 혼자 하기 힘들었던 일을 협동하여 해결했던 경험을 나눌 수 있다.	

[후끈후끈 고추장 운동회 수업계획서 첫 부분]

제시된 활동목표는 수업 상황에 따라 강사가 원하는 대로 수정할 수 있습니다. 실제 수업을 진행해야 하는 학급마다 상황이 다를 수 있기 때문에 얼개를 그대로 유지하되, 수업 환경에 맞춰 내용을 변경하거나 수정할 수 있도록 구성했습니다.

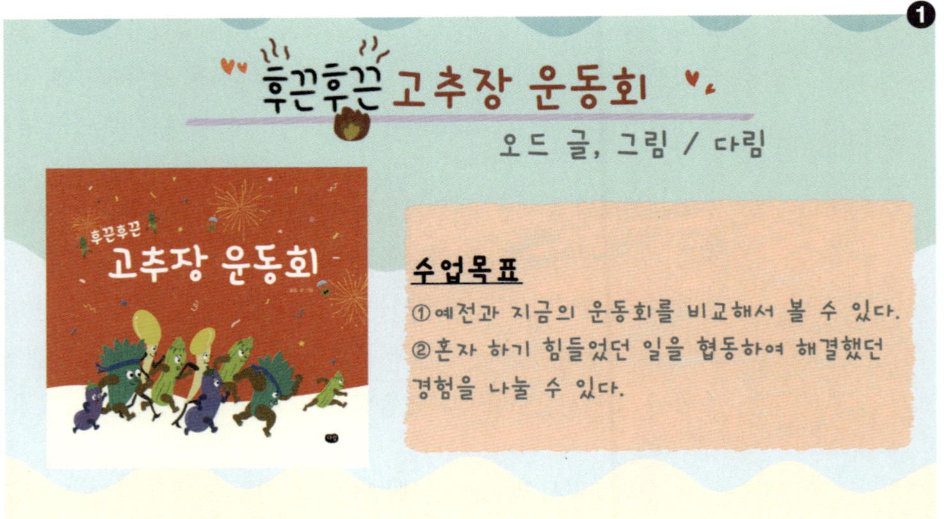

슬라이드 오른쪽 위의 숫자는 슬라이드 번호

[후끈후끈 고추장 운동회의 수업 자료 PPT - 수업 목표 제시]

수업계획서의 활동 목표는 PPT에서 수업 목표로 제시되어 있습니다. 수업 자료 PPT에 수록되었지만 학생들에게 보여주거나 화면 제시로 간략하게 지나가는 것 등은 강사의 재량에 맡깁니다.

수업계획서에 제시한 준비물은 독서 후 활동에 필요한 재료들로 강사가 수업을 운영하는 데 필요한 재료비와 수업 운영비와 관련되기 때문에 기재했습니다.

콩나물, 애호박, 가지, 시금치는 올해도 운동회 준비로 열심이에요. 매년 고추마을에서 후끈후끈 고추장 운동회가 열리거든요. 올해의 종목은 비빔밥. 가장 먼저 달걀을 깨뜨린 팀이 우승입니다. 다진 고기팀까지 합세하는 바람에 채소 선수들은 힘을 합쳐보기로 하는데요. 과연 우승팀은 누가 될까요? 친구들도 함께 예상해 보아요.

[후끈후끈 고추장 운동회 수업계획서 도서 소개 부분]

수업계획서의 다음 항목은 대상 도서 소개입니다. 이 부분은 수업 자료 PPT의 '오늘 이야기'와 동일한데, 책의 내용을 요약해 설명한 것입니다. 초등돌봄교육 독서수업에서는 학생들의 도서 구매가 의무가 아니기 때문에 수업 시간에 학생들과 함께 책을 읽고 정리하는 활동이 수행되어야 합니다. 도서를 소개하는 이 부분은 학생들에게 책의 내용을 알려주기 위해 활용할 수도 있지만 책을 읽기 전, 혹은 읽고 난 후에 요약하는 방식으로도 이용할 수 있습니다.

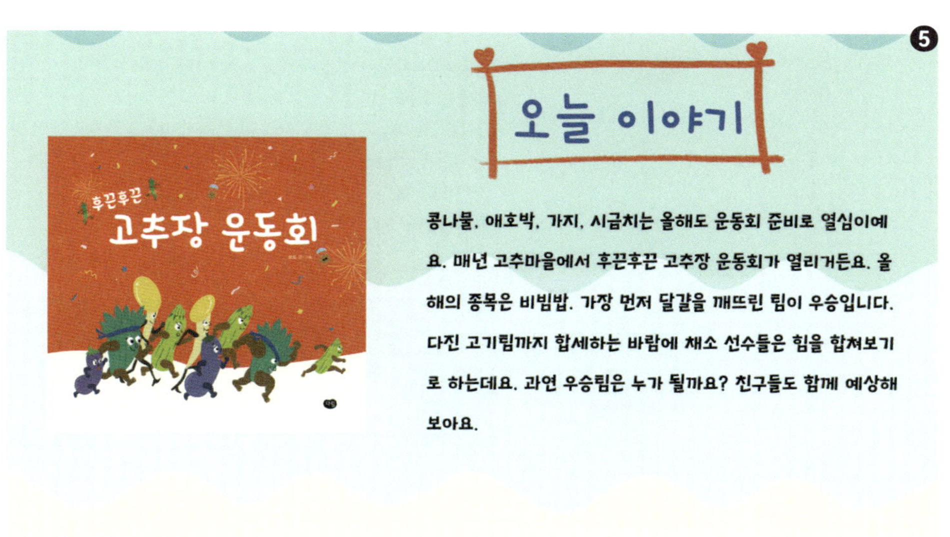

[후끈후끈 고추장 운동회 수업 자료 PPT - 도서 소개 부분]

수업계획서에는 <주제 도서>로 수업 자료 PPT에는 <오늘 이야기>로 제시된 수업 도서 소개는 수업계획서 부분에는 도입 전에 제시되었지만 수업 자료 PPT에는 도입과 표지 소개 이후로 편집되어 있습니다. 강사의 재량에 따라 수업 순서를 정할 수 있지만, 특별한 경우를 제외하고는 수업 자료 PPT 순서에 맞춰 도입과 표지 활동이 끝난 이후에 제시하는 것을 권합니다. 책을 읽고 요약하는 활동에 이용하거나 혹은 책을 읽지 않고 진행하는 경우, 이 부분을 이용해 대상 도서의 내용을 숙지하도록 할 수도 있습니다.

실제 수업 진행과 관련된 것은 수업계획서의 도입, 전개활동 1, 2 부분입니다.

도입 **10분**	* **인사 나누기** * **옛날 운동회는 이랬어요. (PPT 참고)**
전개활동1 **10분**	**활동 1-1. 그림책 읽기 (읽기 전 발문 / 읽기 중 발문)** * **(전) 표지질문**　그림에서 무엇이 보이나요? 　　　　　　　채소들이 모여서 무엇을 하고 있을까요? 　　　　　　　채소들의 표정은 어떤가요? 　　　　　　　고추장 운동회는 보통 운동회와 어떤 차이가 있을까요? * **(중)** 고추장 운동회에 출전한 선수들 이름을 알아보고 MVP를 뽑아보아요. * **(중)** 야채 이름의 삼행시 함께 운율을 맞춰서 읽기 **활동 1-2. 읽은 후 이야기 나누기** * **(후)** 다른 사람과 협동해서 힘든 일을 해결한 경험을 적어보아요. * **(후)** 내가 좋아하는 비빔밥 재료로 삼행시 지어보기 * **(후)** 두 팀으로 나누기
전개활동2 **30분**	**활동 2-1. 활동명 : 교실 미니 운동회 (자리 정리 및 활동 준비)** * 협동게임. 손잡은 채로 풍선을 놓치지 마! * 백업을 이용한 한걸음 잡기 놀이 　(강사의 호루라기 소리에 따라 한 걸음씩 이동하며 술래에게 닿지 않아야 함.) 　(술래는 백업을 들고 친구들을 터치하는 게임) * 풍선 펜싱 놀이 * 탁구공 농구 놀이 **활동 2-2. 자리 정돈 및 생각 정리** * 옮긴 책상을 제자리에 놓고 풍선 등을 수거하여 혼잡해지지 않게 관리
기타 **영상링크 외**	https://youtu.be/IDOp1mSeZJ87si=uY4_Vhl3srohXNqU　**풍선 펜싱**　　https://youtu.be/CUedNH8jK3U?si=ZxsCjs-rLJKFGZ2　**한걸음 술래잡기**　　https://youtu.be/dBcLiMGKYwM?si=JfWCehHB3R9U9Bx1　**탁구공 농구**　　https://youtube.com/shorts/mR3zq5mEnfQ?si=DdIVhteeEUfI3q2O　**협력 풍선**

[후끈후끈 고추장 운동회 수업계획서 도입 이후 전체]

수업에서 도입은 활동 목표를 소개한 후, 주제에 대한 학생들의 기존 지식을 확인하고 상상력을 이끌어내기 위한 활동이 중심이 됩니다. 주로 관련된 주제에 관한 경험이나 의견을 묻는 질문이나 활동으로 구성되어 있습니다.

[후끈후끈 고추장 운동회 수업 자료 PPT - 도입 부분]

수업 자료 PPT의 활용 방식에 대한 부분에서 자세히 설명하겠지만, 도입은 책을 읽기 전, 연관된 주제에 대한 학생들의 경험이나 의견을 묻거나 도서 관련 주제에 대한 흥미도를 높이기 위한 활동에 집중되어야 합니다.

전개활동의 경우 수업계획서에는 전개활동 1과 전개활동 2로 나누어 제시했으나, 각각의 활동이 독립적이기 때문에 강사가 수업에 적절한 활동을 선택해 재구성할 수 있습니다. 수업계획서의 (전), (중), (후) 표시는 책을 읽기 전, 학생들과 책을 읽는 과정에서, 책을 읽고 나서 하는 활동을 의미합니다.

예를 들어, 수업계획서에 다음과 같이 제시되었다면 책을 읽기 전에 표지를 보면서 학생들에게 내용을 추측하도록 하는 활동입니다.

활동 1-1. 그림책 읽기 (읽기 전 발문 / 읽기 중 발문)
＊ **(전) 표지질문**　그림에서 무엇이 보이나요?
　　　　　　　　　채소들이 모여서 무엇을 하고 있을까요?
　　　　　　　　　채소들의 표정은 어떤가요?
　　　　　　　　　고추장 운동회는 보통 운동회와 어떤 차이가 있을까요?

[후끈후끈 고추장 운동회 수업계획서 전개활동 1-1 - 읽기 전 활동]

[후끈후끈 고추장 운동회 수업 자료 PPT – 표지 질문]

책의 표지에는 책에 대한 여러 정보가 숨어 있습니다. 이러한 점을 활용하여 책을 읽기 전에 표지와 같은 시각 자료를 통해 내용을 확인하고 추측하는 활동을 합니다. 학생들에게 책표지를 보여주고 책의 내용을 추측하게 하거나 표지에 등장한 인물들의 스토리를 만들거나 성격을 상상해 보는 등의 활동을 통해 책에 대한 호감도를 높이고 흥미를 유발할 수 있습니다. 표지 활동에 제시된 질문은 학습 상황에 따라 그대로 사용하거나 수정할 수 있습니다. 수업계획서에는 간단히 '표지 질문(그림 보기/제목 비교/내용 상상하기)'으로 제시되었으나, 수업 자료 PPT에는 독서수업 지도를 위한 여러 질문을 제시해 두었습니다. 따라서 수업계획서와 수업 자료 PPT를 확인하며 수업을 준비하는 것이 좋습니다.

* **(중)** 고추장 운동회에 출전한 선수들 이름을 알아보고 MVP를 뽑아보아요.
* **(중)** 야채 이름의 삼행시 함께 운율을 맞춰서 읽기

[후끈후끈 고추장 운동회 수업계획서 – 전개 활동 1-1 읽기 중 활동]

(중)으로 표시된 활동은 화면에 그림책을 띄워 놓고 학생들과 소리 내어 읽거나 돌아가며 읽는 방식으로 진행합니다. 이 단계는 내용 확인을 위해 진행될 수도 있고 앞의 내용을 추측하는 방식으로 진행될 수도 있습니다.

[후끈후끈 고추장 운동회 수업 자료 PPT - 전개활동 1-1 읽기 중 활동]

책을 읽는 과정 중에 이루어지는 활동은 학생들이 내용을 쉽게 기억하도록 하고 미처 내용을 따라가지 못한 학생들을 위해 속도를 조절하는 역할도 합니다. 다만 책의 내용을 이해했는지 자주 확인을 하거나 너무 많은 활동을 넣는 것은 책읽기의 맥을 끊을 수 있으므로 주의가 필요합니다.

활동 1-2. 읽은 후 이야기 나누기

* **(후)** 다른 사람과 협동해서 힘든 일을 해결한 경험을 적어보아요.
* **(후)** 내가 좋아하는 비빔밥 재료로 삼행시 지어보기
* **(후)** 두 팀으로 나누기

[후끈후끈 고추장 운동회 수업계획서 - 전개활동 1-1 읽기 후 활동]

(후)는 책을 다 읽은 후, 내용을 확인하고 표면에 드러나지 않는 내용을 추측하도록 유도하는 활동이나 창의력을 발휘하도록 하는 활동이 중심이 됩니다. 이 단계의 활동은 이전 단계의 활동에 이어져 매우 다양하게 확장됩니다. 내용을 이해하고 확인한 후, 그것을 기억하는 것만이 아니라 유사한 소재를 다루지만 주제가 달라지는 다른 이야기로 확장하거나 책의 내용을 바탕으로 새로운 생각을 만들어내는 등의 활동이 마련되어 있습니다. 이러한 활동을 통해 학생은 사고의 확장, 다양한 관점의 확보, 나와 타인에 대해 이해와 공감, 문제 해결 능력 향상, 새로운 생각의 창안을 경험할 수 있습니다.

수업 자료 PPT에는 학생들이 책을 읽고 평가하는 워크지가 포함되어 있습니다. 수업 계획서에는 제시하지 않았으나 수업 자료 PPT에 수록해 도입에서 전개활동으로 넘어갈 때, 책에 대해 학생들의 생각을 표현할 수 있도록 한 것입니다.

[수업 자료 PPT - 워크지 1 도서 평가표]

PPT ❻번 슬라이드가
워크지 ①번이라는 의미

모든 수업 자료 PPT에 동일하게 제시된 이 슬라이드는 학생들이 함께 읽은 책에 대해 점수를 매기고 책에 대한 자신의 생각을 단어나 짧은 문장으로 표현하는 활동입니다. 독서 활동을 하는 동안에는 학생들로 하여금 대상 도서에 대한 관심을 유지하게 하는 역할을 하지만, 프로그램이 모두 끝난 후에는 수업에 대한 기록이 될 수 있습니다. 평가서를 단계별로 작성해서 수업 전반부에 적은 내용과 후반부에 적은 내용의 차이를 확인하면 수업을 통해 달라진 학생의 역량도 확인할 수 있습니다.

학생들은 워크지를 통해 책을 읽고 이해한 내용을 강화하고 자신의 생각을 확장시키게 됩니다. 그러나 모든 활동이 워크지로 제공되지는 않습니다. 수업 자료 PPT 제목에 번호가 붙어 있는 것은 워크지로 제공되지만, 전구 모양으로 표시된 부분은 워크지로 제공되지 않습니다. 수업을 위해 수업 자료 PPT와 워크지를 확인할 때 이 점을 기억하고 준비하시기 바랍니다.

[수업 자료 PPT 7번 슬라이드 - 워크지로 제공, 번호 2번을 확인할 수 있음]   [수업 자료 PPT 8번 슬라이드 - 전구 표시, 워크지로 제공되지 않음]

위에서 볼 수 있듯이 숫자 2번이 기재된 왼쪽 슬라이드는 학생들에게 제공되는 워크지입니다. 제목 앞에 전구가 표시된 오른쪽 슬라이드는 수업 자료 PPT로 제공되나 워크지로 제작하지는 않았습니다. 수업을 준비할 때 반드시 수업 자료 PPT와 워크지를 확인해야 합니다.

수업계획서는 도서의 내용을 확인하거나 자신의 생각을 글이나 말로 표현하는 등 언어 활동에 치중한 것이 대부분이지만, 언어 활동은 매우 간단히 진행하고 신체 활동이나 만들기 활동을 유도하는 경우도 있습니다. 책의 주제나 수업의 목표에 따라 활동의 유형도 달라지기 때문입니다. 따라서 강사는 수업계획서와 수업 자료 PPT 등을 확인하고 학급 상황에 맞춰 자료와 활동을 조정해야 합니다.

수업계획서와 수업 자료 PPT를 활용할 때 주의할 점은 수업 시간입니다. 수업시간은 40분으로 정해져 있으며, 초등학생을 대상으로 하는 수업의 특성상 수업 전과 수업 후에 공지사항을 전달하거나 정리하는 시간이 필요하기 때문에 제공된 수업시간을 효율적으로 이용해야 합니다. 만들기 활동을 하거나 동영상 시청이 필요한 경우에는 이러한 점을 더 꼼꼼하게 확인해야 할 것입니다.

수업 목표는 모든 수업에서 가장 기본적인 틀이면서 최종적인 목적지입니다. 정해진 수업 시간 동안 강사와 학생이 교육과 학습이라는 목적을 이루기 위해 세워 놓은 계획이기도 합니다. 강사에게는 수업 운영의 기준이 되며 학생에게는 학업 성취의 목표가 됩니다.

이 책에 수록된 초등학교 저학년용 도서 52권 수업계획서의 활동 목표는 곧 수업 목표로서, 대상 도서를 통해 초등돌봄교육 독서 프로그램에서 학생들이 습득해야 할 가장 기본적인 내용들을 제시하고 있습니다. 이는 북해빛 강사진의 회의를 통해 결정된 것으로 해당 도서에 대한 가장 일반적인 책읽기 목표를 반영하고 있습니다. 강사는 이 목표를 기반으로 자신의 수업을 설계할 수 있습니다. 이 책의 수업 목표를 그대로 수용하여 수업을 진행할 수도 있지만 해당 도서에 대한 자신의 분석을 토대로 수정하고 보완하는 것도 가능합니다.

이 책에 수록된 도서 52권의 수업계획서에 공통되는 수업 목표는 크게 다섯가지로 나눌 수 있습니다.

㉠ 책에서 지식이나 정보를 찾고 기억하도록 하는 유형
㉡ 책에 나오는 문제나 의문점을 해결하고 문제 해결 방안을 제시하도록 하는 유형
㉢ 책의 내용에 공감하거나 책에 나온 내용에 대해 자신의 생각을 표현하도록 하는 유형
㉣ 책의 주제나 내용과 관련된 자신의 경험에 대해 이야기하도록 하는 유형
㉤ 책을 토대로 관점을 넓히고 사고력을 확장하여 새로운 생각이나 방법을 창안하도록 하는 유형

초등돌봄교육 독서수업의 목표는 학생이 책읽기를 통해 책의 내용을 이해하고 사고를 확장하여 추론하고 다른 상황에 적용해 새로운 것을 만들어내는 것입니다. ㉠에서 ㉤에 이르는 수업 목표 유형은 초등돌봄교육 독서수업이 지향하는 바를 반영하고 있습니다. 대상 도서에 따라 각각의 수업 목표는 다섯 가지 중 한 가지에 해당하기도 하고, 두세 가지 유형에 걸쳐 있기도 합니다.

㉠ 책에서 지식이나 정보를 찾고 기억하도록 하는 유형

책에서 지식이나 정보를 찾도록 하는 유형은 등장인물이나 작가 등 인물에 대해 알아보거나 특정 시대를 설명하기 위한 책의 수업 목표로 제시되는 경우가 일반적입니다. 또는 학습 요인이 명확하게 드러나는 도서의 수업 목표로 제시되기도합니다.

- 자꾸 잊어버려도 끝까지 책읽기를 포기하지 않았던 인물, 김득신에 대해 알 수 있다.
- 안녕달 작가에 대해 알아볼 수 있다.
- 한국 아동문학의 대표 작가 권정생의 생애에 대해 알 수 있다.

위의 예는 주인공이나 작가에 대해 공부하는 것을 수업 목표로 제시하고 있습니다. 책의 주인공인 역사적 인물을 공부하면서 연관된 시대 상황이나 인물의 업적 등을 배울 수 있습니다. 책을 더 잘 이해하기 위해 작가에 대해 다루기도 합니다.

현재와 다른 시대에 대해 이해하는 것이 수업 목표로 제시되기도 합니다.

- 경제적으로 어려웠던 시기, 절약했던 부모님 시대 상황에 대해 알 수 있다.
- 그림을 통해 조선시대 생활상을 알 수 있다.
- 예전과 지금의 운동회를 비교해서 볼 수 있다.
- 조선시대 풍속화를 보며 옛사람들의 생활상을 알 수 있다.

예를 통해 알 수 있듯이 현재와 다른 시간에 대해 이해하는 것에 수업 목표가 맞추어져 있습니다. 이러한 수업 목표 아래 학생들은 책 속에서 현재와는 다른 점을 읽어내고 그것을 간접적으로 체험할 수 있습니다.

지식과 정보를 습득하도록 유도하는 수업 목표도 있습니다.

- 곤충들의 한살이 과정을 알 수 있다.
- 그래픽 노블 장르 그림책에 대해 알 수 있다.
- 봄을 상징하는 꽃인 매화에 대해 알 수 있다.
- 우리나라 각지에 전승되고 있는 다양한 종류의 장승에 대해 알 수 있다.
- 우리나라 신화 속 인물을 알 수 있다.
- 우리나라 전통 놀이를 알 수 있다.
- 익숙한 스토리 속에서 어휘를 익히고 의성어, 의태어를 구분할 수 있다.
- 자연환경의 변화로 힘들어진 동물들의 생활에 관심을 기울일 수 있다.
- 재래식 화장실에 대해 알 수 있다.
- 한글 창제의 마음이 애민에서 비롯된 것임을 알 수 있다.

이러한 유형의 수업 목표는 대상 도서를 통해 학생들이 지식과 정보를 얻도록 합니다. 초등학교 저학년 대상 독서수업에서는 지식과 정보의 습득이 매우 중요합니다. 어린 독자들은 책을 통해 배우고 그것을 기반으로 더 많은 지식을 습득할 수 있습니다. 책을 통해 얻은 지식과 정보는 스키마를 형성해 다른 지식과 정보를 얻었을 때, 머릿속에서 분류되고 연결되어 확장되기 때문입니다. 이러한 과정이 반복되면 책에서 습득한 정보를 바탕으로 스스로 학습하고, 학습된 내용을 정리해 심화하는 능력을 기르게 됩니다.

이러한 유형의 수업 목표에는 책의 내용을 온전히 이해하는지에 관한 것도 있습니다.

- 이야기의 흐름을 순서대로 잘 이해할 수 있다.

책을 읽고 단순히 내용을 확인하고 암기하는 것이 아니라, 내용의 온전한 이해를 통해 책의 내용을 구조화하여 정리하는 것이 목표로 제시되기도 합니다.

두 번째 수업 목표 유형은 문제나 의문점을 해결하고 문제 해결 방안을 찾도록 하는 것입니다. 이러한 수업 목표는 모둠 활동이나 글쓰기, 토론, 발표 등의 활동을 통해 이루어지는 경우가 많은데, 책을 읽는 것만이 아니라 학생 간 의사소통을 통해 문제 해결 방법을 찾는 과정까지도 독서 활동으로 보기 때문입니다.

- 동물복지와 공존을 위한 우리의 실천 방법을 이야기할 수 있다.
- 소유, 욕심, 질투에 대한 불편한 감정의 원인을 찾아 해결 방법을 제시할 수 있다.
- 이야기의 새로운 결말에 대해 토론할 수 있다.
- 추운 겨울, 주변의 어려운 이웃을 도울 방법을 생각해 본다.
- 선한 의도와 나쁜 의도를 가진 행동과 그에 따른 결과를 비교해볼 수 있다.

위의 수업 목표들은 학생들 스스로 문제를 해결할 능력을 갖추도록 유도하는 데 있습니다. 대상 도서에 드러난 문제들에 대해 개인적으로 의견을 발표하거나 혹은 팀 활동을 진행해 토론, 추리, 토의 등의 방식을 활용하여 해결 방법을 찾도록 하는 것입니다. 이러한 수업 목표가 제시된 도서로 수업을 운영할 때는 학생들이 스스로 해결 방안을 찾는 것에 의미를 두는 것이 좋습니다. 시간이 부족하면 수업계획서에 제시된 활동을 줄이거나 조정하여 논의 시간을 확보하는 것도 효율적인 수업 운영 방식입니다.

학생이 소통과 관계의 문제에 대해 스스로 답을 찾도록 하는 것도 이러한 유형의 수업 목표에 해당합니다.

- 거절보다는 방법을 찾기 위해 노력하는 태도를 배울 수 있다.
- 내 마음을 바르게 표현하는 방법을 알아 볼 수 있다.
- 다른 사람과 소통하는 방식을 배울 수 있다.
- 다양한 친구들의 모습을 있는 그대로 존중해 줄 수 있다.

이러한 유형의 수업 목표는 문제 해결과 거리가 있는 것처럼 보일 수도 있습니다. 그러나 등장인물이 겪는 동요와 혼란을 학생의 상황에 적용해 사고의 폭을 넓히고, 동일한 상황에 처했을 때 학생이 문제를 어떻게 해결할 수 있을지 생각해 보게 한다는 점에서 맥락이 같습니다.

© 책의 내용에 공감하거나 책에 나온 내용에 대해 자신의 생각을 표현하도록 하는 유형
② 책의 주제나 내용과 관련된 자신의 경험에 대해 이야기하도록 하는 유형

세 번째 유형과 네 번째 유형의 수업 목표는 학생이 자신을 표현한다는 점에서 유사합니다. 세 번째 유형의 수업 목표는 학생이 대상 도서에 대해 공감하고 평가 혹은 분석하도록 유도하고 있습니다. 대상 도서의 내용, 인물, 주제에 대해 어떻게 생각하는지를 표현함으로써 표현 능력을 높이고 기준을 정해 논리적으로 의견을 제시하는 방식을 익히도록 합니다. 네 번째 유형의 수업 목표는 자신이 생각하는 것을 표현한다는 점에서는 세 번째 유형의 수업 목표와 동일하지만, 대상 도서와 관련된 자기 경험을 이야기하고 그것을 함께 나눈다는 점이 다릅니다.

- 주변 사람들의 감정에 공감할 수 있다.
- 단점보다는 전체를 바라보는 시각을 가질 수 있다.
- 오리에게 오리털을 돌려준 아이의 마음을 살펴볼 수 있다.
- 긍정적인 감정과 함께 부정적인 감정도 필요하다는 것을 이해할 수 있다.
- 선입견에 대해 내 생각을 말할 수 있다.
- 할머니를 도와 준 친구들의 마음에 공감할 수 있다.
- 실화를 바탕으로 한 '헨리 박스 주니어'의 탈출 여정을 보며 그의 상황에 공감할 수 있다.
- 추운 겨울 따뜻한 봄을 기다리는 할머니의 마음을 이해할 수 있다.
- 위기 상황에서 발휘되는 장승들의 우애를 느낄 수 있다.
- 무더위에 지친 동물 친구들을 생각하는 고양이의 마음을 헤아려 본다.
- 엄마를 기다리는 아이의 마음에 공감할 수 있다.
- 아기 고래를 지켜주고 싶은 엄마의 모성애를 느낄 수 있다.

세 번째 유형의 수업 목표는 대상 도서에 나타난 인물의 감정이나 관계에 대해 공감하고 이해하는 것이 주를 이루고 있습니다. 간혹 자신의 생각을 밝히거나 사실에 대해 이해하도록 하는 목표가 제시되기도 하지만, 그것 역시 대상 도서의 인물이나 상황에 대한 공감이나 이해가 중심입니다.

반면에 네 번째 유형은 주로 독자로서의 학생의 경험과 생각이 중심이 됩니다.

- 나를 아프게 하는 잔소리에는 어떤 것이 있는지 말할 수 있다.
- 나의 개성을 표현하고 발표할 수 있다.
- 나의 마음에 대해 이야기할 수 있다.
- 자극적인 것을 찾는 갈매기의 모습에 나를 비추어 생각해 볼 수 있다.
- 나의 마음을 표현하는 말을 알 수 있다.
- 나의 감정을 색으로 표현할 수 있다.
- 나의 재능이나 장점을 발휘하여, 사회에 기여하는 방법을 생각해 볼 수 있다.

독자가 이전에 경험한 것들을 표현하도록 하는 것도 있으나 대부분의 수업 목표는 독자 스스로가 어떤 사람인지 규정하고 등장인물과 같은 상황에 처했을 때 자신은 어떻게 행동하거나 사고할 것인지를 밝히는 것에 초점이 맞추어져 있습니다.

첫 번째 유형의 수업 목표와 두 번째 유형의 수업 목표가 내용을 확인하고 문제를 해결하는 방식으로 책에 대한 객관적 이해를 요구한다면, 세 번째와 네 번째 수업 목표는 대상 도서에 대해 정서적인 접근을 요구하고 독자가 자신에 대해 이야기하도록 합니다. 세 번째와 네 번째 수업 목표에서 중심이 된 공감과 자기 객관화 다음 단계는 새로운 것을 만드는 능력이 목표로 설정됩니다.

◎ 책을 토대로 관점을 넓히고 사고력을 확장하여 새로운 생각이나 방법을
    창안하도록 하는 유형

다섯 번째 유형의 수업 목표는 새로운 것에 대한 창안을 요구합니다. 학생들이 대상
도서를 읽고 새롭게 구성하거나 이전에 없었던 것을 만들도록 합니다.

- 상상력을 발휘하여 엉뚱 주스 메뉴판을 만들어 본다.
- 내가 꿈꾸는 학교에 대해 설명할 수 있다.
- 나만의 동시를 직접 써 볼 수 있다.
- 제인처럼 창의적인 불량 식품 발명을 할 수 있다.
- 딸기를 맛있게 먹는 방법을 이야기할 수 있다.
- 여러 가지 재료를 활용하여 나만의 봄옷을 디자인할 수 있다.
- 가을 열매를 이용하여 여러 가지 물건을 만들어 볼 수 있다.
- 동물의 행동을 잘 관찰하여, 흉내 내는 말이 들어간 이야기를 만들 수 있다.

다섯 번째 유형의 수업 목표는 학생들이 새로운 것을 만들거나 제안하도록 하는 것입니
다. 책의 주제와 관련된 것을 만드는 활동은 학생들의 이해가 행동으로 확장되도록
합니다. 이런 경험이 반복되면 책과 관련된 영역만이 아니라 다양한 분야에서 학생들
의 창의적인 능력이 발휘될 수 있을 것입니다.

수록된 52권의 수업 자료 PPT 중에는 만들기를 수행하는 활동이 수업목표로 제시된
경우도 있습니다. 그런데 이러한 수업 목표가 학급 상황에 적합하지 않은 경우에는
수업 자료 PPT에 제시된 만들기 활동을 다섯 번째 유형의 수업 목표로 변경하는 것
도 가능합니다.

수업계획서에서 도입은 수업 전 활동으로 표시되고, 표지는 전개활동 1의 읽기 전 활동으로 구성됩니다. 이 두 활동은 책을 읽기 전에 책에 대한 흥미를 높인다는 점에서 유사합니다. 수업 자료 PPT에는 수업 목표 다음에 도입과 표지 활동 순으로 수록되어 있습니다.

㉠ 도입

도입은 주로 질문이나 활동으로 제시되는데, 대상 도서의 주제를 암시하거나 책에 나온 소재 중 일부를 이용해 학생의 생각을 이끌어내거나 이전에 경험한 일을 떠올리도록 구성했습니다.

i. 경험 묻기
ii. 의견 묻기
iii. 지식과 정보 제공하기

도입을 위한 활동은 위와 같이 세 가지 유형으로 나눌 수 있습니다.

초등학교 학생과 경험을 묻는 유형의 도입 활동을 수행할 때는 책의 내용과 유사한 경험을 질문하는 것이 참여를 유도하는 데 효과적입니다. 심한 장난이나 불량 식품과 관련된 경험을 나누거나 감기에 걸리거나 무언가를 나누었던 실제 경험을 떠올리는 과정에서 학생들은 대상 도서에 관심을 갖게 됩니다. 또한 그러한 경험이 촉매가 되어 대상 도서의 줄거리를 추측하거나 주제를 연상하면서 책에 호감을 갖고 활동에 집중하게 됩니다.

ii. 의견 묻기

대상 도서와 관련된 질문을 제시하고 학생이 답하도록 함으로써 책에 대한 관심을 유도합니다.

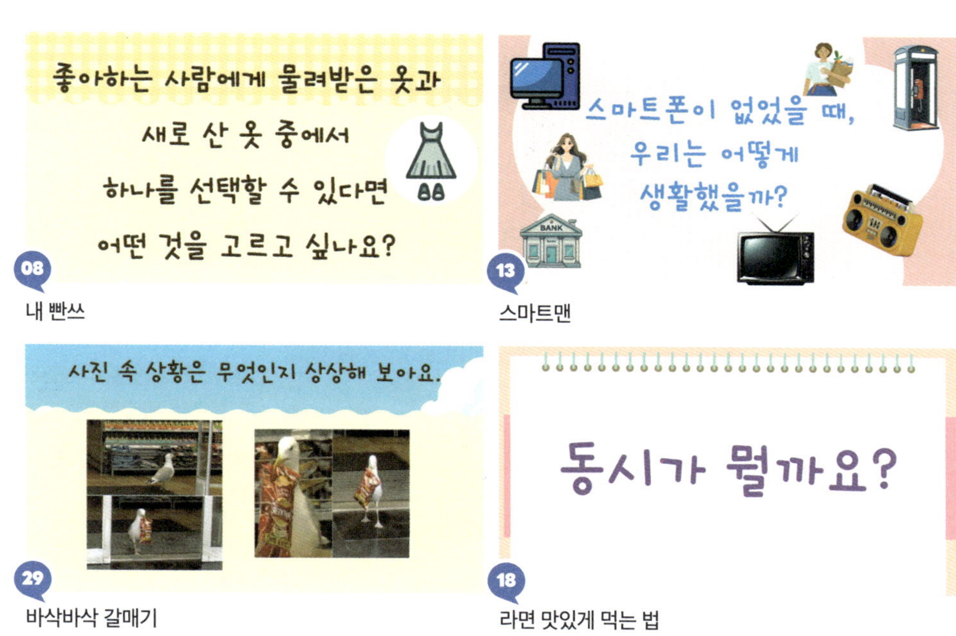

내 빤쓰   스마트맨

바삭바삭 갈매기   라면 맛있게 먹는 법

<내 빤쓰>의 도입과 같이 직접적으로 상황을 제시하여 선택을 유도할 수 있고 <스마트맨>이나 <바삭바삭 갈매기>의 도입처럼 상상력을 발휘하도록 이끌 수도 있습니다. 혹은 <라면 맛있게 먹는 법>의 도입에서 볼 수 있듯이 학생이 스스로 답하도록 할 수도 있습니다.

이러한 활동은 책을 읽기 전에 학생들이 주제와 연관된 사항에 대해 자신의 견해를 갖도록 하여, 책을 읽는 중 그리고 읽은 후에 대상 도서의 내용에 대해 자기 의견을 표현할 수 있도록 해 줍니다.

iii. 지식과 정보 제공하기

이런 유형의 도입은 초등학교 저학년 학생들이 익숙하지 않은 주제의 도서를 읽을 때 질문을 통해 지식이나 정보를 습득하도록 해 줍니다.

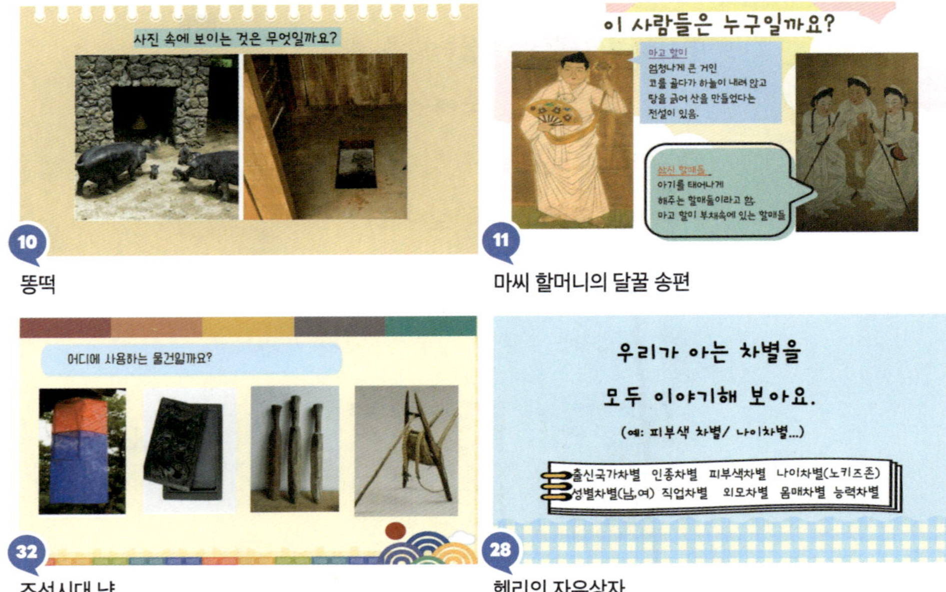

10 똥떡

11 마씨 할머니의 달꿀 송편

32 조선시대 냥

28 헨리의 자유상자

이 도입 활동들은 질문처럼 보이지만 학생들이 지식이나 정보를 습득하도록 고안되었습니다. 질문을 해결하는 과정에서 학생들은 옛날 물건들에 대해 알게 되고 차별에 대해서도 배울 수 있습니다.

이러한 유형의 도입 활동은 형식은 자유롭게 하되, 지식이나 정보를 효과적으로 전달할 수 있도록 구성합니다. 질문 형식으로 만들거나, 이모티콘과 같은 시각 자료를 이용하거나, 실제 사물의 사진을 제시할 수도 있습니다. 수업 대상 연령의 학생들이 지닌 일반적인 지식 수준을 고려하여 도입에서 관련된 지식을 습득할 수 있도록 다양한 방식으로 만들 수 있습니다.

17

데이지와 감정 드래곤

48

일곱 빛깔 내 감정의 책

퀴즈를 풀거나 도형이나 이모티콘을 선택하는 방식으로 학생들의 흥미를 유발하고, 다양한 시각 자료를 활용해 도입을 만들기도 합니다. 책 내용과 주제는 간접적으로 제시되지만, 학생은 주제를 찾기 위해 책을 읽는 동안 흥미와 관심을 유지할 수 있습니다.

사진이나 자료를 통해 학생이 상상력을 발휘하도록 하는 도입 활동도 있습니다. 초등학교 저학년 학생이 접하기 어려운 시각 자료를 주로 활용하는데, 독자는 시각 자료를 통해 책을 읽으며 자신이 상상했던 내용과 같은 점과 다른 점을 찾아 조정하는 과정을 거치며 사고력을 확장할 수 있습니다. 학생들은 이러한 활동을 반복하며 책을 읽기 전 상상했던 내용을 책을 읽는 과정에서 강화하거나 수정하면서 책 내용과 주제에 대해 깊이 이해하는 능력을 기를 수 있습니다.

도입 활동은 책을 읽기 전에 책에 대한 흥미와 관심을 높이고 내용을 예측하는 연습을 통해 추리하고 상상하는 능력을 향상할 수 있도록 구성되었습니다. 따라서 수업을 운영할 때는 수업마다 조금씩 다른 내용과 형식으로 구성해 학생들이 책에 대한 흥미를 잃지 않도록 해야 합니다. 이 책의 수업계획서와 수업 자료 PPT에 다양한 도입 활동이 수록되어 있으므로 자료를 그대로 이용하거나 활동의 내용은 유지하되 형식을 재구성해 사용할 수도 있습니다.

표지는 책의 정체성을 보여줍니다. 작가가 책에서 말하고 싶은 바를 한 장의 이미지로 집약한 것이기 때문입니다. 이 책은 도입 이후의 활동으로 표지를 보며 학생들에게 책 내용에 대해 추론하도록 했습니다. 표지 활동 전에 이루어지는 독서 활동에서 표지나 책에 대해 제시하지 않아야 표지를 통해 수행하는 상상이나 추론 활동이 효과적으로 진행될 수 있다는 점을 유의해야 합니다.

ⅰ. 제목을 통해 내용을 유추하는 활동
ⅱ. 표지 그림으로 이야기를 만들거나 내용을 추측하는 활동
ⅲ. 그림 속의 숨은 요소들을 찾아서 설명하는 활동
ⅳ. 표지의 전반적인 이미지를 이용해 스키마를 형성하는 활동

표지 활동은 제목과 표지 그림만으로 책의 내용이나 주제를 유추하는 방식으로 진행합니다. 표지만 보고 내용이나 느낌, 떠오르는 생각들을 표현하도록 하는 것입니다. 본격적으로 책을 읽기 전에 수행하는 이러한 활동을 통해 학생들은 책에 흥미를 갖고 추리력과 상상력 향상에 도움을 받을 수 있습니다. 또한, 표지를 보며 추측한 내용을 책을 읽으며 확인하고 서로 다른 영역에서 얻은 정보를 연결해 이해함으로써 깊게 사고하는 능력을 기를 수 있습니다.

책 표지 활동은 대부분 제목에서 연상되는 내용을 추리하는 것으로 시작합니다. ⅰ 제목을 통해 내용을 유추하는 활동은 초등학교 저학년 학생을 대상으로 하는 독서 수업에서 자주 수행하는데, 흥미를 유발하려는 것만은 아닙니다. 성인보다 집중력이나 주의력이 부족한 어린이 독자들이 제목에서 연상되는 이미지를 통해 미리 이야기를 유추하여 자신이 읽는 책에 집중하도록 하기 위한 것입니다.

책 표지 활동은 한 가지 활동을 집중적으로 수행하지 않고 여러 활동을 함께 수행하는 것이 일반적입니다. ⅰ 제목으로 추측하는 형태의 활동과 함께 ⅱ 표지 그림으로 이야기를 만들거나 내용을 추측하는 활동, ⅲ 그림 속의 숨은 요소들을 찾아서 설명하는 활동, ⅳ 표지의 전반적인 이미지를 이용해 스키마(정보, 데이터, 지식을 조직화하는 인지적 틀)를 형성하는 활동을 함께 수행하는 경우가 많습니다.

위의 표지들은 i의 제목을 통해 내용을 유추하는 활동과 함께 ii의 표지 그림으로 이야기를 만들거나 내용을 추측하는 활동을 함께 수행할 수 있습니다. 제목을 통해 이야기를 구상한 독자가 그림을 통해 그 이야기를 확장하여 스토리텔링을 완성할 수 있도록 시각적 요소가 배치되어 있습니다. 이 표지들의 공통점은 표지 전면에 제시된 그림이 제목과 함께 책의 줄거리를 추측하도록 형상화되었다는 점입니다. 이러한 유형의 책들은 표지 그림만으로는 이야기의 전체적인 얼개를 알 수 없지만, 제목과 함께 본다면 내용을 추측해 스스로 스토리텔링을 할 수 있습니다. 따라서 i과 ii의 활동을 복합적으로 제시하여 수업에 적용하는 것이 효과적입니다.

앞의 표지에는 책에 등장하는 인물(동물, 사물)들이 다양하게 배치되어 있습니다. 시각적 요소가 강하거나 책의 내용이 표지에 구체적으로 드러난 경우에는 i과 ii의 활동과 함께 iii의 그림 속에 있는 요소들을 찾는 활동을 적용하면 효과적입니다. 특히 등장인물(동물, 사물)이 표지에 제시되거나 숨어 있으면 그것을 찾거나 역할을 부여해서 이야기를 상상하도록 하는 활동을 통해 책에 대한 관심과 흥미를 높일 수 있습니다. 숨어 있는 인물을 찾는 과정에서 책에 집중하고, 표지에 제시된 인물에 대한 스토리를 만드는 활동을 통해 재미를 느낄 수 있어 독서 수업의 효과가 높아집니다.

책을 읽기 전에 학생들이 이미 습득한 지식과 정보를 바탕으로 책에 대한 내용 스키마를 형성할 수 있는 활동도 있습니다. 역사적 사실이나 인물에 관련된 책의 표지 활동이 대표적입니다.

내용 스키마를 형성하는 표지 활동은 초등학교 저학년 학생들의 학습 능력을 향상하는 데도 도움이 됩니다. 학생들이 이미 습득한 지식이나 정보를 활성화하고 새로운 정보와 지식을 습득할 수 있기 때문입니다. 예로 제시한 표지들은 역사 속 인물, 해양 환경오염, 노예 제도, 국제무역에 대한 내용을 담고 있습니다. 학생들이 이러한 내용을 알지 못했더라도 i과 ii의 활동을 통해 iv를 수행하게 됩니다. 이러한 활동의 수행 후에 세종대왕의 어린 시절에 대해 알게 되고, 고래가 처한 위기에 대해 인식하게 되며, 흑인 소년이 겪었던 노예 제도와 중고 버스의 국제 이동 경로를 알게 되는 것입니다.

이 책에서는 표지를 이용한 활동을 네 가지로 나누었지만 각 활동들은 수업 목표에 맞추어 자유롭게 수업에 적용할 수 있습니다. 앞에서 제시한 바와 같이 i에서 iv까지의 활동들은 따로 또 같이 활용할 수 있으며, 수업을 담당한 강사가 세운 수업 목표에 따라 수정할 수도 있습니다.

초등학교 저학년 학생을 대상으로 하는 독서 수업은 일차적으로는 책의 내용을 이해했는지 확인하고, 숨은 뜻을 찾거나 등장인물(동물, 사물)의 행동과 생각을 추리하도록 한 후, 책 내용을 기반으로 자신의 견해를 논리적으로 표현하도록 지도하는 것을 중심으로 이루어집니다. 이 책에서 제공하는 수업 자료 PPT는 이러한 점을 반영하여 만들었습니다. 독서 수업의 각 단계에 적합한 수업 자료를 제공해 학생들이 사고 능력을 확장하고 심화시켜 새로운 생각이나 의견을 제시하는 능력을 기를 수 있도록 했습니다.

책읽기 활동은 위에 제시된 표의 흐름처럼 진행되지만 기계적으로 나뉘는 것은 아닙니다. 내용 확인 활동은 책에 나온 내용을 학생들이 정확히 인지했는지를 묻기 때문에 비교적 분명하게 나타납니다. 그러나 추론 활동은 학생이 책에 대한 의견을 제시하거나 책 내용을 추측하거나 숨은 의미를 찾아내는 것이 중심이므로 다른 활동들처럼 명확하게 드러나지 않을 수 있습니다. 이 책에서는 학생들이 스스로 자신의 생각을 표현하는 것에 초점을 두어 활동을 구성하였습니다. 학생들은 책 속에 나타난 상황에 자신을 이입하거나 등장인물의 생각을 추리하여 글이나 말로 표현하는 과정을 통해 공감과 추론 능력을 키울 수 있습니다. 주제 확장 활동은 책 내용을 기반으로 학생들이 창의적인 활동을 하거나 주제와 연관된 새로운 것을 창안하도록 합니다. 이 책에서는 학생들이 창의적으로 사고할 수 있도록 활동을 구성하였는데, 말과 글과 같은 언어적 요소에 그치지 않고 손이나 몸으로 하는 신체 활동을 활용해 인지적으로 습득된 내용을 몸으로 기억할 수 있도록 했습니다.

책의 내용 확인은 독서 수업에서 성취도를 측정하는 가장 기본적인 방법입니다. 그러나 초등학교 저학년 학생들에게 책읽기가 시험공부처럼 여겨지는 것은 바람직하지 않습니다. 이 책의 수업 자료 PPT는 학생들이 책에 대한 흥미를 유지하고 재미를 느끼게 하기 위해 내용 확인 활동을 다채롭게 구성하였습니다.

내용 확인 활동은 수업계획서에서 책읽기(중)과 (후) 활동으로 제시되어 있습니다. 책읽기에 대한 부담을 줄이기 위해 초등학교 저학년을 대상으로 한 독서 수업에서는 대상 도서를 미리 공지하되, 읽어 오라고 요구하지 않습니다. 수업 시간에 함께 책을 읽으면서 낭독 연습을 하고 내용 이해를 위한 활동을 합니다. 화면으로 함께 책을 읽으며 내용을 확인하고, 읽은 다음에는 이해 정도를 파악하기 위해 워크지를 작성하거나 퀴즈를 진행합니다.

내용을 확인하는 활동은 책에서 찾을 수 있는 내용으로만 구성해야 합니다.

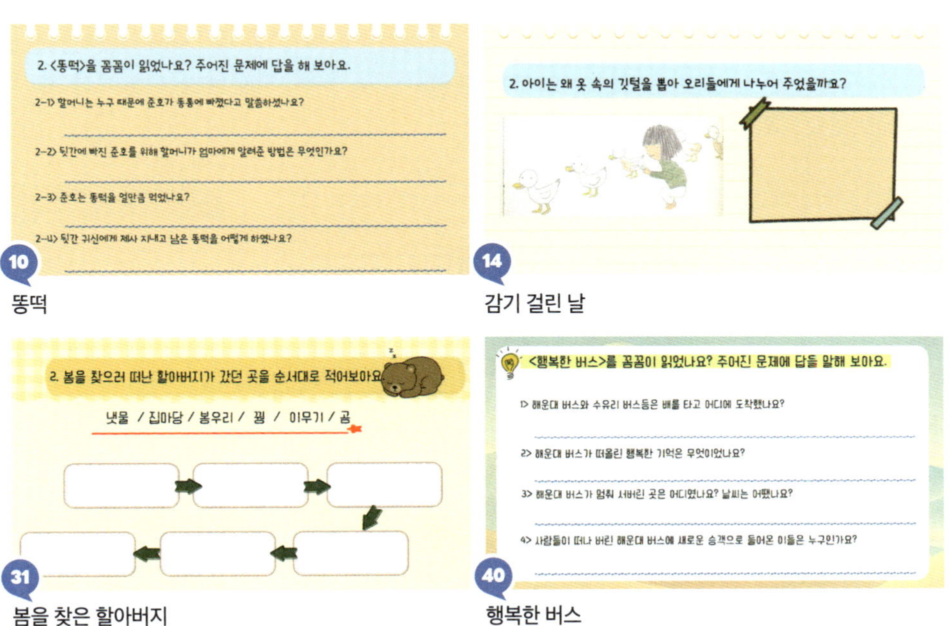

똥떡

감기 걸린 날

봄을 찾은 할아버지

행복한 버스

내용을 확인하는 활동을 문제 형식으로 제시할 수도 있고, 학생들이 줄글로 쓸 수 있도록 구성할 수도 있습니다. 또는 완성되지 않은 표나 이미지에 책의 내용을 찾아 넣는 완성형의 문제로 구성하기도 했습니다. 이러한 유형의 활동은 내용 이해를 확인하는 것이 목적이지만, 다음 단계의 활동을 진행하기 위한 준비 과정이기도 합니다. 활동을 진행할 때는 학생들이 문제 푸는 것을 기다리기보다 적극적으로 참여할 수 있도록 독려하는 것이 필요합니다. 대부분의 학생들이 책 없이 수업에 참여하기 때문에 읽기 중 활동을 진행할 때 슬라이드를 멈추고 찾을 수 있도록 하는 것이 효과적입니다. <봄을 찾은 할아버지>처럼 흐름에 맞춰 완성하는 경우에는 책을 읽는 중에도 문제와 관련된 부분을 강조할 수 있습니다. 읽은 후에는 학생들의 대답을 유도하고 화면으로 책 내용을 확인하는 것이 효과적입니다. <감기 걸린 날>처럼 학생이 다소 긴 답을 써야 할 경우에는 대화를 통해 답을 유도하고 그것을 적도록 합니다.

㉡ 내용을 기반으로 한 추론 활동

독자들은 책을 읽으며 등장인물의 생각에 공감하고 자신의 감정을 이입해 이야기를 확장하기도 합니다. 이런 과정들을 거치며 독자들의 정서적 능력과 논리적 사고력이 향상됩니다. 따라서 이 단계에서 이루어지는 활동은 책 내용을 기반으로 하여 학생들이 자신의 의견을 표현하도록 하는 것에 초점을 두어야 합니다.

똥떡

곤충 호텔

감기 걸린 날

감기 걸린 날

방귀쟁이 며느리   방귀쟁이 며느리

추론 활동은 학생들이 책의 내용과 인물들의 마음을 이해하고 행동의 원인을 찾아 공감 능력과 논리적 사고력을 향상시킬 수 있도록 구성되어 있습니다. 학생은 책 속의 상황에 자신을 넣어 자신이라면 어떻게 했을지 의견을 제시하면서, 이야기의 핵심을 파악하고 해결 방법을 찾는 능력을 갖추게 됩니다.

<똥떡>처럼 등장인물의 마음을 이해하거나 다른 사람들이 행동하는 이유를 파악하는 것이 대표적입니다. <감기 걸린 날>의 활동도 <똥떡>의 활동과 유사합니다. 다만 이 책에서는 창의적 단계, 즉 주제 확장 단계로 이행하는 과정에서의 활동이 타인의 마음을 이해하고 내용에 맞는 새 제목을 만드는 것까지 진행됩니다. 제목을 새롭게 만들거나 내용의 한 부분을 변형하는 등의 활동은, 내용을 충분히 이해한 다음 다른 관점을 적용하는 것으로 논리적 사고력과 창의성이 발휘되어야 합니다. 활동들은 서로 유기적으로 연결되어 수행될 수 있습니다. 강사가 새로운 활동을 넣어 이 단계의 수업내용을 수정하고자 할 때에도 여러 활동을 융합하는 것이 효과적입니다.

이 단계에서는 학생이 등장인물과 자신을 동일시하여 표현하기도 합니다. 자신이 그런 상황에 처한다면 어떻게 할 것인지에 대해 이야기하거나 글로 표현하는 활동은 내용을 이해하고 인물에 대한 이해와 공감이 이루어져야 가능합니다. 그래야 이해력과 함께 공감 능력과 통합적 사고력이 발휘될 수 있습니다.

또한 추론을 통해 감추어진 내용을 찾아내거나 설명하는 활동도 필요합니다. <곤충 호텔>은 학생들이 스키마를 활용해 곤충들에게 호텔이 필요한 이유를 찾아내도록 합니다. 책에서 제시된 내용과 자신이 이미 알고 있는 지식들을 결합해 확장하고 그것을 논리적으로 표현하도록 하는 연습을 통해 학생들의 사고력을 향상시킬 수 있습니다.

학생들이 책의 내용을 이해하고 공감한 후, 책 속의 상황들에 대해 논리적으로 판단하는 것은 다음 단계의 준비 과정이 됩니다. 수업 자료 PPT에서는 학생들이 책에서 습득한 내용을 새로운 것에 적용해보는 활동을 제시하고 있습니다. 이러한 활동은 책의 내용을 이해하고 심화하여 상황 적응력과 창의력을 향상시키는 데 도움이 됩니다.

이전 단계의 활동과 연계되기도 하지만, 전혀 연관되지 않는 경우도 있습니다. 이 단계의 활동은 대상 도서의 특성에 따라 달라질 수 있으며, 학생이 새로운 생각을 할 수 있도록 유도하는 것이 기본입니다. <쿠키 한 입의 사랑 수업>은 이전 단계의 책 내용에 대한 이해와 추론을 기반으로 주제를 확장하여 학생이 책 속의 상황을 자신에게 투영해 새로운 내용을 제시하도록 합니다.

<감기 걸린 날>은 책에 제시된 문제적 상황에 대해 학생 스스로가 해결 방안을 도출해 본다는 점이 중요합니다. 이처럼 책을 통해 알게 된 문제나 상황을 통해 독자가 새로운 생각을 표현하는 것이 핵심이므로, 이러한 취지를 반영해 수업 자료 PPT의 활동을 구성했습니다. <봄을 찾은 할아버지>에서는 책과 연관된 지식을 통해 창조적

활동을 수행하고, <곤충 호텔>에서는 곤충의 일년살이에 대해 읽고 자신의 계획을 세워 책의 주제를 확장해 보도록 했습니다.

수업 자료 PPT의 다양한 공작 실습을 통해 책 밖의 활동으로 확장할 수 있습니다.

(05) 기타

이 책은 입체적인 독서수업을 위해 다채로운 자료와 활동을 제공합니다. 주제 확장을 돕는 만들기 활동을 실었으며, 역사, 인물, 문화를 주제로 한 책의 경우 사진과 그림은 물론 구체적인 정보와 관련 동영상 링크도 수록했습니다.

최근의 독서수업, 특히 저연령층의 독자를 대상으로 한 책읽기 수업은 독서 후 활동이 놀이나 만들기로 진행되는 경우가 많습니다. 단순히 재미나 흥미를 유발하기 위한 것만은 아닙니다. 독서의 목적이 책을 통한 다양한 경험과, 내용과 주제의 내재화라는 점에 주목할 때, 어린이의 책읽기는 그러한 활동을 지속하는 것이 중요합니다. 또한 책읽기를 글과 말이라는 언어 행위로만 수행하는 것이 아니라, 자신이 이해한 내용을 오감과 신체 활동으로 표현하고 자신의 생활에 적용하는 것도 저학년 학생의 독서에서 매우 중요합니다.

이 책에 수록된 여러 자료와 만들기 활동은 그러한 점에 주목하여 만들어졌습니다. 책 내용이나 작가에 대한 설명은 문헌 자료로 첨부했으니, 수업 시간과 학급 상황에 따라 강사가 선택할 수 있습니다. 대상 도서의 참고 사진이나 이미지 자료 역시 강사가 선호하는 자료가 있다면 교체할 수 있습니다.

동영상 자료는 대상 도서의 소재나 주제에 맞춘 만들기 방법을 담은 영상입니다. 수업에 동영상을 활용하거나, 수업 전에 미리 만드는 방법을 확인해 영상 없이 강사가 직접 만드는 방법을 지도할 수 있습니다.

이 책에서 대상 도서에 특화해 만든 활동들은 다양한 방식으로 학생들의 감각을 자극해 신체적인 능력을 강화하고 책에 대한 관심과 호감을 높일 수 있습니다. 집중시간이 짧은 저학년 독자들에게 매우 효과적입니다.

바로 사용할 수 있는 독서지도안 52
- 수업계획서와 PPT, 워크지, 동영상 이용법

독서지도안 52는 도서별로 수업계획서, 수업용 PPT, 워크지, 관련 자료 동영상, 만들기 활동 동영상, 도안 등으로 구성됩니다.

아래에서 볼 수 있듯이 독서지도안은 도서당 양면 페이지로 제공되는데, 왼쪽 면에 있는 수업계획서에는 대상 도서의 소개와 함께 수업 대상, 준비물, 소요 시간, 비용, 활동목표가 수록되어 있습니다. 또한 독서수업의 핵심이라 할 수 있는 도입 활동, 전개 활동, 기타 활동과 시간 배분에 대해서도 꼼꼼하게 안내되어 있습니다. 맨아래에는 책과 관련된 자료나 동영상을 볼 수 있는 QR코드도 수록했습니다.

오른쪽 면에는 수업용 PPT 중에서 중요한 슬라이드와 워크지를 예시하면서 수업 시 유의해야 될 점을 정리해 놓아서, 초보 강사라도 능숙하게 수업을 진행할 수 있습니다. (각 슬라이드 오른쪽 위에 기재된 ❶❷❸…은 PPT 슬라이드의 일련번호이고, 슬라이드 제목에 숫자가 들어간 것은 워크지이니 참고하세요.)

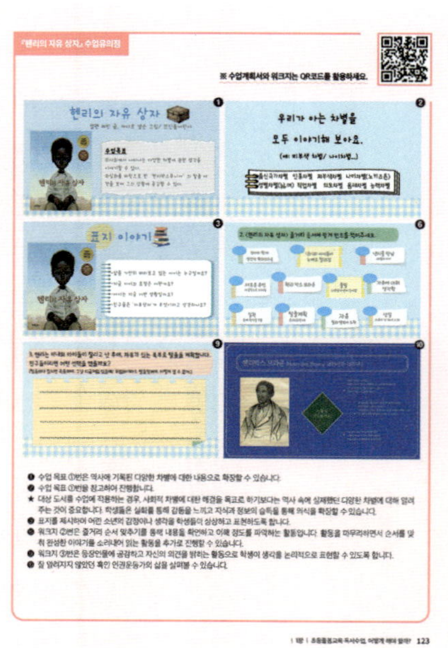

이 책이 제공하는 PPT는 실제 수업에서 바로 사용할 수 있습니다. 물론 학급마다 상황이 다르므로 이 책의 자료를 그대로 사용하는 것이 어려운 경우도 있습니다. 그럴 때는 수업계획서에 제시된 수업목표 중에서 주된 목표를 정하고 그에 맞는 읽기 전, 읽기 중, 읽기 후 활동을 선택한다면 효율적으로 수업을 운영할 수 있습니다.

이 책에서는 주제별로 도서를 분류하고 수업목표도 유형별로 나누어 제시했으므로, 자신의 학급이나 수업 상황에 맞춰 얼마든지 응용이 가능합니다. 슬라이드에 포함된 워크지와 만들기 동영상 역시 수업에 맞춰 변경할 수 있습니다.

독서수업은 정규수업이 아니므로 평가로부터 자유롭습니다. 학생들과 자유롭게 책을 읽고 소통할 수 있다는 점이 장점이지만, 학급 상황이 매우 유동적이며 강사가 순발력 있게 대처해야 할 상황이 빈번히 발생한다는 점이 어렵습니다. 이 책에 수록된 52편의 도서에 대한 수업계획서와 수업자료는 강사의 어려움을 경감시키면서 강사가 독서수업을 주도적으로 이끌고 수업 내용을 충실하고 풍성하게 채울 수 있도록 도움을 드릴 것입니다.

PPT를 포함한 전체 수업자료는 QR코드로 쉽게 찾아볼 수 있습니다.

01 강아지똥

기 관 명	초등돌봄교육/온동네 초등돌봄교육센터/방과후학교
대 상	초등 1~3학년/최대인원 20명
준 비 물	캘리엽서(1,000원), 캘리펜(1,000원), 색연필(교실 구비)
소요시간	**50분**　　단　가　약 1,100원
활동목표	① 낮고 소외된 것들을 아름다운 시선으로 바라볼 수 있다. ② 강아지똥의 꽃을 피우려는 소망을 통해 이타적 삶에 대해 생각할 수 있다. ③ 한국 아동문학의 대표 작가 [권정생]의 생애에 대해 알 수 있다.

강아지똥

도서정보 권정생 글, 정승각 그림　　**출판사** 길벗어린이

돌이네 집 강아지 흰둥이는 골목길 담벼락에 똥을 눕니다. 흰둥이의 똥은 만나는 이들에게 더럽다고 무시를 당하지요. 버려진 줄 알았던 흙덩이가 다시 주인에게 돌아가고, 비가 와도 예쁜 꽃을 피우는 민들레를 만나자 강아지똥은 더욱 초라해집니다. 이런 강아지똥에게 민들레는 별처럼 예쁜 꽃을 피우기 위해 꼭 필요한 것을 이야기해 주는데요. 민들레와 강아지똥에게는 어떤 일이 생겼을까요? 함께 이야기 나눠 보아요.

도입
10분

* **인사 나누기**
* **개똥벌레 노래 알려주기**

　강사는 개똥벌레 노래와 강아지똥이 묘하게 닮은 것 같다고 이야기해준다. 개똥벌레는 반딧불이를 지칭하는 것이며 반딧불이의 성충은 낮에는 개똥 속에 숨어 습기를 유지하며 살다가 밤에는 빛을 내며 날아다닌다는 문구를 보며 개똥벌레와 강아지똥이 닮았다는 생각을 했다고 제시해 본다.

전개활동1
20분

활동 1-1. 그림책 읽기(읽기 전 발문/읽기 중 발문)

* **(전) 표지질문**　무엇이 보이나요? 계절은 언제일까요? 주인공은 누구일까요?
　　　　　　　　　　강아지는 무엇을 하고 있나요? '똥' 하면 떠오르는 생각 이야기하기
* **(중)** 흙덩이가 왜 벌을 받았다고 생각했나요?
* **(중)** 민들레 싹이 꽃을 피우기 위해 필요한 것은 무엇이라고 생각하나요?
* **(중)** 책 속의 친구들은 강아지똥을 보고 어떻게 말했나요?

활동 1-2. 읽은 후 이야기 나누기

* **(후)** 나에게 강아지똥과 같이 다른 이에게 도움을 줄 수 있는 것이 있나요?
* **(후)** 희생을 떠올리면 어떤 감정과 생각이 떠오르나요?

전개활동2
20분

활동 2-1. 활동명: 강아지똥 좋은 문장 캘리 써보기(자리 정리 및 활동 준비)

* 그림책 속 마음에 들었던 문장을 연필로 써보기
* 캘리 연습 활동지에 필압 연습하기
* 엽서에 글씨를 배치하고 캘리펜으로 문장을 적어보기
* 엽서에 간단한 민들레 그림도 함께 그려보기

활동 2-2. 자리 정돈 및 생각 정리

* 다 쓴 캘리 엽서를 누구에게 전해줄지 생각해 보기
* 교실에 전시할 곳이 있다면 담당 선생님께 허락을 얻어 전시하기
* 문장을 쓰면서 들었던 생각들을 간단하게 나누기

기타
영상링크 외

* **지식채널 e 권정생의 문학세계**
　https://www.youtube.com/watch?v=B8dOBfQQCU8

권정생 문학세계

※ 수업용 PPT와 워크지는 QR코드를 활용하세요.

❶

강아지똥
권정생 글, 정승각 그림/길벗어린이

수업목표
①낮고 소외된 것들을 아름다운 시선으로 바라볼 수 있다.
②강아지똥의 꽃을 피우는 소망을 통해 이타적 삶에 대해 생각할 수 있다.
③한국 아동문학의 대표 작가 [권정생]의 생애에 대해 알 수 있다.

❷

🐝 개똥벌레 알아보기
노래 '개똥벌레' 듣기
〈출처: https://www.youtube.com/watch?v=SM9U8RCj_i4 〉

개똥벌레는 반딧불이예요.

반딧불이의 성충은 낮에는 개똥 속에 숨어 습기를 유지하며 살다가 밤에는 빛을 내며 날아다닌답니다.

개똥벌레와 강아지똥이 묘하게 닮아있지 않나요?

개똥벌레 (신형원 노래)

아무리 우겨 봐도 어쩔 수 없네
저기 개똥 무덤이 내 집인걸
가슴을 내밀어도 친구가 없네
노래하던 새들도 멀리 날아가네
가지 마라 가지 마라 가지 말아라
나를 위해 한 번만 노래를 해 주렴
아아 외로운 밤 쓰라린 가슴 안고
오늘 밤도 그렇게 울다 잠이 든다
마음을 다 주어도 친구가 없네
사랑하고 싶지만 모두 떠나가네
가지 마라 가지 마라 가지 말아라
나를 위해 한 번만 손을 잡아 주렴
아아 외로운 밤 쓰라린 가슴 안고
오늘 밤도 그렇게 울다 잠이 든다
아아 외로운 밤 쓰라린 가슴 안고
오늘 밤도 그렇게 울다 잠이 든다
아아 외로운 밤 쓰라린 가슴 안고
오늘 밤도 그렇게 울다 잠이 든다
울다 잠이 든다

❻

2. 민들레 싹이 꽃을 피우기 위해 필요한 것은 무엇일까요?

❽

흙덩이는 가뭄에 아기 고추가 죽은 것을 자기탓이라고 생각하고 있었어요. 그래서 벌을 받아 달구지에서 떨어진 줄 알고 있었지요. 하지만 주인은 다시 만난 흙을 알아보고, 소중하게 다시 데리고 갔지요. 이 때, 주인의 진심을 알게 된 흙덩이의 마음은 어땠을까요?

❾

3. 다른 동물들에게 무시를 받았던 강아지똥이 거름이 되어준 덕분에 아름다운 민들레꽃을 피울 수 있었어요. 내가 그림책 속의 참새와 어미닭이 된다면 강아지똥을 처음 만났을 때 어떤 말을 해주고 싶은가요?

똥! 똥! 에그, 더러워…… ⇨

암만 봐도 먹을 만한 건 아무것도 없어. 모두 찌꺼기 뿐이야 ⇨

❿

4. 민들레에게 거름이 되어 준 강아지똥처럼, 나는 다른 사람들을 위해 어떤 도움을 줄 수 있을까요?

---

❶ 수업 목표에 ①번과 ②번으로 제시된 주제가 서로 상이합니다. 따라서 강사가 더 적절하다고 판단하는 것에 초점을 맞추어 수업을 진행하면 됩니다.

❶ 주제를 정했다면 활동도 주제에 맞추어 준비합니다.

❷ 도입에 제시된 신형원의 노래는 개똥벌레라는 소재나 강아지똥의 주제에 맞추어 다른 시청각 자료로 교체할 수 있습니다.
(예: 황가람의 나는 반딧불)

❻ 워크지 ②번 문제는 내용 이해와 확인 문제이므로 함께 확인하며 정확하게 읽도록 유도합니다.

❽ 내용 확인 후 등장인물 심리를 추측하는 심화 문제로 흙덩이의 마음 대신 주인의 마음을 표현하는 방식 등으로 변형할 수 있습니다.

❾ 워크지 ③번 문제는 학생들이 바로 답하기 어려울 수 있으니 강사가 적절한 예와 부적절한 예를 섞은 자료를 제공해 선택하도록 하는 방식을 활용하는 것이 좋습니다.

❿ 워크지 ④번 문제는 다소 추상적이므로 답으로 이끌 때, 일상생활에서 학생이 경험할 수 있는 구체적인 상황을 떠올리도록 유도하여 스스로 사고를 확장하도록 합니다.

02 거짓말

기 관 명	초등돌봄교육/온동네 초등돌봄교육센터/방과후학교
대 상	초등 1~3학년/최대인원 20명
준 비 물	필기도구
소요시간	50분 단 가
활동목표	① 억울한 감정에 대해 이야기 나눌 수 있다. ② 이야기의 새로운 결말에 대해 토론할 수 있다.

거짓말

도서정보 미안 글, 그림   **출판사** 고래뱃속

학교 수업을 마치고 나는 태경이, 규리와 함께 집에 가고 있었습니다. 태경이의 장난에 규리가 발을 다쳤지만, 둘은 나를 범인으로 몰았지요. 나는 억울했지만 부모님도, 선생님도, 친구들도 내 말을 믿어주지 않았습니다. 오히려 학교에서 나에 대한 나쁜 소문들이 생겨났지요. 내 마음 속에는 불편한 덩어리가 생겨났고, 나는 결국 하지도 않은 잘못을 사과했습니다. 책 속에 나오는 거짓말에 대해서 어떻게 생각하나요? 함께 이야기 나눠 보아요.

도입
5분

* **인사 나누기**
* **심한 장난에 당해본 적 있는지 혹은 심하게 장난을 쳐본 적 있는지 이야기 나누어본다.**
  그때의 심정은 어땠고 결과는 어떠했는지도 함께 이야기해본다.

전개활동1
20분

활동 1-1. 그림책 읽기(읽기 전 발문/읽기 중 발문)
* **(전) 표지질문** 무엇이 보이나요? 토끼는 지금 무엇을 하고 있나요?
  앞뒤 표지의 다른점은 무엇인가요? 어떤 이야기인지 상상해 보아요.
* **(중)** 왜 부모님은 주인공을 믿어주지 않았을까요?

활동 1-2. 읽은 후 이야기 나누기
* **(후)** 결말이 친구들의 마음에 드나요?
* **(후)** 주인공이 사과를 한 것이 옳다고 생각하나요?
* **(후)** 바꾸고 싶은 결말을 4컷 만화로 그려봅시다.

전개활동2
25분

활동 2-1. 활동명: 결말 바꾸기 4컷 만화(자리 정리 및 활동 준비)
* 읽은 후 이야기 나누며 결말 재예상하기
* 4컷 만화 그려보기
* 결말을 발표하거나 전시하기

활동 2-2. 자리 정돈 및 생각 정리
* 주인공은 잘못에 대한 벌을 끝까지 받지만, 이태경은 벌을 받지 않았다.
* 이태경은 다시 친구의 지갑을 훔치려고 한다.
* 잘못에 대한 벌과 반성이 필요한지 이야기 나누어보기

기타
영상링크 외

* **영화 "우리들"의 한 장면**
  https://youtu.be/8M4RZuG4lx0?si=jtHwUjsxGWMQ3WMG

영화 우리들

※ 수업용 PPT와 워크지는 QR코드를 활용하세요.

①

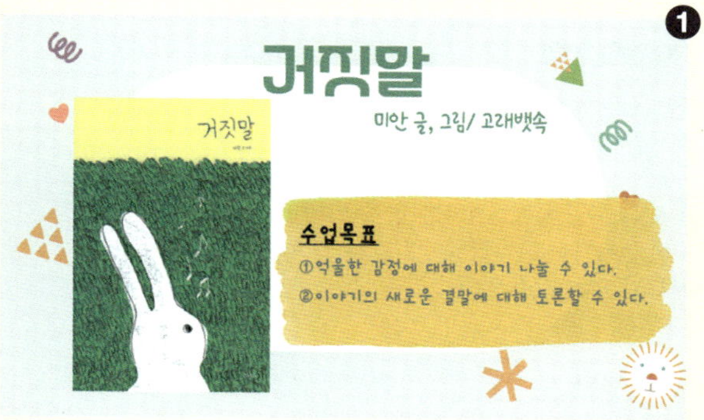

거짓말

미안 글, 그림/ 고래뱃속

수업목표
①억울한 감정에 대해 이야기 나눌 수 있다.
②이야기의 새로운 결말에 대해 토론할 수 있다.

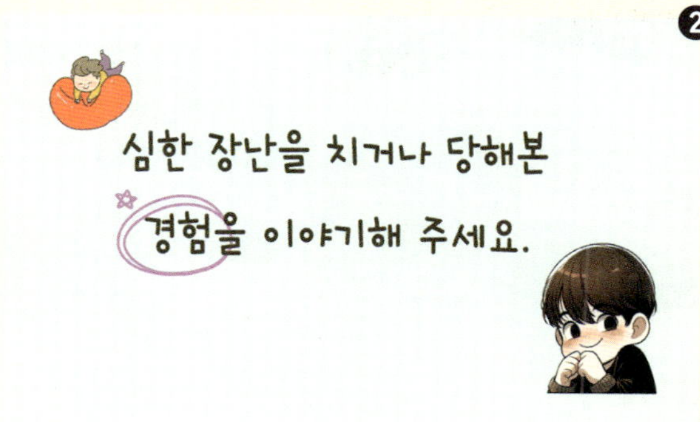

②

⑦

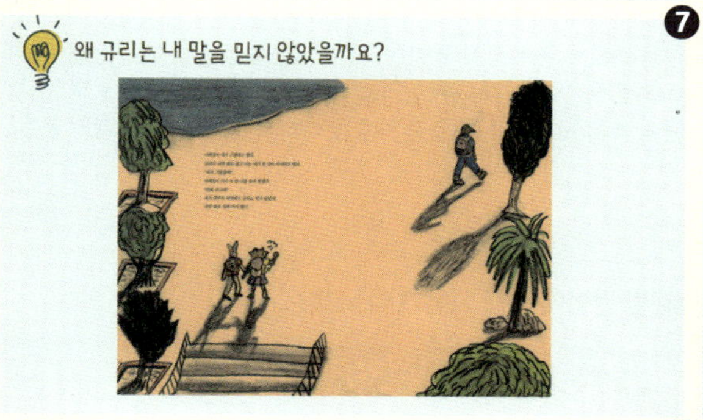

왜 규리는 내 말을 믿지 않았을까요?

⑧

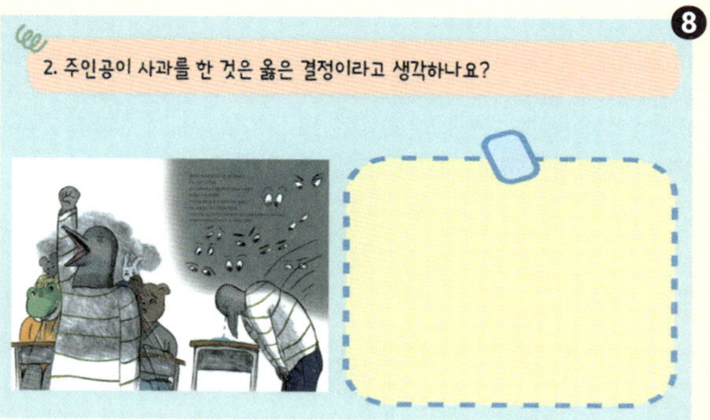

2. 주인공이 사과를 한 것은 옳은 결정이라고 생각하나요?

⑨

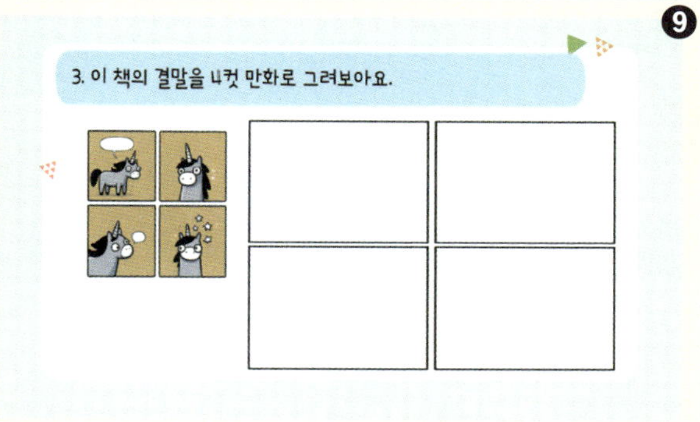

3. 이 책의 결말을 내컷 만화로 그려보아요.

⑩

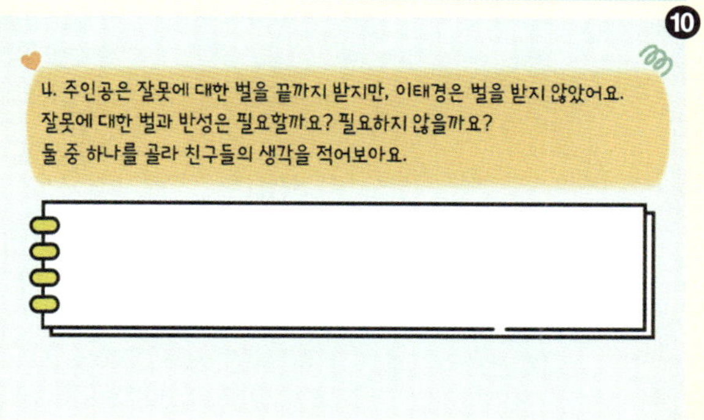

4. 주인공은 잘못에 대한 벌을 끝까지 받지만, 이태경은 벌을 받지 않았어요.
잘못에 대한 벌과 반성은 필요할까요? 필요하지 않을까요?
둘 중 하나를 골라 친구들의 생각을 적어보아요.

① 수업목표에 제시된 <토론>을 진행하려면 학생들의 의견이 대립되어야 하므로 수업 설계 시 이러한 점을 고려해야 합니다.

② 이 문제는 너무 깊게 들어가지 않는 것이 좋습니다. 개인의 트라우마를 자극할 수 있으므로 가능한 한 짧고 가볍게 진행하도록 합니다.

⑦ 책을 읽는 과정 중에 진행해야 합니다. 학생이 그림에 대해 자신의 생각을 표현하도록 이끄는 것이 중요합니다.

⑧ 워크지 ②번 활동은 부당한 행위나 비논리적인 것에 대한 가치 판단과 연관되며 워크지 ④번 문제로 확장되므로 관련 슬라이드나 활동을 함께 살펴보아야 합니다.

⑨ 워크지 ③번 활동은 학습자 간의 토의나 토론을 거친 후 개인적 견해를 만화로 그리도록 합니다.

⑩ 워크지 ④번 활동은 워크지 ②번 문제를 확장한 것으로 연계성을 갖도록 지도하거나 워크지 ③번과 순서를 바꾸어 심화시키는 것도 가능합니다. 혹은 수업 시간이나 학급 상황에 따라 워크지 ②번과 ④번 중 한 가지만 적용해도 됩니다.

03 겨울 이불

기 관 명	초등돌봄교육/온동네 초등돌봄교육센터/방과후학교		
대　　상	초등 1~3학년/최대인원 20명		
준 비 물	삶은 계란, 매직펜, 음료, 일회용컵, 수건, 간식 교환권		
소요시간	50분	단　　가	700원 (계란, 음료, 종이컵)
활동목표	① 겨울 그림책을 함께 보며 자유롭게 상상할 수 있다. ② 따뜻한 조부모님의 사랑을 생각할 수 있다. ③ 안녕달 작가에 대해 알아볼 수 있다.		

겨울 이불

도서정보 안녕달 글, 그림　　**출판사** 창비

"할머니, 할아버지, 나 왔어."
추운 겨울 뜨끈한 방으로 들어선 아이는 훌러덩 옷을 벗고 두툼한 겨울 이불 속으로 미끄러져 들어갑니다. 이불 속 찜질방 안에는 손주를 기다리는 할아버지, 할머니와 겨울잠에 빠져든 동물 친구들이 있거든요. 이불 속 찜질방에서 정겨운 추억을 머금은 곰엉덩이 계란도 먹고, 살얼음에서 건져 올린 식혜도 맛본 아이는 할머니 무릎을 베고 사르르 달큰한 잠에 빠져듭니다. 바깥은 춥지만 푸하하하 웃음 소리를 가득 품은 겨울 이불은 따뜻하기만 해요. 친구들의 겨울은 어떤 모습인가요?

도입
10분

* **인사 나누기**
* **찜질방 가본 경험 나누기/ 찜질방 간식에 대해 이야기 나누기**

전개활동1
15분

활동 1-1. 그림책 읽기(읽기 전 발문/읽기 중 발문)
* **(전) 표지질문**　아이가 덮고 있는 것은 무엇인가요? 그림 속에 나타난 계절은 언제인가요?
　　　　　　　　　귤 껍질 모양은 무엇을 뜻하나요? 아이가 엎드려 있는 이곳은 어디일까요?

활동 1-2. 읽은 후 이야기 나누기
* **(후)** 아이는 정말 찜질방을 다녀왔을까요?
* **(후)** 엄마는 왜 밤늦게 아이를 데리러 온 걸까요?
* **(후)** 늦게 온 엄마를 챙기는 할아버지, 할머니를 보면 어떤 생각이 드나요?
* **(후)** 등장하는 동물들의 특징 알아보기

전개활동2
25분

활동 2-1. 활동명: 교실 찜질방 영업 개시(자리 정리 및 활동 준비)
* 같이 수건 접어 양머리 만들어 보기
* 삶은 계란 꾸미기(친구를 닮은 계란을 그리고 선물 및 교환하기를 해도 좋음.)
* 영업할 친구와 손님으로 나누어 찜질방 판매 놀이하기

활동 2-2. 자리 정돈 및 생각 정리
* 양머리를 쓴 채로 예쁘게 사진 촬영하기

기타
영상링크 외

* **안녕달 작가에 대해 알아보기(PPT 참고)**

※ 수업용 PPT와 워크지는 QR코드를 활용하세요.

겨울 이불
안녕달 글, 그림 / 창비

수업목표
①겨울그림책을 함께 보며 자유롭게 상상할 수 있다.
②따뜻한 조부모님의 사랑을 생각할 수 있다.
③안녕달 작가에 대해 알아볼 수 있다.

우리 친구들과 찜질방에 대한 경험을 나누어 볼까요?

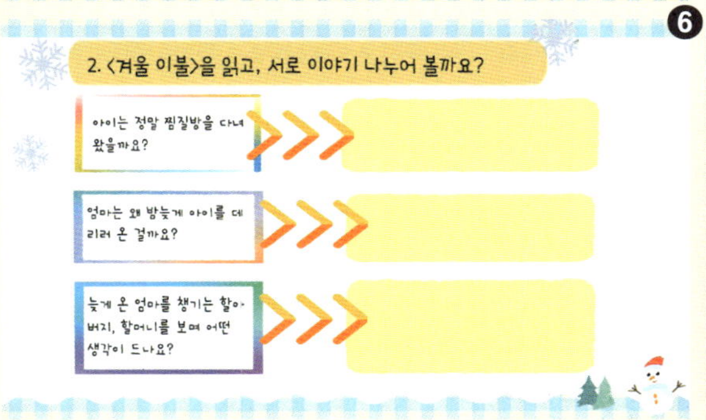

2. 〈겨울 이불〉을 읽고, 서로 이야기 나누어 볼까요?

- 아이는 정말 찜질방을 다녀 왔을까요?
- 엄마는 왜 밤늦게 아이를 데리러 온 걸까요?
- 늦게 온 엄마를 챙기는 할아버지, 할머니를 보며 어떤 생각이 드나요?

〈겨울이불〉 이야기에 나오는 동물들은 어떤 특징이 있나요?

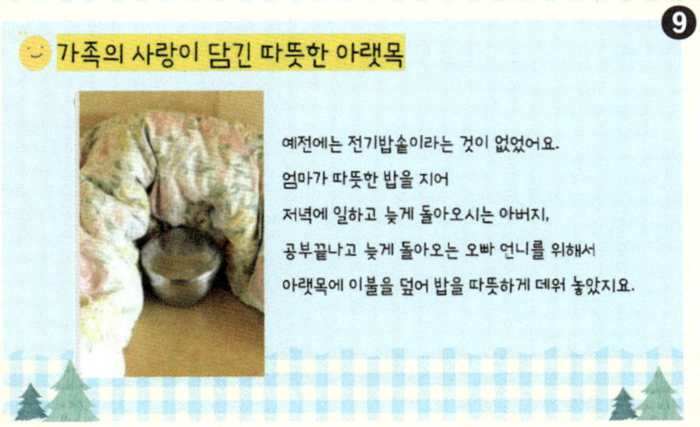

가족의 사랑이 담긴 따뜻한 아랫목

예전에는 전기밥솥이라는 것이 없었어요.
엄마가 따뜻한 밥을 지어
저녁에 일하고 늦게 돌아오시는 아버지,
공부끝나고 늦게 돌아오는 오빠 언니를 위해서
아랫목에 이불을 덮어 밥을 따뜻하게 데워 놓았지요.

4. 내가 좋아하는 찜질방 간식을 소개해주세요.

메뉴

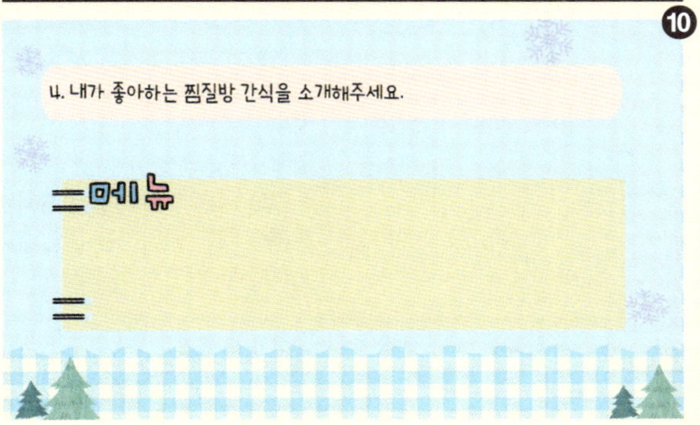

★ 이 책은 놀이처럼 활동을 진행해 학생들의 공감을 이끌어내는 것이 바람직합니다.
★ 책의 내용이 환상적이므로 사실과 환상에 대한 내용을 확인할 필요가 있습니다.
❷ 찜질방의 경험이 없는 학생이 있을 수 있으므로 학생들의 경험과 학습 상황에 따라 강사가 적절히 활동을 변경할 수 있습니다.
❻ 워크지 ②번 활동은 하나의 활동이 아니라 각기 층위를 달리하는 세 가지 질문으로 구성되어 있습니다. 내용 확인에서 상황에 대한 추론과 인물의 심리에 대한 추측에 이르는 과정이 자연스럽게 연결될 수 있도록 수업을 구성해야 합니다.
❽ 환상 속의 동물에 대한 설명과 함께 학생이 함께 찜질을 하고 싶은 동물을 소개하고 그 이유까지 설명하도록 합니다. 워크지 ③번과 연계하여 진행하는 것이 바람직할 수 있습니다.
❾ 학습 상황에 따라 강사가 변경할 수 있습니다.
❿ 찜질방 경험이 없는 학생이 있을 수 있으므로 학생들의 경험과 학습 상황에 따라 강사가 적절히 활동을 변경할 수 있습니다.

04 후끈후끈 고추장 운동회

기 관 명	초등돌봄교육/온동네 초등돌봄교육센터/방과후학교
대 상	초등 1~3학년/최대인원 20명
준 비 물	탁구공, 종이컵, 풍선, 백업
소요시간	50분　단 가　500원 (구비 후 재사용 가능 재료들)
활동목표	① 예전과 지금의 운동회를 비교해서 볼 수 있다. ② 혼자 하기 힘들었던 일을 협동하여 해결했던 경험을 나눌 수 있다.

후끈후끈 고추장 운동회　　도서정보　오드 글, 그림　　출판사　다림

콩나물, 애호박, 가지, 시금치는 올해도 운동회 준비로 열심이에요. 매년 고추마을에서 후끈후끈 고추장 운동회가 열리거든요. 올해의 종목은 비빔밥. 가장 먼저 달걀을 깨뜨린 팀이 우승입니다. 다진 고기팀까지 합세하는 바람에 채소 선수들은 힘을 합쳐보기로 하는데요. 과연 우승팀은 어디가 될까요? 친구들도 함께 예상해 보아요.

도입
10분
＊ **인사 나누기**
＊ **옛날 운동회는 이랬어요. (PPT 참고)**

전개활동1
10분
활동 1-1. 그림책 읽기(읽기 전 발문/읽기 중 발문)
＊ **(전) 표지질문**　그림에서 무엇이 보이나요? 채소들이 모여서 무엇을 하고 있을까요?
　　　　　　　　　채소들의 표정은 어떤가요? 고추장 운동회는 보통 운동회와 어떤 차이가 있을까요?
＊ **(중)** 고추장 운동회에 출전한 선수들 이름을 알아보고 MVP를 뽑아보아요.
＊ **(중)** 야채 이름의 삼행시 함께 운율을 맞춰서 읽기

활동 1-2. 읽은 후 이야기 나누기
＊ **(후)** 다른 사람과 협동해서 힘든 일을 해결한 경험을 적어보아요.
＊ **(후)** 내가 좋아하는 비빔밥 재료로 삼행시 지어보기
＊ **(후)** 두 팀으로 나누기

전개활동2
30분
활동 2-1. 활동명: 교실 미니 운동회(자리 정리 및 활동 준비)
＊ 협동게임. 손잡은 채로 풍선을 놓치지 마!
＊ 백업을 이용한 한걸음 잡기 놀이
　(강사의 호루라기 소리에 따라 한 걸음씩 이동하며 술래에게 닿지 않아야 함.)
　(술래는 백업을 들고 친구들을 터치하는 게임)
＊ 풍선 펜싱 놀이
＊ 탁구공 농구 놀이

활동 2-2. 자리 정돈 및 생각 정리
＊ 옮긴 책상을 제자리에 놓고 풍선 등을 수거하여 공간 정리하기

기타
영상링크 외

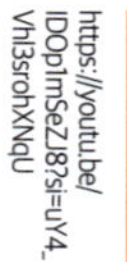

풍선 펜싱

한걸음 술래잡기

탁구공 농구

협력 풍선

※ 수업용 PPT와 워크지는 QR코드를 활용하세요.

❶

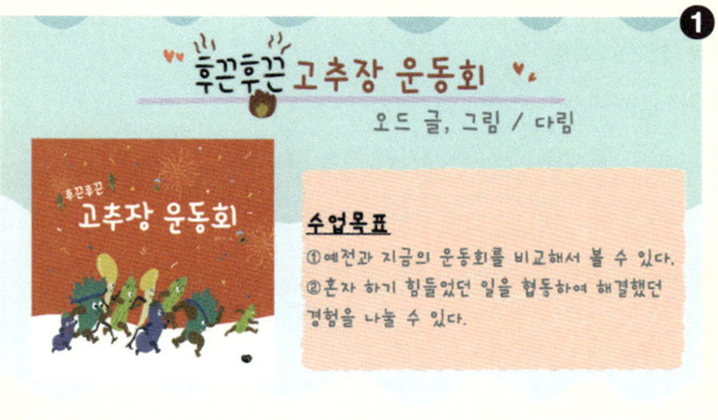

후끈후끈 고추장 운동회
오드 글, 그림 / 다림

후끈후끈 고추장 운동회

수업목표
① 예전과 지금의 운동회를 비교해서 볼 수 있다.
② 혼자 하기 힘들었던 일을 협동하여 해결했던 경험을 나눌 수 있다.

❷

가을운동회

옛날 운동회는 이랬어요.

❽

고추장 운동회 출전 선수 중에서 친구들이 생각하는 MVP는 누구인가요?

❾

3. 혼자서 하기 힘들었던 일을 다른 사람과 협동하여 해결했던 경험을 적어 보아요.

⓫

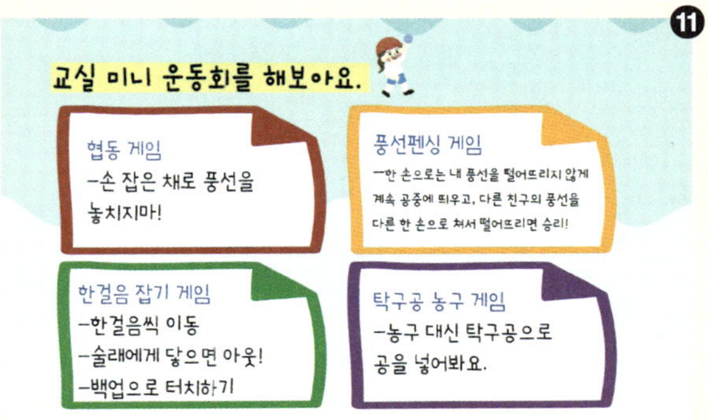

교실 미니 운동회를 해보아요.

협동 게임
ㅡ손 잡은 채로 풍선을 놓치지마!

풍선펜싱 게임
ㅡ한 손으로는 내 풍선을 떨어뜨리지 않게 계속 공중에 띄우고, 다른 친구의 풍선을 다른 한 손으로 쳐서 떨어뜨리면 승리!!

한걸음 잡기 게임
ㅡ한 걸음씩 이동
ㅡ술래에게 닿으면 아웃!
ㅡ백업으로 터치하기

탁구공 농구 게임
ㅡ농구 대신 탁구공으로 공을 넣어봐요.

⓬

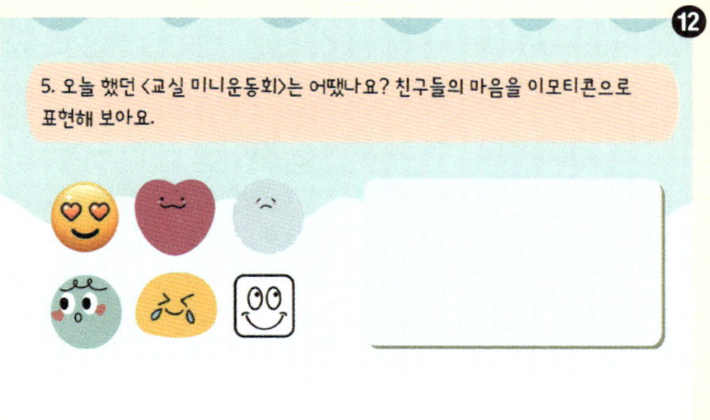

5. 오늘 했던 〈교실 미니운동회〉는 어땠나요? 친구들의 마음을 이모티콘으로 표현해 보아요.

★ 책 내용의 전반적인 흐름을 살펴보아야 합니다. 실제 운동회가 아니라 재료들이 비빔밥으로 만들어지는 과정임을 주지하고 수업을 진행합니다.

★ 대상 도서의 경우, 책 내용을 인지하고 책을 읽으며 재미를 느낄 수 있도록 활동을 구성했습니다. 아울러 몸을 쓰는 활동으로 이행하기 때문에 학생들이 놀이처럼 즐기도록 수업을 구성하는 것이 바람직합니다.

❷ 이전의 운동회와 최근 운동회를 비교할 수 있습니다.

❽ 두 가지 방식으로 진행이 가능합니다. 하나는 책 속에 제시된 선수들 중에서 MVP를 뽑는 것이고, 다른 하나는 실제 비빔밥의 재료 중 학생들이 가장 좋아하는 재료를 선택하는 것입니다.

❾ 워크지 ③번으로, 학생의 개인적 경험을 이끌어내기 힘들다면 강사가 쉬운 예를 들어 설명하고 집단 담화의 형식으로 진행할 수도 있습니다.

⓫ 교실 상황에서 실행이 어려운 경우에는 수업 상황에 맞게 활동을 변경하는 것이 가능합니다. 워크지 ⑤번과 연계해 활동을 이끌어야 효과적입니다.

05 깔깔 주스

기 관 명	초등돌봄교육/온동네 초등돌봄교육센터/방과후학교
대 상	초등 1~3학년/최대인원 20명
준 비 물	도화지, 채색도구, 네임펜
소요시간	50분	단 가	500원 (구비후 재사용 가능 재료들)
활동목표	① 주변 사람들의 감정에 공감할 수 있다. ② 상상력을 동원하여 엉뚱주스 메뉴판을 만들어 본다.

깔깔 주스   **도서정보** 박세랑 글, 그림   **출판사** 노란돼지

민지의 여덟 살은 참 피곤합니다. 늦잠 자고 지각하고, 준비물 없고, 숙제 점수는 빵점! 이럴 때 민지는 <얼렁뚱땅 주스 가게>에서 속이 뻥 뚫리는 깔깔 주스를 먹어요. 완전 웃기는 맛을 경험한 민지는 학원 스트레스를 받는 박공주에게도, 무기력한 개 봉구에게도, 어깨에 일을 가득 짊어진 선생님에게도 주스를 한 잔씩 나누어 주지요. 유쾌하고 상쾌한 기분이 드는 깔깔 주스가 필요한 사람은 또 누구일까요? 함께 이야기 나누어 보아요.

도입
5분

* **인사 나누기**
* **하루에 얼마나 놀 수 있으며 그 시간에 무엇을 하며 노는지 이야기 나눈다.**

전개활동1
20분

활동 1-1. 그림책 읽기(읽기 전 발문/읽기 중 발문)
* **(전)** 표지질문   이 책은 무엇에 관한 책일까요? '깔깔 주스'의 재료는 무엇일까요?
                이것은 언제 먹는 주스일까요? 친구들은 무엇을 하고 있나요?

활동 1-2. 읽은 후 이야기 나누기
* **(후)** 내용 확인 문제 풀어보기
* **(후)** 봉민지의 주변 인물 탐색하기
* **(후)** 지금 나에게 깔깔 주스가 필요한지 이야기 나누기
* **(후)** 나만의 깔깔 주스 만들어보기

전개활동2
25분

활동 2-1. 활동명: 나만의 깔깔 주스 메뉴판(자리 정리 및 활동 준비)
* 나와 주변 인물을 생각하며 어떤 일들이 있는지 생각합니다.
* 어울리는 주스 메뉴를 만들어 봅니다.
* 주스에 기발한 이름을 붙여 봅니다.

활동 2-2. 자리 정돈 및 생각 정리
* 주스를 가장 주고 싶은 사람 생각하기

기타
영상링크 외

* **강사가 주스 메뉴 예시 자료를 만들었다면, 수업자료 PPT나 워크지에 포함시켜도 좋습니다.**

※ 수업용 PPT와 워크지는 QR코드를 활용하세요.

❶

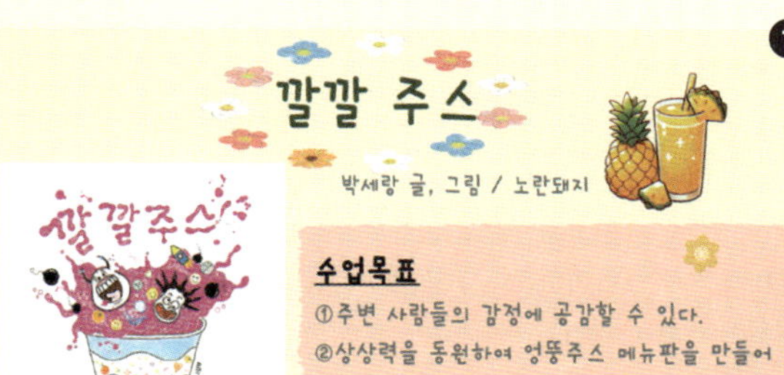

❸

❽

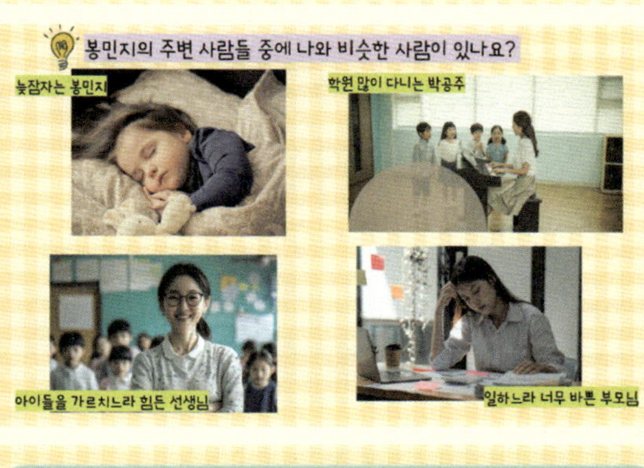

❾

❿

⓬

다양한 메뉴판을 구성해봐도 좋아요!

다른 학교 친구가 만든 메뉴판. 우리도 얼렁뚱땅 주스 메뉴판을 만들어보아요.

★ 대상 도서는 읽기 활동 후, 학생들이 즐겁게 상상력을 발휘하도록 하는 데 무게를 두어 수업을 운영하는 것이 바람직합니다. 학생들이 자신이나 주변 사람들의 상황에 대한 해결 방법을 즐겁게 찾아내어 주스를 제조할 수 있도록 유도합니다.

❸ 이 활동을 수행할 때 학생이 단답형으로 답하지 않도록 활동을 이끄는 것이 중요합니다. ❷번과 함께 운영할 수 있습니다.

❽ 이어지는 ❾번, ❿번, ⓬번과 연계하여 학생들이 주변에서 책 속 등장인물과 비슷한 유형의 사람을 찾고, 문제를 해결하기 위한 주스를 만들어 제공하도록 하는 것이 효과적입니다. 이 과정을 단계적으로 진행해 학생들이 창의적으로 문제를 해결하는 능력을 기를 수 있도록 합니다. (활동은 '나'로 제시되지만 강사가 임의로 '주변 사람', '가족' 등으로 키워드를 변경할 수 있습니다.)

06 꿈의 학교

기 관 명	초등돌봄교육/온동네 초등돌봄교육센터/방과후학교
대 상	초등 1~3학년/최대인원 20명
준 비 물	도화지, 채색도구, 네임펜
소요시간	**50분**　단 가　약 500원
활동목표	① 학교는 무엇을 하는 곳인지 생각해 볼 수 있다. ② 내가 꿈꾸는 학교에 대해서 설명할 수 있다.

꿈의 학교　　　　**도서정보** 허아성 글, 그림　　**출판사** 책읽는곰

학교는 정말 재미있는 곳일까요? 공부는 어렵고, 숙제는 많고, 등교시간도 일찍이라 온통 싫은 것투성이인데 말이지요. 캠핑장에 모인 해인이, 우주, 유안이는 재미있는 학교를 상상했어요. 학교 가는 길은 미로이고, 교실에서는 커다란 이불 속에서 수업을 해요. 자기가 좋아하는 수업을 듣고, 누구나 칭찬을 받아요. 어떤 친구든지 잘하는 것으로 상을 받고, 보물창고와 어린이 상자가 있으면 더 좋을 것 같고요. 친구들은 어떤 학교에 가고 싶나요? 내가 생각하는 꿈의 학교 이야기를 들려주세요.

도입
10분

* **인사 나누기**
* **학교생활 중에 제일 신나는 일과 힘든 일 이야기 나누기**

전개활동1
20분

활동 1-1. 그림책 읽기(읽기 전 발문/읽기 중 발문)
* **(전) 표지질문**　이 책은 무엇에 관한 이야기일까요?
　　　　　　　　　그림 속의 학교에서는 아이들이 무엇을 하고 있나요?
　　　　　　　　　'꿈의 학교'는 어떤 학교일까요?

활동 1-2. 읽은 후 이야기 나누기
* **(후)** 내용 확인 문제 풀어보기
* **(후)** 학교에서 배운 걸 담을 수 있는 구슬을 누구에게 주고 싶은지 이야기하기
* **(후)** 내가 생각하는 꿈의 학교 상상하고 표현하기
* **(후)** 우리 학교가 꿈의 학교가 된다면 학교를 생각하는 마음은 어떻게 달라질지 이야기 나누기

전개활동2
20분

활동 2-1. 활동명: 꿈의 학교 팝업북 만들기(자리 정리 및 활동 준비)
* 내가 원하는 학교의 장소나 시설을 생각합니다.
* 상자 팝업북에 자유롭게 그려봅니다.
* 꿈의 학교 팝업북 제목을 씁니다.

활동 2-2. 자리 정돈 및 생각 정리
* 우리 학교의 좋은 점 생각하기

기타
영상링크 외

* **진짜 학생들이 만든 학교 안 놀이터**
　https://youtu.be/g1JQhklNltY?si=498P8RwOjSS5_U88

학교 안 놀이터

※ 수업용 PPT와 워크지는 QR코드를 활용하세요.

꿈의 학교

허아성 글, 그림 / 책읽는곰

수업목표
①학교는 무엇을 하는 곳인지 생각해 볼 수 있다.
②내가 꿈꾸는 학교에 대해서 설명할 수 있다.

❶

❼
학교에서 배운 걸 담을 수 있는 구슬이 있다면, 나는 이 구슬을 누구에게 주고 싶나요?

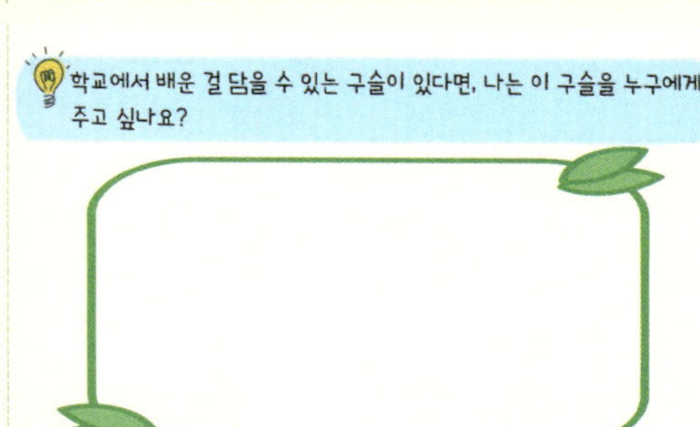

❽
3. 친구들이 생각하는 꿈의 학교를 상상하고, 소개해 주세요.

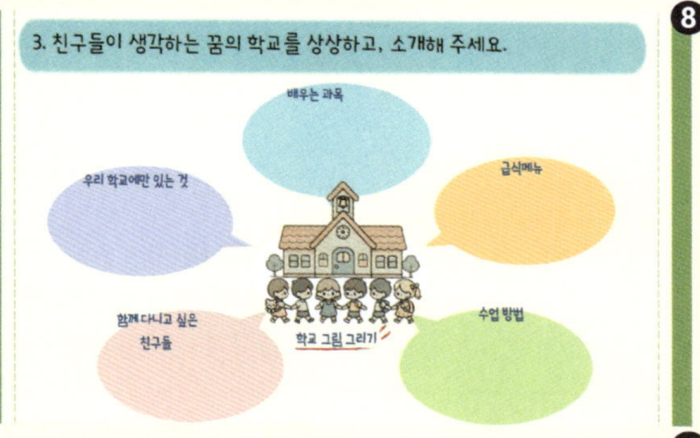

❾
ㄴ. 만약에 우리 학교가 꿈의 학교가 된다면 학교를 생각하는 친구들의 마음은 어떻게 달라질까요?

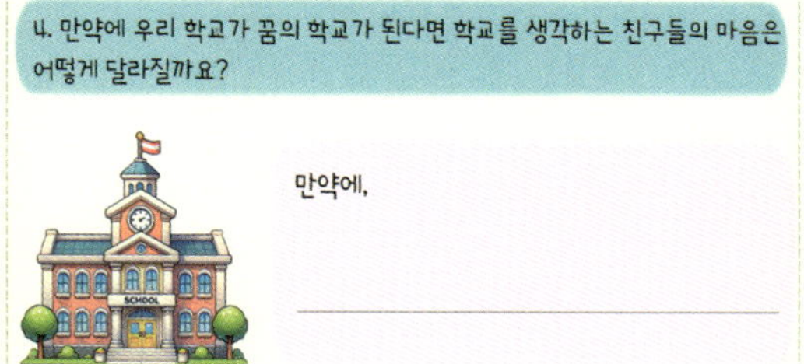

만약에,

❿
꿈의 학교 팝업북 만들기

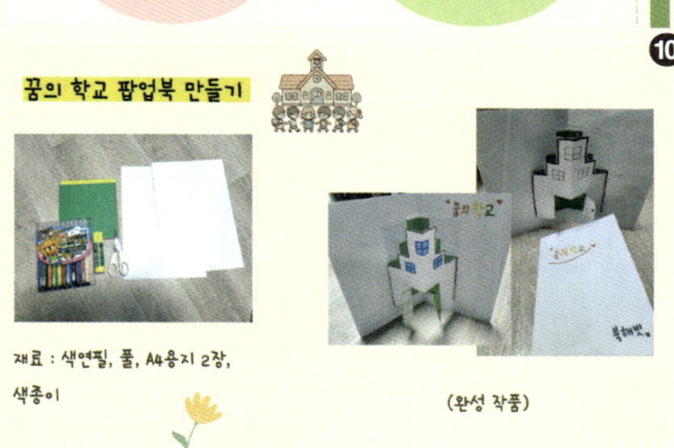

재료 : 색연필, 풀, A4용지 2장, 색종이

(완성 작품)

❶ 수업 목표에서 드러나듯이 학생의 현재 학교 생활과 학교에 바라는 점을 볼 수 있으므로 학생들과 소통하며 수업을 운영합니다. 지나치게 현실의 문제와 연결해 불편한 상황을 야기하지 않도록 주의합니다.

❷ 획일적인 답이 나올 수 있으므로 학생들의 답변과 그 이유까지 살펴 다양하게 답할 수 있는 환경을 조성하는 것이 좋습니다.

❼ 이후에 이어지는 워크지 ③번, ④번 활동과 변별되므로 순서를 바꾸어 진행할 수 있습니다. 즉 꿈의 학교와 연관된 활동들을 이어서 진행하고 다른 주제의 활동은 생략하거나 순서를 바꾸어 진행하는 것이 가능합니다.

❿ 팝업북은 관련 동영상을 활용하여 진행할 수 있으며, 학교로 팝업북을 만드는 것이 어려운 경우 활동을 변경할 수 있습니다.

07 내가 가장 듣고 싶은 말

기 관 명	초등돌봄교육/온동네 초등돌봄교육센터/방과후학교
대　　상	초등 1~3학년/최대인원 20명
준 비 물	도화지, 채색도구, 네임펜, 포춘쿠키 간식
소요시간	**50분**　　단　가　12,550원(이마트 포춘쿠키)
활동목표	① 나를 아프게 하는 잔소리에는 어떤 것이 있는지 말할 수 있다. ② 나에게 힘을 주는 말을 이야기할 수 있다. ③ 내 마음을 바르게 표현하는 방법을 알아볼 수 있다.

내가 가장 듣고 싶은 말　　　　**도서정보**　허은미 글, 조은영 그림　　　**출판사**　나는별

동구는 아침부터 가족들에게 잔소리를 듣습니다. 학교 선생님에게도 야단을 맞았지요. 오늘은 동구가 가장 기뻐해야 하는 날인데, 동구 마음은 너무 속상합니다. 비를 잔뜩 맞고 울어버린 동구를 해바라기 도서관 선생님이 안아주셨지요. 그런데 이상합니다. 아침과 달리 동구를 만나는 사람들마다 빙그레 웃고, 친절하게 인사하네요. 오늘이 무슨 날인지 알고 있는 걸까요? 가족들은 동구를 어떻게 맞이할까요?

도입
5분

* **인사 나누기**
* **사랑의 말을 들으면 어떤 기분일지 이야기 나누기**
* **강사가 아이들에게 사랑의 말 쪽지 나눠주기(프린트하여 미리 준비, 통에 섞어 두어도 좋음)**

전개활동1
25분

활동 1-1. 그림책 읽기(읽기 전 발문/읽기 중 발문)
* **(전) 표지질문**　그림 속의 아이에게는 어떤 일이 있었을까요? 아이의 기분은 어떻게 보이나요?
　　　　　　　　　아이는 어떤 말이 가장 듣고 싶을까요? 이 책은 어떤 내용일까요?

활동 1-2. 읽은 후 이야기 나누기
* **(후)** 해바라기 도서관에 오기 전, 동구가 들었던 잔소리는 무엇인가요?
* **(후)** 내가 주인공의 상황이라면 이럴 때는 어떤 감정을 느낄까요?
* **(후)** 화가 날 때, 올바르게 자신을 표현하는 방법은 무엇일까요?
* **(후)** 친구들의 말말말을 알려주세요.

전개활동2
20분

활동 2-1. 활동명: 내가 듣고 싶은 말(자리 정리 및 활동 준비)
* 내가 듣고 싶은 말을 쪽지에 씁니다.
* 쪽지를 잘 접어 내용이 안 보이게 합니다.
* 주고 싶은 사람에게 전해 줍니다.

활동 2-2. 자리 정돈 및 생각 정리
* 포춘쿠키를 간식으로 주셔도 좋습니다.

기타
영상링크 외

※ 수업용 PPT와 워크지는 QR코드를 활용하세요.

❶

내가 가장 듣고 싶은 말

허은미 글, 조은영 그림 / 나는별

수업목표
① 나를 아프게 하는 잔소리는 어떤 것이 있는지 말할 수 있다.
② 나에게 힘을 주는 말을 이야기할 수 있다.
③ 내 마음을 바르게 표현하는 방법을 알아볼 수 있다.

❷

이런 말을 들으면, 어떤 기분일까요?

❼

2. 해바라기 도서관에 오기 전, 동구가 들었던 잔소리는 무엇인가요?

할머니   아빠   선생님

❾

화가 날 때, 올바르게 자신의 감정을 표현하는 방법은 무엇이 있을까요?

❿

3. 우리 친구들이 동구라면, 이런 상황일 때 어떤 감정을 느낄까요?

내 생일인데 잔소리만 하는 가족   마음이 엉망진창으로 깨진 날   밖으로 나왔는데 비가 내린다.

발에 걸리는 돌도 마음에 안들   도서관 선생님이 안아줌   아빠가 안아줌

⓫

4. 우리 친구들의 말말말을 알려주세요.

가장 많이 듣는 말	
가장 행복했던 말	
가장 듣고 싶은 말	

❶ 자신의 감정을 알고 표현하는 것에 초점을 맞추어 수업을 진행하는 것이 바람직합니다.

❷ '긍정적인 말'들로 구성되었으나 이 슬라이드를 '부정적인 말'로 바꾸거나 '긍정'과 '부정'을 함께 제시해 학생들의 반응을 이끌 수 있습니다.

❼ 워크지 ②번 활동은 책 내용을 확인하는 것이므로 앞뒤 상황도 함께 설명하도록 유도하는 것이 효과적입니다.

❾ 먼저 동구의 상황을 확인하고 동구의 입장에서 생각하도록 한 후, 학생들에 맞춰 적용하는 방식으로 활동합니다.

❿ 워크지 ③번 활동의 경우, 초등학교 저학년 학생은 자신의 감정을 표현하거나 감정 변화의 이유를 설명하는 것을 어려워할 수 있습니다. 따라서 동구의 상황에 빗대 자신의 감정을 이해하도록 유도하는 것이 바람직합니다. 다른 자료를 이용해 감정 풍부화 활동을 수행할 수 있습니다.

⓫ 워크지 ④번은 자신의 경험을 제시하는 활동을 수행한 후, 자신의 바람을 표현하는 방향으로 이끌어야 합니다.

08 내 빤쓰

기 관 명	초등돌봄교육/온동네 초등돌봄교육센터/방과후학교
대 상	초등 1~3학년/최대인원 20명
준 비 물	형광지, 손전등, 코팅지, 보라색 매직
소요시간	**50분**　단 가　1,000원(휴대폰 손전등 기능으로 대체 가능)
활동목표	① 경제적으로 어려웠던 시기, 절약했던 부모님 시대 상황에 대해 알 수 있다. ② 대가족 형제들의 물려받는 문화에 대해 이해할 수 있다.

내 빤쓰　　**도서정보** 박종채 글, 그림　　**출판사** 키다리

아홉 살 철수네 식구는 모두 아홉 명입니다. 온 가족의 식사 시간은 맛난 반찬이 사라지는 전쟁터가 되고, 남매들은 모든 것을 물려받아서 엄마는 재봉틀 마술사가 되지요. 학교에서 신체검사를 하는 날, 철수는 다른 친구들처럼 빤쓰만 남기고 옷을 모두 벗었습니다. 친구들은 철수의 리본 달린 빤쓰를 보고 크게 놀렸어요. 철수는 너무 창피해서 집에 와 뿌루퉁한 표정을 짓고 아빠에게 혼이 납니다. 엄마는 그런 철수를 꼬옥 안아주었는데요. 철수는 언제쯤 새 빤쓰를 가질 수 있을까요?

도입 (10분)

* **인사 나누기**
* **좋아하는 사람에게 물려받은 옷과 새로 산 옷 중에서 하나를 선택할 수 있다면 어떤 것을 고르고 싶나요?**

전개활동1 (20분)

활동 1-1. 그림책 읽기(읽기 전 발문/읽기 중 발문)
* **(전) 표지질문**　아이는 무엇을 입고 있나요? 왜 이렇게 입고 있을까요?
　　　　　　　　아이는 왜 뛰거나 날고 있을까요? 표정은 어떤가요?
　　　　　　　　강아지는 무엇을 하고 있나요?

활동 1-2. 읽은 후 이야기 나누기
* **(후)** 내용 확인 문제 풀어보기
* **(후)** 외래어의 짝꿍 찾아보기
* **(후)** 마지막 장면(하늘을 나는 장면)에 대해 생각하고 이야기하기
* **(후)** 철수네 가족 수 이야기하며 상황 유추해보기

전개활동2 (20분)

활동 2-1. 활동명: 야광 팬티 만들기(자리 정리 및 활동 준비)
* 야광지를 팬티 모양으로 자르기
* 팬티 위에 그림 그려 꾸미기
* 강사가 준비한 손전등 위에 보라색으로 칠한 코팅지를 붙이기
* 불을 끄고 야광이 보이는지 확인하기

활동 2-2. 자리 정돈 및 생각 정리
* 만든 팬티를 줄에 달아 전시하기

기타 (영상링크 외)

***1970년대 초등학교 풍경**
　https://youtu.be/Fhi_n9wohcc?si=vsfcwDLjyKhbaD7s

1970년대 초등학교

※ 수업용 PPT와 워크지는 QR코드를 활용하세요.

❶

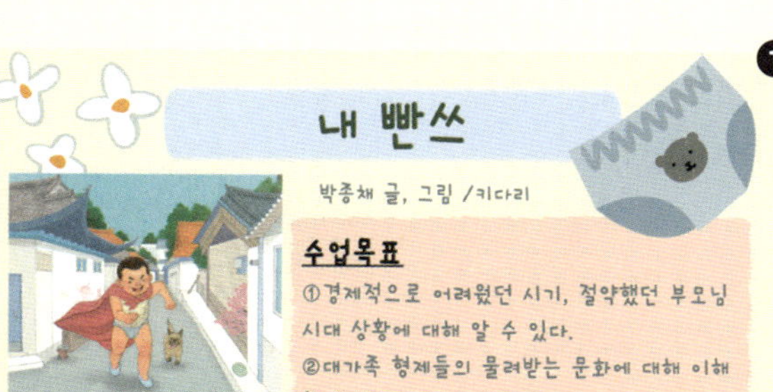

내 빤쓰

박종채 글, 그림 / 키다리

수업목표
① 경제적으로 어려웠던 시기, 절약했던 부모님 시대 상황에 대해 알 수 있다.
② 대가족 형제들의 물려받는 문화에 대해 이해할 수 있다.

❷

좋아하는 사람에게 물려받은 옷과 새로 산 옷 중에서 하나를 선택할 수 있다면 어떤 것을 고르고 싶나요?

❼

다른 언어로부터 들어와서 우리말로 동화되어 쓰이는 말을 '외래어' 라고 합니다. 외래어의 짝꿍을 맞게 이어볼까요?

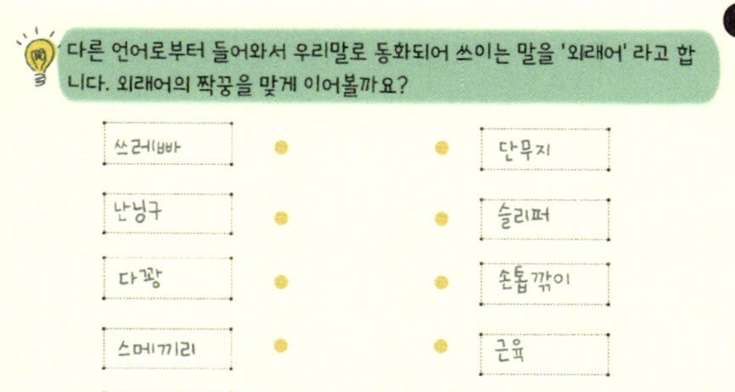

쓰레빠	단무지
난닝구	슬리퍼
다꽝	손톱깎이
스메끼리	근육
갑빠	런닝셔츠

❾

3. 예전에는 왜 빤쓰를 사지않고 다 물려 입었을까요?

❿

4. 꿈 속에서 하늘을 나는 철수의 마음은 어떨까요?

⓫

철수네처럼 이렇게 가족이 많다면 어떨까요?

---

❶ 두 개의 수업 목표 모두 지식 정보 제공이지만, 학생의 상상력 향상에 초점을 맞추어 수업을 진행하는 것도 가능합니다.

❶ 시대 상황에 초점을 맞추어 진행할 경우에는 수업 목표에는 제시되어 있지 않지만 학생이 대가족 안에서의 양보와 배려까지 찾을 수 있어야 합니다.

❷ 강사가 질문을 다양하게 바꾸어서 학생의 참여를 이끌어 낼 수 있습니다.

❼ 제시된 것 외에 학생들과 함께 외계어나 급식체 등으로 소재를 바꾸어 만들어 볼 수 있습니다.

❾⓫ 워크지 ③번과 ⓫번 슬라이드가 연관되므로 워크지 ④번과 순서를 바꾸어 진행할 수 있습니다. ⓫번의 대가족에 적용되는 상황을 먼저 제시하고 워크지 ④번 활동을 진행하는 것이 수업 목표에 제시된 대가족에 대한 이해를 높이는 데 효과적입니다.

❿ 워크지 ④번의 경우 학생들의 상상력이 최대한 발휘될 수 있도록 유도합니다.

09 눈물샘

기 관 명	초등돌봄교육/온동네 초등돌봄교육센터/방과후학교
대 상	초등 1~3학년/최대인원 20명
준 비 물	플러스펜, 붓, 물, 검정 네임펜
소요시간	50분 　단 가 　1,500원(플러스펜 4개입 1,000원, 붓 3개입 1,000원 기준)
활동목표	① 여러 가지 감정 중 슬픔에 대해 알아볼 수 있다. ② 슬픔을 어떻게 다루어야 하는지 생각해 볼 수 있다.

눈물샘

도서정보 김세연 글, 그림　　**출판사** 월천상회

할머니와 함께 사는 삼남매는 눈물이 많았어요. 할머니는 동생들보다 의젓해야 한다는 이유로 첫째의 눈물샘만 떼어버렸습니다. 이후 첫째는 슬픈 일이 있어도 울지 않았습니다. 할머니가 돌아가시던 날도 그랬지요. 사람들은 울지 않는 첫째에게 의젓하고 점잖다고 칭찬했지만, 첫째의 마음 속은 갑갑함으로 채워져 있었습니다. 첫째는 숲을 찾아가 자신의 눈물샘을 보았지만 그냥 돌아오고 말았습니다. 첫째의 눈물샘을 찾아줄 수 있는 방법은 없을까요? 함께 이야기해 보아요.

도입
10분

* **인사 나누기**
* **언제 눈물이 나는지 친구들의 이야기를 들려주세요.**

전개활동1
20분

활동 1-1. 그림책 읽기(읽기 전 발문/읽기 중 발문)
* **(전) 표지질문** '눈물샘'이 무엇일까요? 아이는 왜 이곳에 가만히 서 있을까요?
　　　　　　　　샘 가운데 뾰족하게 올라온 것은 무엇일까요?
　　　　　　　　표지만 보고 어떤 이야기일지 상상해 보아요.
* **(중)** 할머니는 왜 첫째의 눈물샘을 떼었을까요?

활동 1-2. 읽은 후 이야기 나누기
* **(후)** 등장인물들의 성격에 대해 이야기해 보아요.
* **(후)** 눈물샘은 꼭 찾아야 하는 것인지, 꼭 있어야 하는지 생각 나누기
* **(후)** 실컷 울고 난 뒤의 뒷이야기를 상상해 보아요.

전개활동2
20분

활동 2-1. 활동명: 플러스펜 수채화(자리 정리 및 활동 준비)
* 도화지에 연필로 밑그림 그리기
* 꽃잎은 플러스펜으로 조금 색칠하고 꽃대는 네임펜으로 색칠하기
* 붓에 물을 묻혀 플러스펜 번지게 하기
* 그림 완성하기

활동 2-2. 자리 정돈 및 생각 정리
* 그림을 평평한 곳에 놔두어 잘 말리기

기타
영상링크 외

* **참고 영상 플러스펜 수채화 꽃 그리는 법**
　https://www.youtube.com/watch?v=9kzMQ7ouP0c

수채화 꽃 그리기

①

눈물샘

김세연 글, 그림 / 월천상회

수업목표
①여러가지 감정 중 슬픔에 대해 알아볼 수 있다.
②슬픔을 어떻게 다루어야 하는지 생각해 볼 수 있다.

②

언제 눈물이 나는지
친구들의 이야기를 들려주세요.

⑥

2. 할머니는 왜 첫째의 눈물샘을 떼었을까요?

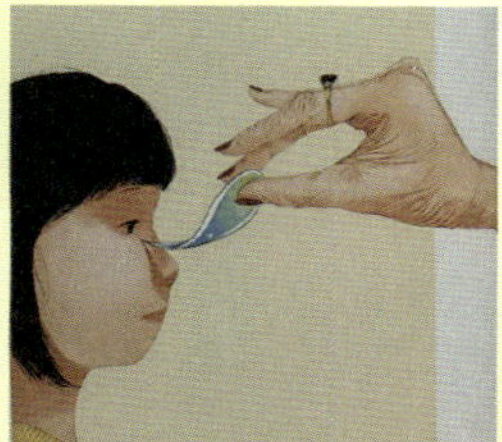

⑧

3. 등장인물들의 성격은 어떤지 친구들의 생각을 적어보아요.

⑨

4. 첫째는 눈물샘을 찾았지만 다시 가져가지는 않았어요.
눈물샘은 꼭 있어야 할까요?

⑩

5. 첫째는 실컷 울고 난 뒤에 마음이 후련해졌어요.
그 뒤로는 어떻게 되었을까요? 뒷 이야기를 상상해 봅시다.

---

① 이 책의 수업 목표는 학생이 책을 읽고 자신의 감정을 이야기하거나 책 속의 이야기에 공감하고 의견을 제시하도록 하는 것이므로, 공감과 표현에 초점을 맞추어야 합니다.

① 공감과 감정 표현을 제시하면서 슬픔을 다루는 방식을 찾아내도록 함으로써 문제 해결 능력을 갖추도록 합니다.

② 눈물이 나는 상황을 공유한 다음, 워크지 ②번에서 왜 첫째의 눈물샘을 떼었는지에 대한 답을 찾아야 합니다. 정답이 정해져 있지 않으므로 학생들에게 충분히 생각할 시간을 주고 스스로 자기 의견을 말할 수 있도록 합니다.

⑧ 워크지 ③번은 반드시 이유도 제시하도록 독려해야 합니다.

⑨⑩ 워크지 ④번과 ⑤번은 서로 관련된 활동이므로 하나로 연결해서 진행해도 되고, 따로 분리해서 수행하는 것도 가능합니다.

10 똥떡

기 관 명	초등돌봄교육/온동네 초등돌봄교육센터/방과후학교
대 상	초등 1~3학년/최대인원 20명
준 비 물	필기도구
소요시간	50분 단 가
활동목표	① 재래식 화장실에 대해 알 수 있다. ② 나쁜 일이 생겼을 때, 물리치는 전통적인 방식에 대해서 생각해 볼 수 있다.

똥떡

도서정보 이춘희 글, 박지훈 그림   **출판사** 사파리

준호는 뒷간에 앉아 똥을 누다가 똥통에 빠지고 말았어요. 엄마는 울며 속상해 하는 준호에게 "괜찮다"고 말해주셨고, 할머니는 준호를 위해 똥떡을 빚어야 한다고 이야기하셨지요. 준호가 똥통에 빠진 건 귀신이 심통을 부린 것인데, 성질 나쁜 뒷간 귀신에게 똥떡을 주면 화가 풀어진 다고요. 정말로 모락모락 김이 나는 똥떡을 먹으러 귀신이 나타날까요? 우리 문화 속 재래식 화장실과 어른들의 지혜를 함께 이야기해 보아요.

도입
10분

* **인사 나누기**
* **옛날 화장실 보여주며 뭐 하는 곳일까 물어보기**

전개활동1
25분

활동 1-1. 그림책 읽기(읽기 전 발문/읽기 중 발문)
* **(전) 표지질문**   이곳은 어디일까요?
　　　　　　　　　아이는 무엇을 하고 있나요?
　　　　　　　　　지붕 위에 누가 있나요?
　　　　　　　　　'똥떡'이 무엇일까요?
* **(중)** 옛날 화장실을 경험해 봤는지 이야기 나누기

활동 1-2. 읽은 후 이야기 나누기
* **(후)** 내용 확인 문제 풀어보기
* **(후)** 똥떡을 복떡이라 말한 이유는 무엇일까요?
* **(후)** 화장실 이야기 퀴즈 풀어보기

전개활동2
15분

활동 2-1. 활동명: 내가 아는 귀신 이야기(자리 정리 및 활동 준비)
* 내가 아는 귀신 이야기 나누기
* 4컷 만화로 그려봅니다.
* 만화 완성 후 이야기 나누기

활동 2-2. 자리 정돈 및 생각 정리
* 왜 귀신은 무서워하면서도 귀신 이야기는 궁금할까?

기타
영상링크 외

※ 수업용 PPT와 워크지는 QR코드를 활용하세요.

❶

똥떡

이춘희 글, 박지훈 그림 / 사파리

수업목표
①재래식 화장실에 대해 알 수 있다.
②나쁜 일이 생겼을 때, 물리치는 전통적인 방식에 대해서 생각해 볼 수 있다.

❷

사진 속에 보이는 것은 무엇일까요?

❼

3. 엄마와 할머니는 똥통에 빠진 준호를 야단치지 않고, 어떻게 하면 좋을까 방법을 생각했어요. 이 때, 준호는 어떤 마음이었을까요?

❽

똥떡을 이웃에게 나눠주었을 때, 마을 사람들은 준호를 반기며 똥떡을 '복떡'이라고 이야기했어요. 그 이유는 무엇일까요?

❶❹

우리나라 가옥을 지키는 신에 대해 〈보기〉에서 찾아서 적어보아요.

❶❻

4. 우리 친구들이 상상하는 귀신이야기를 4컷 만화로 그려볼까요?

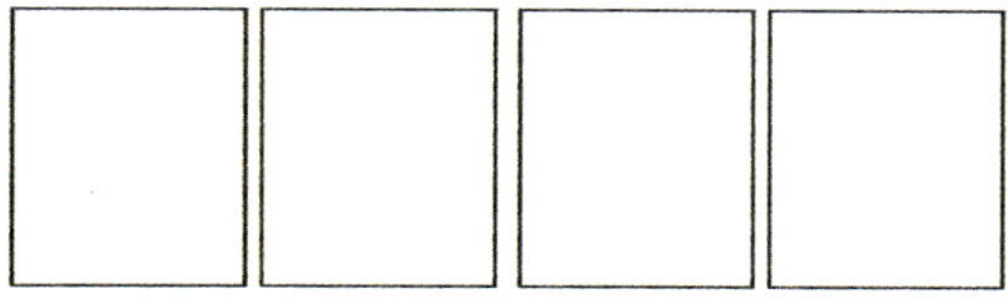

❶ 수업목표에는 전래 문화에 대한 지식과 정보 습득만이 제시되었으나, 실제로는 내용 확인, 인물 심리 추측, 퀴즈 등 다양한 활동을 수행할 수 있도록 구성했으므로 이를 확인하고 수업을 운영합니다.

❷ ❾번의 퀴즈와 연계해 진행할 수 있습니다.

❼ 워크지 ③번 활동은 준호의 마음을 추측하는 것이지만, 실제 수업에서는 할머니와 어머니의 마음까지 짐작할 수 있도록 구성하는 것이 책의 내용을 이해하는 데 효과적입니다.

❽ '전화위복'이나 '새옹지마'와 같이 상황의 변화에 대한 사자성어 등을 익힐 수 있습니다.

❶❹ ❶❷번과 ❶❸번 슬라이드를 본 후 진행해야 효과적입니다.

❶❻ 워크지 ④번은 학생들의 창의력이 발휘될 수 있도록 조건이나 제한을 두지 않고 진행합니다.

11 마씨 할머니의 달꿀 송편

기 관 명	초등돌봄교육/온동네 초등돌봄교육센터/방과후학교		
대 상	초등 1~3학년/최대인원 20명		
준 비 물	채색도구, 비즈 스티커		
소요시간	50분	단 가	스티커 1장 1,000원(한 줄씩 잘라 주세요.)
활동목표	① 추석 명절에 대해 알 수 있다. ② 우리나라 신화 속 인물을 알 수 있다. ③ 멸종 동물들을 생각하며 환경의 소중함을 이야기할 수 있다.		

마씨 할머니의 달꿀 송편　　　**도서정보**　권민조 글, 그림　　**출판사**　호랑이꿈

이 땅의 생명들이 사이좋게 살아갈 세상을 만들어놓고 깊은 숲속 마고산에 살고 있는 커다란 마씨 할머니. 일 년에 딱 한 번, 한가위에 동물 친구들과 송편을 먹으며 세상 이야기를 듣지요. 하지만 올해는 동물들이 아무도 오지 않네요. 어찌된 일일까 궁금한 마씨 할머니는 '우왕변신환'을 먹고 평범한 할머니가 되어 세상 속으로 내려갑니다. 농약 가득한 밭과 죽은 갯벌과 산불로 동물들은 고통받고 있었는데요.

도입 10분	**＊ 인사 나누기** **＊ 마고 할머니 전설 들려주기**

전개활동1 25분	**활동 1-1. 그림책 읽기(읽기 전 발문/읽기 중 발문)** ＊ **(전) 표지질문**　이 책에는 누가 나올까요? 어떤 그림들이 그려져 있나요? 　　　　　　　　　　할머니와 동물들은 무엇을 하고 있나요? 달꿀 송편은 무엇일까요? 　　　　　　　　　　이 책에는 어떤 이야기가 나올까요? ＊ **(중)** 마씨 할머니 곁에는 어떤 동물들이 있나요? ＊ **(중)** 마씨 할머니의 머리카락 색깔이 변해가는 과정 관찰 **활동 1-2. 읽은 후 이야기 나누기** ＊ **(후)** 멸종 위기 동물들을 찾아보며 이야기 나누기 ＊ **(후)** 추석 명절 알아보기 ＊ **(후)** 우리나라 지역별 마고할미에 대해 알아보기

전개활동2 15분	**활동 2-1. 활동명: 소원 달꿀 송편 팝업 카드(자리 정리 및 활동 준비)** ＊ 워크지의 송편 부분을 칼로 파냅니다. (칼 사용 불가한 경우 강사가 미리 잘라놓기) ＊ 텍스트를 꾸미고 송편 소를 칠해줍니다. ＊ 송편 소에 소원을 적어봅니다. **활동 2-2. 자리 정돈 및 생각 정리** ＊ 소원을 발표해 봅니다.

기타 영상링크 외	**＊ 경남 지리산의 '마고할미상'** https://youtu.be/z6fWrwG9m7w?si=PFroFeaodTeGC0LM

지리산 <마고할미상>

※ 수업용 PPT와 워크지는 QR코드를 활용하세요.

❶

마씨 할머니의 달꿀 송편

권민조 글, 그림 / 호랑이꿈

수업목표
① 추석 명절에 대해 알 수 있다.
② 우리나라 신화 속 인물을 알 수 있다.
③ 멸종동물들을 생각하며 환경보호의 소중함을 이야기할 수 있다.

❸

표지 이야기

-이 책에는 누가 나올까요?

-어떤 그림들이 그려져 있나요?

-할머니와 동물들은 무엇을 하고 있나요?

-달꿀 송편은 무엇일까요?

-이 책에는 어떤 이야기가 나올까요?

❻

💡 그림 책 속 마씨 할머니 곁에는 어떤 동물들이 있나요?

❾

3. 할머니가 환경오염으로 힘들어하는 동물들을 도와준 이유는 무엇일까요?

❿

4. 할머니의 머리카락 색이 바뀌는 이유는 무엇일까요?

⓫

5. 우리 친구들이 '우왕변신환'을 먹는다면 어떤 모습으로 변하고 싶나요?

---

❶ 신화, 설화, 명절, 전통문화 등과 관련된 정보 습득과 함께 환경오염과 멸종위기 동물 문제까지 제시합니다. 만약 두 가지 다른 유형의 주제를 모두 다루기 어려운 상황이라면 전통문화와 환경 중 한 가지에 초점을 두어 진행할 수 있습니다. 전통문화에 무게를 두는 경우 ❷번, ⓭번, ⓮번, ⓯번 활동이 필요하고, 환경에 초점을 둔다면 ❻번, ❽번, ❾번 활동이 중요합니다.

❸ 표지를 통한 내용 추측과 숨은 이야기 찾기를 통한 스토리텔링 연습에 무게를 두어 진행하는 것이 가능합니다.

❻ 그림을 보며 내용을 확인하는 동시에 숨은 의미를 추측하도록 유도합니다. ⓬번에 정답이 제시되어 있습니다.

❾❿ 워크지 ③번과 ④번은 숨은 의미를 찾는 것이 초점이므로 이를 감안해 활동을 진행하는 것이 좋습니다.

⓫ 워크지 ⑤번 문제는 학생들에게 반드시 이유를 제시하도록 합니다.

12 마음 안경점

기 관 명	초등돌봄교육/온동네 초등돌봄교육센터/방과후학교		
대 상	초등 1~3학년/최대인원 20명		
준 비 물	도화지, 채색도구, 네임펜, 가위, 풀, OHP필름		
소요시간	**50분**	**단 가**	500원(가위, 풀, 채색 도구 등은 교실 비치용을 이용함)
활동목표	① 나의 마음에 대해 이야기할 수 있다. ② 단점보다는 전체를 바라보는 시각을 가질 수 있다.		

마음 안경점　　　　　**도서정보**　조시온 글, 이소영 그림　　**출판사**　씨드북

안경으로 마음까지 들여다볼 수 있다면 얼마나 좋을까요? 미나의 입술은 남들과 다릅니다. 그래서 거울을 볼 때마다 비뚤어진 입술만 보이고, 신경이 쓰이지요. 그래서 미나는 친구에게도 자신 있게 다가가지 못합니다. 체육시간에 친구가 던진 공에 안경이 부러지고, 미나는 학교 앞 <마음 안경점>에 갑니다. 이곳에서는 왠지 새로운 일들이 생길 것 같은데요. 미나의 새로운 안경은 어떤 것일까요?

도입
10분

＊ **인사 나누기**
＊ **그림책에 나오는 안경들을 살펴보며 어떤 안경들일지 이야기하기**

전개활동1
20분

활동 1-1. 그림책 읽기(읽기 전 발문/읽기 중 발문)

＊ **(전) 표지질문**　이 책은 무엇에 관한 책일까요? 마음 안경점은 어떤 곳일까요?
　　　　　　　　　표지에 나오는 안경과 안경 쓴 사람들은 어떤 특별한 점이 있나요?
＊ **(중)** 배경흐림 안경과 그대로 안경으로 보는 것에는 어떤 차이가 있나요?

활동 1-2. 읽은 후 이야기 나누기

＊ **(후)** 내용 확인 문제 풀어보기
＊ **(후)** 콤플렉스만 보는 것과 전체를 보는 것이 무엇이 다른지 이야기하기
＊ **(후)** 마음 안경점에서 제일 기억나는 내용이나 그림은 무엇이었나요?

전개활동2
20분

활동 2-1. 활동명: 나의 마음 안경(자리 정리 및 활동 준비)

＊ 안경 도안을 디자인하고 색칠하기
＊ 안경알 부분에 코팅지 붙이지
＊ 안경 완성

활동 2-2. 자리 정돈 및 생각 정리

＊ 안경을 쓰고 사진 촬영

기타
영상링크 외

※ 수업용 PPT와 워크지는 QR코드를 활용하세요.

❶

마음안경점

조시은 글, 이소영 그림 / 씨드북

수업목표
① 나의 마음에 대해 이야기할 수 있다.
② 단점보다는 전체를 바라보는 시각을 가질 수 있다.

❷

그림책에 나오는 안경들을 살펴보며 어떤 안경들일지 이야기해 보아요.

 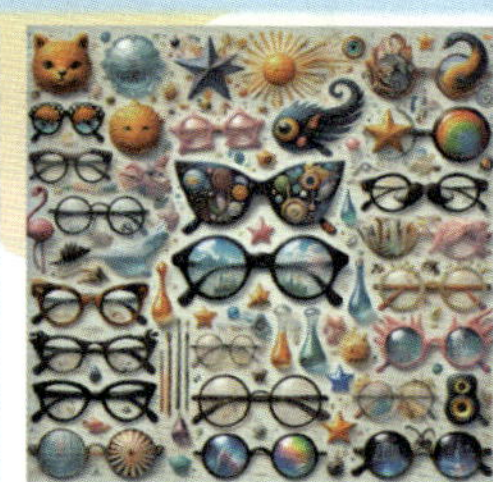

❼

배경흐림안경과 그대로 안경으로 보는 것은 어떤 차이가 있나요?

배경흐림 안경 　　　　 그대로 안경

❽

3. 나의 외모 중 자랑하고 싶은 것과 평범한 것(감추고 싶은 것) 을 글로 적어 보아요.

자랑하고 싶은 것　　　　　　평범한 것

❿

마음안경점에서 제일 기억나는 내용이나 그림은 무엇이었나요?

"안경테며 인형이며 모두 내가 디자인한 거야, 내눈에 보이는 아름다움은 나밖에 못 만들거든."

"고마워! 세상에서 하나뿐인 아름다운 인형을 선물해 줘서."

"눈이 아니라 마음으로 보는거야. 태양은 구름 속에서도 빛나고 있어."

"아름다움은 내 곁 어디에나 있었다.
그 빛을 발견할 사람은 나였다, 그 빛을 빚어낼 사람도 나였다."

⓬

5. 나의 마음 안경으로는 무엇을 볼 수 있을까요? (안경으로 보이는 아름다움)

Tip!
안경을 직접 만들었다면, 예쁘게 안경을 쓰고 사진촬영을 해볼까요?

---

❶ 수업목표는 학생의 경험을 이야기하거나 생각이나 의견을 제시하는 것에 중점으로 두었지만, 학급 상황에 따라 변경할 수 있습니다.

❷ 도입에서 학생들이 안경을 선택해 기능을 상상해 표현하도록 할 수 있습니다.

❼ 내용 이해와 확장을 확인합니다.

❽ 워크지 ③번은 자랑하고 싶은 것과 평범한 것에 대한 항목을 강사가 자유롭게 넣어 수정할 수 있습니다. 뒤에 나오는 워크지 ④번과 유사한 활동이므로 둘 중 한 가지 활동만 진행하는 것도 수업 운영에는 효율적일 수 있습니다.

❿ 암기력을 확인하는 것이 아니라 감동을 받은 부분을 확인하는 것이므로 학생이 자신이 찾은 부분에서 받은 감동이나 느낌 등을 구체적으로 표현하도록 수업을 구성합니다.

⓬ 워크지 ⑤번은 지시문 괄호에 들어갈 내용을 강사가 수정할 수 있습니다.

13

스마트맨

기 관 명	초등돌봄교육/온동네 초등돌봄교육센터/방과후학교
대 상	초등 1~3학년/최대인원 20명
준 비 물	필기도구
소요시간	50분 단 가
활동목표	① 그래픽 노블 장르 그림책에 대해 알 수 있다. ② 글의 내용을 이해하고, 뒷이야기를 상상할 수 있다.

스마트맨   **도서정보** 박서영 글, 그림   **출판사** 북극곰

길을 걷던 아이의 주머니에서 무엇인가 툭 하고 떨어집니다. 떨어진 스마트폰은 멀쩡했지만, 화장실에서 발견한 아이의 얼굴이 스마트폰 화면처럼 금이 가 있습니다. 아이가 병원으로 가는 과정도 험난하네요. 결국 얼굴 뼈대만 남은 아이는 자신과 같은 모습의 친구들을 발견하고 깜짝 놀랍니다. 아이는 어떻게 스마트맨이 되었을까요? 함께 이야기 나누어보아요.

도입
10분

* **인사 나누기**
* **스마트폰이 없었을 때 우리는 어떻게 생활했을까?**

전개활동1
20분

활동 1-1. 그림책 읽기(읽기 전 발문/읽기 중 발문)
* **(전) 표지질문**   이 책은 무엇에 대한 이야기일까요? '스마트맨'은 무슨 뜻일까요?
           표지의 주인공은 왜 이런 표정을 하고 있을까요?
* **(중)** 글 없는 그림을 보며 해석해 보기

활동 1-2. 읽은 후 이야기 나누기
* **(후)** 글 없는 그림을 보고 말풍선을 넣어 주인공이 어떤 말을 할지 적어보기
* **(후)** 스마트폰을 지혜롭게 사용하는 방법에 관해 이야기 나누기
* **(후)** 스마트폰이 없었을 때 대신 존재했던 물건들을 알려주기

전개활동2
20분

활동 2-1. 활동명: 뒷이야기 예상(자리 정리 및 활동 준비)
* 스마트맨 뒷이야기를 4컷 만화로 그려보기

활동 2-2. 자리 정돈 및 생각 정리
* 4컷 만화 발표

기타
영상링크 외

* **아이들의 4컷 만화 PPT 자료로 제시**
* **그래픽 노블 장르 글 없는 스마트맨의 티저 영상**
   https://youtu.be/BOGa-o84OoQ?si=wQXlkACZqO9Vpngy

스마트맨 티저 영상

※ 수업용 PPT와 워크지는 QR코드를 활용하세요.

❶

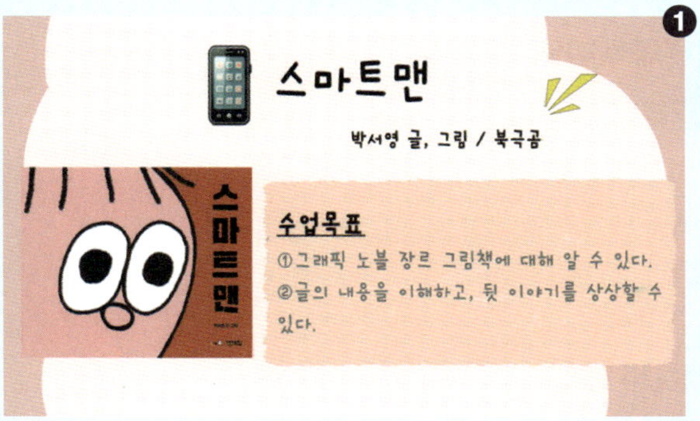

스마트맨

박서영 글, 그림 / 북극곰

수업목표
①그래픽 노블 장르 그림책에 대해 알 수 있다.
②글의 내용을 이해하고, 뒷 이야기를 상상할 수 있다.

❸

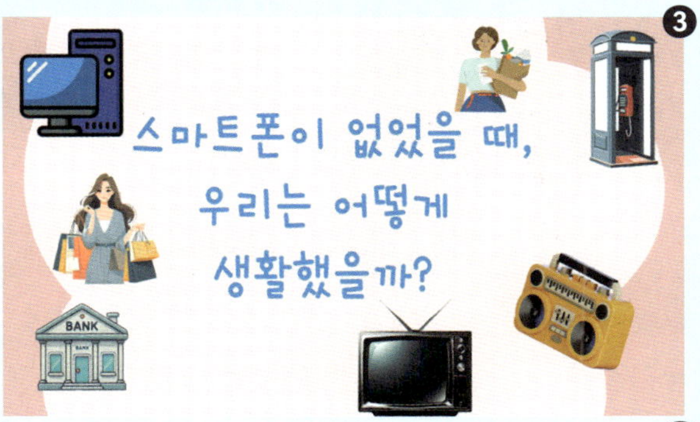

❽

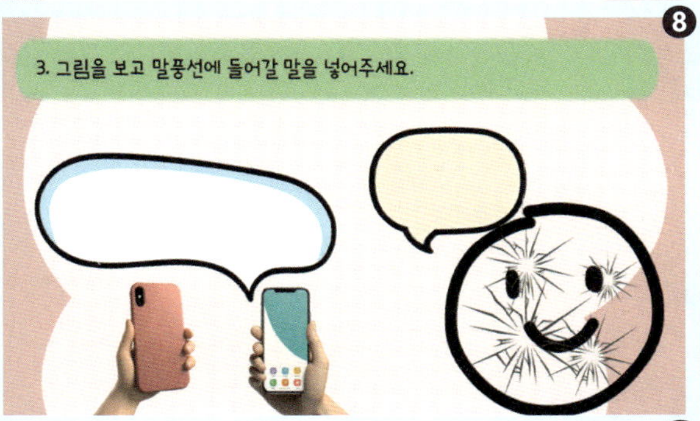

3. 그림을 보고 말풍선에 들어갈 말을 넣어주세요.

❿

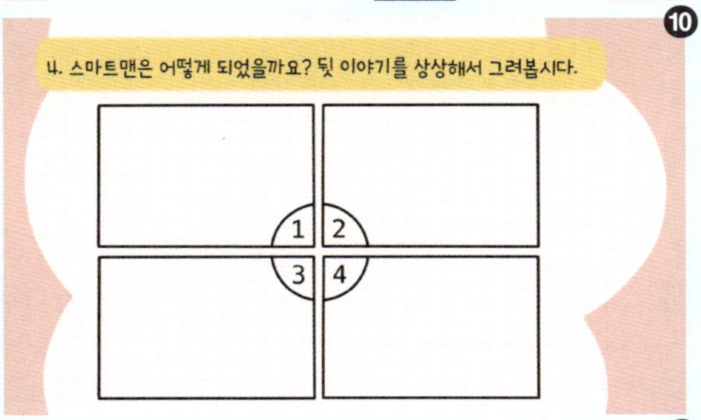

ㄴ. 스마트맨은 어떻게 되었을까요? 뒷 이야기를 상상해서 그려봅시다.

⓫

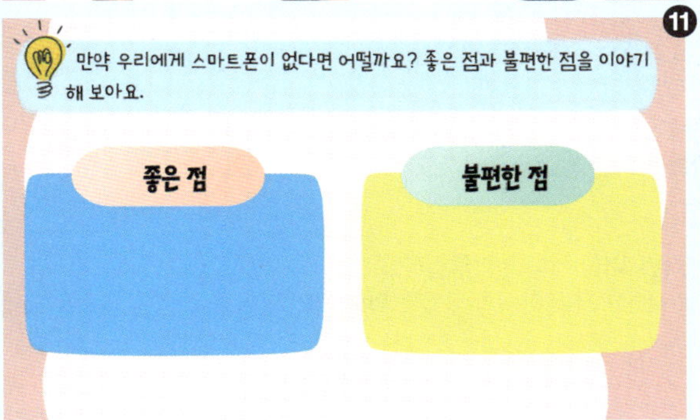

만약 우리에게 스마트폰이 없다면 어떨까요? 좋은 점과 불편한 점을 이야기 해 보아요.

⓭

집 안에는 유무선 전화기가 있었고, 밖에서 전화를 걸 때는 공중전화를 이용했어요.

공중전화는 길거리에서 쉽게 찾을 수 있었고 동전이나 카드를 넣으면 사용할 수 있었답니다.

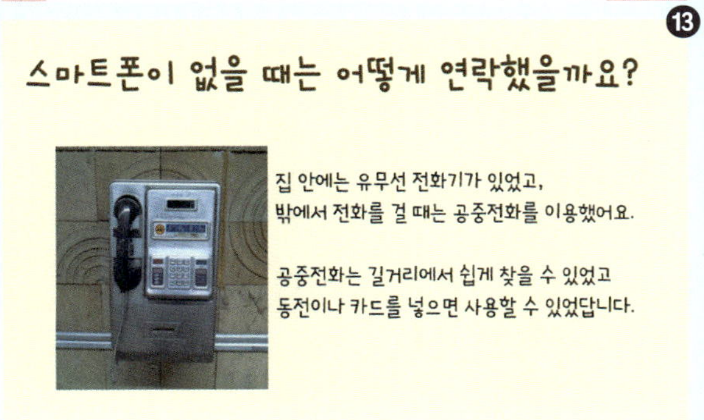

❶ 첫 번째 수업목표인 그래픽 노블 장르 그림책에 대한 지식 정보 제공에 대한 활동보다는 디지털 기기에 대한 내용이 중심 활동으로 제공되었으니 수업 준비 시, 이 점을 유의해야 합니다.

★ 내용은 다르나 전체적인 맥락이 <돌려줘요, 스마트폰>과 유사하므로 수업 준비 시 참고합니다. 주제를 그룹화하여 진행한다면 두 권을 연속으로 수업하는 것이 효과적이나 진행 기간이 차이가 있을 경우 주제의 중복으로 학생들이 지루하게 여길 수 있으니 이러한 점을 고려합니다.

❸ 도입이 ⓭번, ⓮번, ⓯번과 연관되므로 보충 자료로 사용하거나 연계하여 진행하는 것이 효과적입니다.

❽ 워크지 ③번은 학생이 자유롭게 말풍선을 채우도록 합니다. 강사의 판단에 따라 책의 다른 부분을 제시해도 됩니다.

❿ 워크지 ④번은 학생들이 자유롭게 4컷으로 그림을 그려 넣도록 한 것인데 그림에 부담을 느끼는 학생은 장면을 말이나 글로 설명하도록 허용하는 것이 좋습니다.

⓫ 표를 채우는 단순 작업 후, 결심노트 만들기 등을 통해 디지털 기기 중독에 대한 대책 마련을 유도할 수도 있습니다.

⓭ ⓭번~⓯번은 도입과 연계해 활동할 수 있으며, 제시된 3개 슬라이드 외에 강사가 다른 자료를 제공할 수도 있습니다.

14 감기 걸린 날

기 관 명	초등돌봄교육/온동네 초등돌봄교육센터/방과후학교
대 상	초등 1~3학년/최대인원 20명
준 비 물	연필, 지우개, 색연필
소요시간	50분　　　단 가
활동목표	① 오리에게 오리털 점퍼의 털을 돌려준 아이의 마음을 살펴볼 수 있다. ② 동물과의 공존과 복지를 위한 실천방법을 이야기할 수 있다.

감기 걸린 날　　　**도서정보** 김동수 글, 그림　　**출판사** 보림

엄마가 사다주신 따뜻한 점퍼에 깃털이 하나 삐죽 나와 있어요. 그날 꿈에서 오리들이 너무 추워하며 옷 속에 든 자신들의 깃털을 달라고 이야기합니다. 아이는 점퍼에서 깃털을 뽑아 오리들에게 하나하나 심어주고, 함께 언덕으로 올라가 썰매도 타고 숨바꼭질도 했지요. 그날 밤 아이는 에취~ 하고 재채기를 하며 잠에서 깼는데요, 아이가 감기에 걸린 이유를 친구들은 알고 있나요?

도입
10분

* **인사 나누기**
* **감기에 걸렸던 이야기 나누기**

전개활동1
20분

활동 1-1. 그림책 읽기(읽기 전 발문/읽기 중 발문)
* 다 같이 모여 함께 책을 읽는다. (실물 도서/ PPT)
* **(전) 표지질문**　이 책은 어떤 날의 이야기인가요? 표지를 보니 어떤 내용일까요?
　　　　　　　　　책 속에는 누구의 이야기가 나올까요?
* **(중)** 아이는 왜 옷 속의 깃털을 뽑아 오리들에게 나누어 주었을까요?
* **(중)** 아이의 행동을 보며 오리들은 어떤 생각을 했을까요?

활동 1-2. 읽은 후 이야기 나누기
* **(후)** 이 책의 제목을 다시 짓는다면, 어떤 제목이 어울릴까요?
* **(후)** 책에 등장하는 오리들처럼 보호받지 못하는 동물들을 위해 우리가 해줄 수 있는 약속은 무엇일까요?

전개활동2
20분

활동 2-1. 활동명: 동물복지 동영상 시청
* 동물복지에 대해 알려 주고, 관련 동영상 시청(4분 내외 권장)
* 동영상 시청 후 느낌 나누기

활동 2-2. 약속 선언문 만들기
* 동물들에게 우리가 해줄 수 있는 약속을 바탕으로 약속 선언문을 만들어보자. 워크지 선언문 양식에 3가지 정도 약속 적어보기(활동 1-2 연계/ 그림도 가능)

활동 2-3. 자리 정돈 및 생각 정리

기타
영상링크 외

* **동물복지 동영상**
  https://www.youtube.com/watch?v=Y8TbkR7qJt0

동물복지 영상

※ 수업용 PPT와 워크지는 QR코드를 활용하세요.

❶

❷

❸

❻

❽

❾

❶ 감기로 흥미를 유발한 후, 동물의 권리까지 사고를 확장할 수 있도록 수업을 구성합니다.

❷ 학생들이 사회적인 문제에 대한 해결 방안을 만들어낼 수 있도록 유도합니다.

❸ 표지에서 이야기를 추측하거나 등장인물의 표정, 기분 등을 찾도록 하는 활동을 수행할 수 있습니다.

❻ 워크지 ②번은 워크지 ③번과 연결해 활동을 진행할 수 있는데, 등장인물들의 생각이나 심리를 추측하도록 합니다.

❽ 워크지 ④번의 경우 도입과 표지에서 내용을 이끌어내는 활동이 충실히 수행되어야 학생들이 활발하게 제안할 수 있습니다. 슬라이드와 같이 예를 제시해 주어도 좋고 팀별로 만들도록 독려하는 것도 좋습니다.

❾ 워크지 ⑤번은 자료 동영상을 보고 수행할 수도 있습니다.

15 구름을 키우는 방법

기 관 명	초등돌봄교육/온동네 초등돌봄교육센터/방과후학교
대 상	초등 1~3학년/최대인원 20명
준 비 물	연필, 지우개, 색연필
소요시간	50분　　단　가
활동목표	① 만남과 성장, 이별에 대해서 생각해 볼 수 있다. ② 지금 내가 행복한 일은 무엇인지 이야기할 수 있다.

구름을 키우는 방법　　　　도서정보　테리 펜, 에릭 펜 글, 그림　　**출판사**　북극곰

리지는 토요일에 공원에 가서 구름을 샀어요. 집에 와서 구름을 키우는 방법이 적힌 설명서도 보고 다솜이라는 이름도 지어 주었지요. 비 오는 날을 좋아하는 다솜이는 리지의 정성으로 무럭무럭 자라 어느덧 천장을 다 덮을 정도로 커졌어요. 이제 리지는 다솜이를 떠나보내야 한다는 것을 알았어요. 사랑하는 다솜이와 헤어져야 하는 리지의 마음은 어떨까요?

도입
10분

* **인사 나누기**
* **하루 중 내가 가장 행복한 시간은 언제인가요?**

전개활동1
20분

활동 1-1. 그림책 읽기(읽기 전 발문/읽기 중 발문)
* **(전) 표지질문**　표지 그림 속에 누가 있나요?
　　　　　　　　　그림 속 아이는 어떤 옷을 입고 있나요?
　　　　　　　　　그림 속 아이는 지금 무엇을 하고 있나요?
　　　　　　　　　이 책은 어떤 내용이라고 생각하나요?
　　　　　　　　　친구들이 생각하는 '구름을 키우는 방법'은 무엇인가요?
* **(중)** 구름을 고르는 모습을 보고, 리지는 어떤 아이라고 생각하나요?
* **(중)** 리지와 다솜이는 어떤 사이일까요?
* **(중)** 다솜이가 우르릉거린 이유는 무엇일까요?

활동 1-2. 읽은 후 이야기 나누기
* **(후)** 구름을 키우는 방법은 어떻게 달라졌을까요? (설명서 두 개 비교하여 다른 점 찾기)

전개활동2
20분

활동 2-1. 활동명: 워크지 활동 - 감정 단어 찾아보기
* 리지의 마음 변화를 감정 단어로 표현해 볼까요?
* 어릴 때부터 지금까지 계속 좋아했던 애착 물건들을 표현해 보아요. (말풍선 활동)

활동 2-2. 활동명: 워크지 활동 - 나만의 설명서 만들기
* 내가 키우고 보살필 수 있는 것의 설명서를 만들어 보아요. (구름을 키우는 방법 설명서 참고)

활동 2-3. 자리 정돈 및 생각 정리

기타
영상링크 외

* **다양한 구름 모습 자료로 보여주기**

※ 수업용 PPT와 워크지는 QR코드를 활용하세요.

❶

구름을 키우는 방법
테리팬·에릭팬 글, 그림 / 북극곰

수업목표
① 만남과 성장, 이별에 대해 생각해 볼 수 있다.
② 지금 내가 행복한 일은 무엇인지 이야기할 수 있다.

❷

하루 중 내가 가장 행복한 시간은 언제인가요?

❼

리지와 구름 다솜이는 어떤 사이일까요?

❿

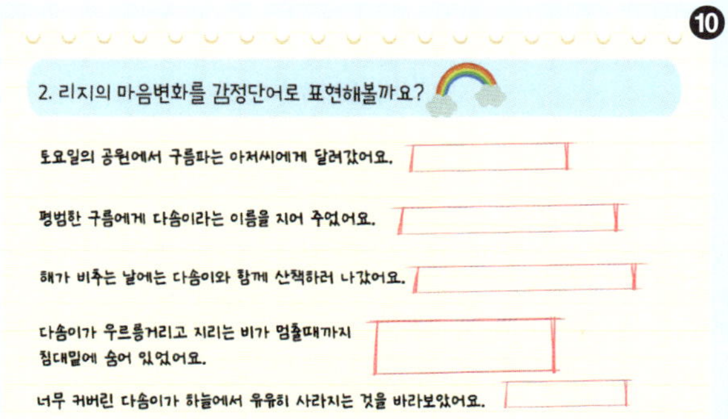

2. 리지의 마음변화를 감정단어로 표현해볼까요?

토요일의 공원에서 구름파는 아저씨에게 달려갔어요.

평범한 구름에게 다솜이라는 이름을 지어 주었어요.

해가 비추는 날에는 다솜이와 함께 산책하러 나갔어요.

다솜이가 우르릉거리고 지리는 비가 멈출때까지 침대밑에 숨어 있었어요.

너무 커버린 다솜이가 하늘에서 유유히 사라지는 것을 바라보았어요.

⓬

3. 내가 어릴때부터 지금까지 변함없이 좋아한 물건이나 생명은 무엇인가요?

⓭

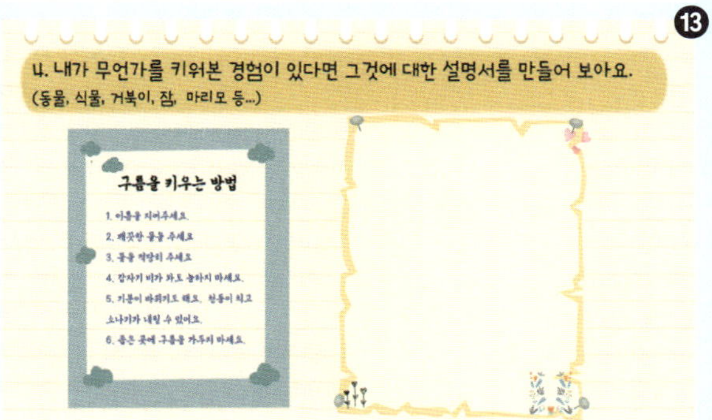

4. 내가 무언가를 키워본 경험이 있다면 그것에 대한 설명서를 만들어 보아요.
(동물, 식물, 거북이, 잠, 마리모 등...)

구름을 키우는 방법
1. 이름을 지어주세요
2. 깨끗한 물을 주세요
3. 공을 맘껏이 주세요
4. 갑자기 비가 쏟도 놀라지 마세요
5. 기분이 나쁘기도 때도 천둥이 치고 소나기가 내릴 수 있어요
6. 좋은 곳에 구름을 키우지 마세요

---

❶ 자기 감정을 이해하고 표현하는 것과 이별을 통한 성장에 초점을 맞추어 수업을 준비합니다. 이별이나 변화를 통해 역설적으로 현재 삶의 소중함을 깨달을 수 있다는 점을 학생에게 제시하는 것이 좋습니다.

❼ 사람과 사람의 관계만이 아니라 사람이 맺을 수 있는 다양한 관계성을 생각할 수 있도록 합니다.

❿ 워크지 ②번은 <내가 가장 듣고 싶은 말>에서 제시된 것과 유사한 활동인데, 그림이 아니라 상황을 설명하는 문장으로 제시되었습니다. 상황에 따라 감정이 변할 수 있다는 점을 알 수 있도록 수업을 운영합니다.

⓬ 워크지 ③번은 워크지 ④번과 연계해도 됩니다. 따로 진행해도 되고 연결해서 진행해도 되는데, 좋아한 이유를 설명할 수 있어야 합니다.

⓭ 워크지 ④번의 경우, 설명서를 구체화할 수 있습니다. 예를 들어 먹이의 종류, 먹이를 주는 횟수나 방법, 키우는 장소, 주의할 점 등을 구체적으로 제시할 수 있도록 활동지를 수정하거나 변형하는 것이 가능합니다.

16 다다다 다른 별 학교

기 관 명	초등돌봄교육/온동네 초등돌봄교육센터/방과후학교
대 상	초등 1~3학년/최대인원 20명
준 비 물	연필, 지우개, 색연필
소요시간	50분　　단 가
활동목표	① 다양한 친구들의 모습을 있는 그대로 존중해 줄 수 있다. ② 나의 개성을 표현하고, 발표할 수 있다.

다다다 다른 별 학교　　　**도서정보** 윤진현 글, 그림　　**출판사** 천개의바람

선생님이 새로 들어간 교실에는 개성 가득 별난 친구들이 모여 있어요. 모두 다른 별에서 온 친구들이라고 하는데요, 작아도 별에서 온 땅꼬마, 생각대로 별에서 온 상상하는 걸 좋아하는 친구, 반듯반듯 별에서 온 모범생, 숨바꼭질 별에서 온 부끄럼쟁이, 짜증나 별에서 온 투덜이까지 너무 다양하지요? 그렇다면 우리 친구들의 별은 어떤 모습인가요? 함께 이야기 나누어 보아요.

도입
10분

* **인사 나누기**
* **학교 또는 학교 친구와 있었던 에피소드 나누기(즐거운 일, 신나는 일, 자랑하고 싶은 일 등)**

전개활동1
20분

활동 1-1. 그림책 읽기(읽기 전 발문/읽기 중 발문)
* **(전) 표지질문**　이 책은 어떤 곳의 이야기일까요?
　　　　　　　　　제목을 보니 '다다다 다른 별'은 무엇이 다르다는 것일까요?
　　　　　　　　　표지에는 어떤 그림들이 그려져 있나요? 이 책은 어떤 내용이라고 생각하나요?
* **(전)** 다 다른 별이 모여 있는 학교가 있다면 어떨까요?
* **(중)** 반듯반듯 별에서 네모 아닌 것 찾기
* **(중)** 숨바꼭질 별에서 줄무늬 티셔츠 친구 찾기
* **(중)** 짜증나 별에서 나만의 소방서 이야기하기
* **(중)** 아맛나 별에서 제일 좋아하는 간식 말하기

활동 1-2. 읽은 후 이야기 나누기
* **(후)** 제일 기억에 남는 별은 어디였나요?
* **(후)** 내 친구가 살 것 같은 별은 어디인가요?

전개활동2
20분

활동 2-1. 활동명: 나만의 별 표현하기
* 나의 개성을 가장 잘 드러내줄 나만의 별 그리고 발표하기
　(별 이름과 별 그림, 별의 특징, 초대하고 싶은 사람 등)

활동 2-2. 자리 정돈 및 생각 정리

기타
영상링크 외

* **나만의 별을 어려워하는 친구들을 위해 예시를 준비한다.**
　장난감별, 레고별, 사랑별, 보드게임별, 유튜브별 등

※ 수업용 PPT와 워크지는 QR코드를 활용하세요.

①

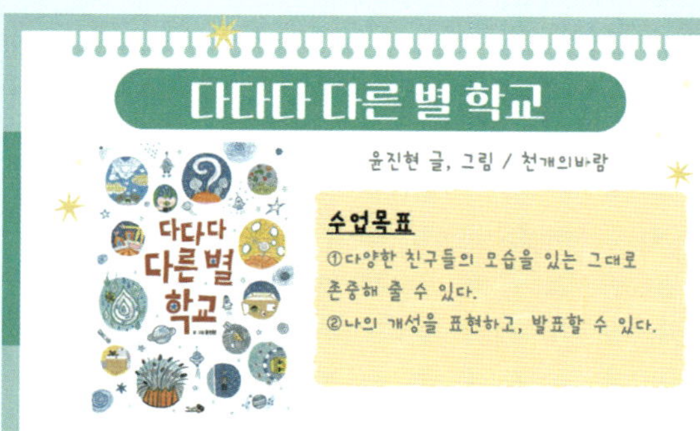

②

③

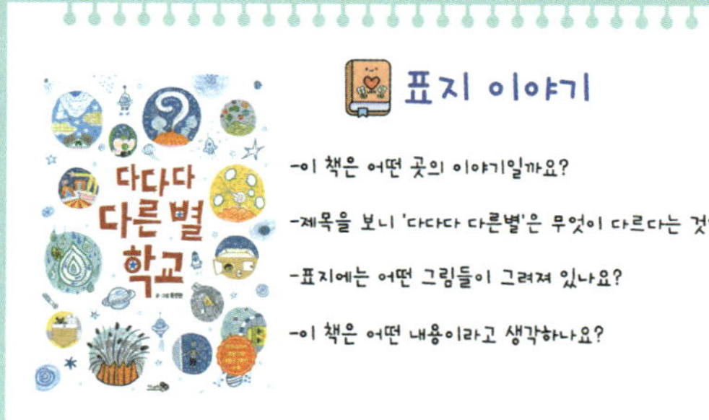

⑥

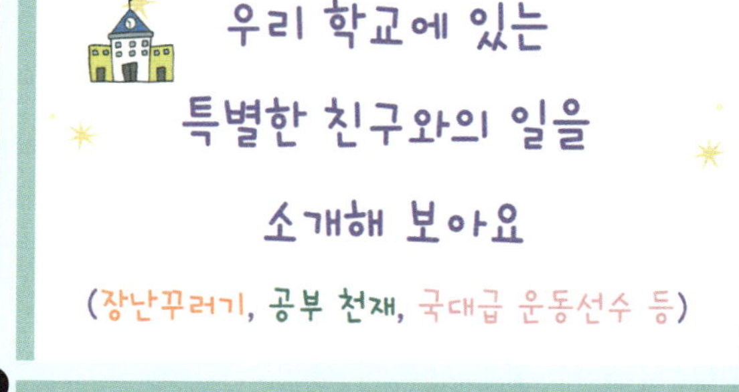

⑨

⑩

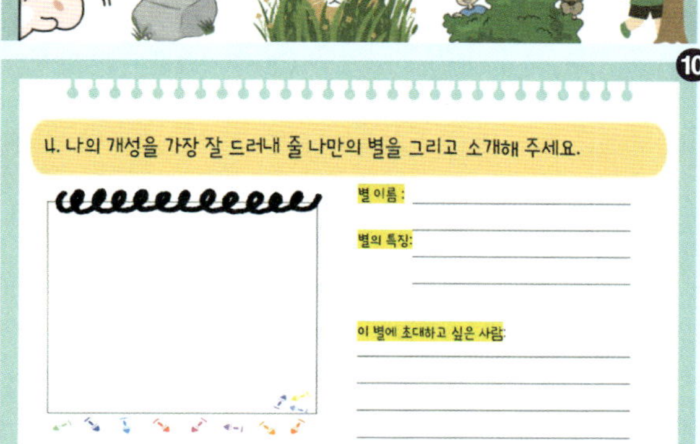

❶ 다양성과 개성을 인정하고 긍정하고 수용하는 과정을 학생들이 자연스럽게 이해할 수 있어야 합니다.

❷ 활동 시 지나치게 개인적 정보를 발표하지 않도록 학생들에게 알려 주어야 합니다. (개인 정보 노출이나 2차 가해가 발생하지 않도록)

❸ 표지 활동을 통해서 내용을 추측하고 숨어 있는 요소를 찾도록 합니다. 표지를 통해 수행한 활동이 ⑥번과 같은 워크지 활동 수행에 도움이 될 수 있습니다.

❻ 대상 도서는 전체적으로 워크지 ②번 활동과 같은 작업이 반복되어 있으므로, 지루하지 않게 활동 수행에 변화를 주어 수업을 준비합니다.

❾ 워크지 ③번은 학생들이 다양한 방식으로 선택할 수 있도록 합니다. 책에 있는 별들을 예로 들어도 되고, 학생이 상상력으로 만드는 것도 가능합니다.

❿ 워크지 ④번은 그림을 그려야 하는데, 그리기 활동에 부담을 느끼는 학생의 경우에는 간단히 말로 표현하거나 쓰도록 하여 활동을 다양화하는 것이 좋습니다.

17 데이지와 감정 드래곤

기 관 명	초등돌봄교육/온동네 초등돌봄교육센터/방과후학교
대 상	초등 1~3학년/최대인원 20명
준 비 물	연필, 지우개, 색연필
소요시간	50분 단 가
활동목표	① 자신의 감정을 솔직하게 표현할 수 있다. ② 긍정적인 감정과 함께 부정적인 감정도 필요하다는 것을 이해 할 수 있다.

데이지와 감정 드래곤　　　**도서정보**　프랜시스 스티클리 글, 애너벨 템페스트 그림　　**출판사**　파스텔하우스

행복이, 차분이, 용감이, 화냄이, 슬픔이, 겁쟁이. 이름에 따라 색과 모습이 다른 여섯 마리의 드래곤들은 감정을 나타내고 있어요. 데이지는 이런 드래곤을 키우며 일상을 함께 보낸답니다. 부정적인 감정의 드래곤이 커지면 데이지는 어려움을 겪기도 해요. 하지만 이를 통해 데이지는 더 성장하며, 있는 그대로의 감정을 표현한답니다.

도입
10분

* **인사 나누기**
* **감정 초성 퀴즈**

전개활동1
20분

활동 1-1. 그림책 읽기(읽기 전 발문/읽기 중 발문)
* **(전) 표지질문**　제목을 보니 이 책에는 누가 나올까요?
　　　　　　　　그림책 속 드래곤의 모습은 우리가 알고 있는 드래곤과 어떻게 다른가요?
　　　　　　　　여섯 감정의 이름은 무엇인가요?
　　　　　　　　드래곤과 함께 걷고 있는 데이지의 표정은 어떤가요?
　　　　　　　　제목과 그림을 보고 책의 내용을 상상해볼까요?
* **(중)** 왜 데이지는 드래곤을 키울까요?
* **(중)** 사라진 드래곤을 보며 데이지는 화가 났어요. 친구들이라면 어떻게 했을까요?
* **(중)** 감정 드래곤들의 이야기를 어떻게 생각하나요?

활동 1-2. 읽은 후 이야기 나누기
* **(후)** 감정 드래곤의 이름과 특징에 대해 워크지에 적어보아요.

전개활동2
20분

활동 2-1. 활동명: 나만의 감정 캐릭터 만들기
* 나만의 감정 캐릭터를 4개 정도 정해서 표현하고 발표해 주세요. (그림/이름/특징)
* 워크지 또는 캘리 엽서 활용하여 전시 가능

활동 2-2. 자리 정돈 및 생각 정리

기타
영상링크 외

※ 수업용 PPT와 워크지는 QR코드를 활용하세요.

❶ 수업 목표는 학생들이 책의 내용을 이해하고 공감하여 자신의 감정을 표현하도록 하는 것입니다. 초등학교 저학년이 자신의 감정 조절에 미숙하고 자신이 느끼는 감정의 원인이나 이유를 파악하는 능력이 부족하다는 점을 인지하고 수업을 준비합니다.

★ <쿠키 한 입의 사랑 수업>, <일곱 빛깔 내 감정의 책>과 유사하므로 수업 설계 시 참고해야 합니다. 감정에 특화된 수업을 진행하려면 세 권을 함께 수업하거나, 감정 표현에 관한 책들을 모아 집중 수업을 하는 것이 가능합니다. 그러나 다양한 책으로 수업을 운영하려면 같은 학기에 유사한 주제의 책을 제시하지 않아도 됩니다. 애니메이션 <인사이드 아웃>과 같은 미디어 콘텐츠를 활용할 수도 있습니다.

❷ 가볍게 주제에 접근할 수 있는 도입 활동이지만 반드시 학생들이 선택의 이유를 제시할 수 있도록 합니다.

❸ 표지를 통해 감정 드래곤의 이름을 확인하고 내용을 추측해 스토리텔링을 할 수 있도록 유도합니다.

❾ 학생이 데이지의 상황을 자신에게 적용해 문제 해결 능력을 기를 수 있도록 합니다.

❿ 워크지 ②번은 드래곤의 이름을 확인하고 내용을 기억하도록 하는 활동이므로 ❻번과 연계해 진행해도 됩니다.

⓬ 워크지 ③번은 자유롭게 진행합니다. 만약 그림에 부담을 느끼는 학생이 있다면 기존 이모티콘이나 캐릭터를 이용하도록 허용해도 됩니다.

18 라면 맛있게 먹는 법

기 관 명	초등돌봄교육/온동네 초등돌봄교육센터/방과후학교
대 상	초등 1~3학년/최대인원 20명
준 비 물	연필, 지우개, 색연필, 캘리엽서 또는 도화지
소요시간	50분　　단　가
활동목표	① 동시의 즐거움에 대해 알 수 있다. ② 나만의 동시를 직접 써볼 수 있다.

라면 맛있게 먹는 법　　**도서정보** 권오삼 글, 윤지회 그림　　**출판사** 문학동네

우리의 마음에는 모두 어린이의 순수함이 있어요. 우리가 이야기하는 것들을 운율이 있는 단어로 담아내면 아주 근사한 동시가 되지요. 다양한 동시들을 읽어보고 우리도 작가님처럼 마음을 담은 멋진 동시를 써보아요.

도입
10분

＊ **인사 나누기**
＊ **문학의 장르 이야기하기(동시, 동화, 소설, 희곡, 수필, 그림책 등)**

전개활동1
20분

활동 1-1. 그림책 읽기(읽기 전 발문/읽기 중 발문)
＊ **(전) 표지질문**　제목을 보고 생각나는 것은 무엇인가요?
　　　　　　　　　　표지 속 그림들은 언제 필요한 것일까요?
　　　　　　　　　　그림 속 아이의 기분은 어떨까요?
　　　　　　　　　　제목과 그림을 보니, 이 책은 어떤 내용이라고 생각하나요?
＊ **(중)** 동시 내용만 듣고 제목 맞추기

활동 1-2. 읽은 후 이야기 나누기
＊ **(후)** 각자 선택한 동시 한 편씩 돌아가며 낭독하기
＊ **(후)** 감상 나누기

전개활동2
20분

활동 2-1. 활동명: 나만의 동시 쓰기
＊ 같은 제목(소재)으로 다 같이 동시 쓰기
＊ 제목 하나 정해놓고 한 문단씩 단체 시 쓰기
＊ 마음에 드는 동시 옮겨 적고 시화 그리기(캘리 엽서 또는 워크지, 단체 시는 큰 도화지)

활동 2-2. 자리 정돈 및 생각 정리

기타
영상링크 외

※ 수업용 PPT와 워크지는 QR코드를 활용하세요.

❶

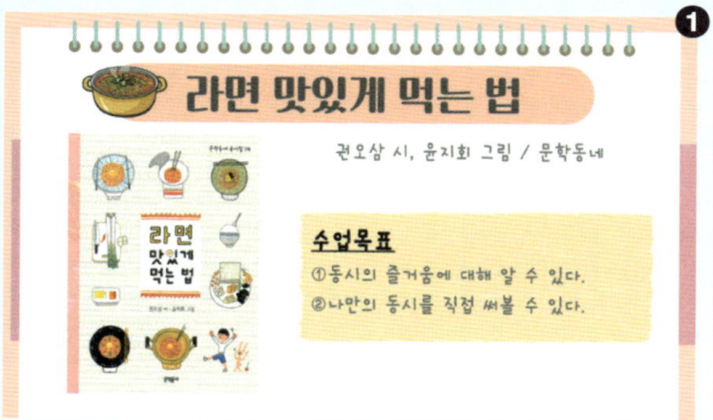

라면 맛있게 먹는 법

권오삼 시, 윤지회 그림 / 문학동네

수업목표
①동시의 즐거움에 대해 알 수 있다.
②나만의 동시를 직접 써볼 수 있다.

❷

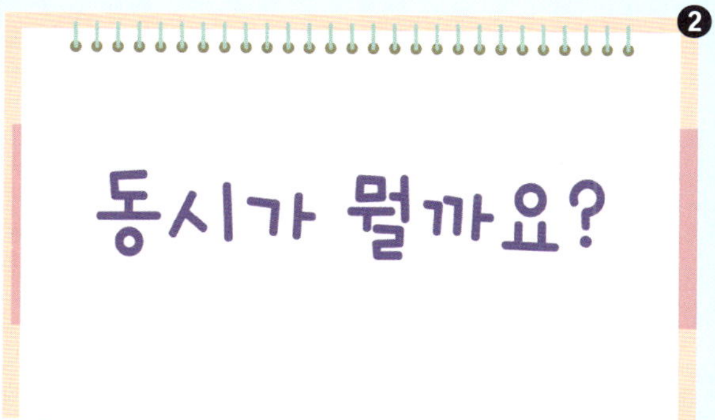

동시가 뭘까요?

❹

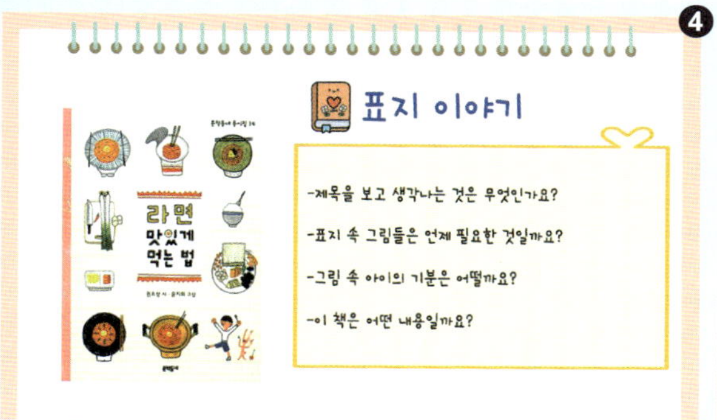

📖 표지 이야기

-제목을 보고 생각나는 것은 무엇인가요?

-표지 속 그림들은 언제 필요한 것일까요?

-그림 속 아이의 기분은 어떨까요?

-이 책은 어떤 내용일까요?

❼

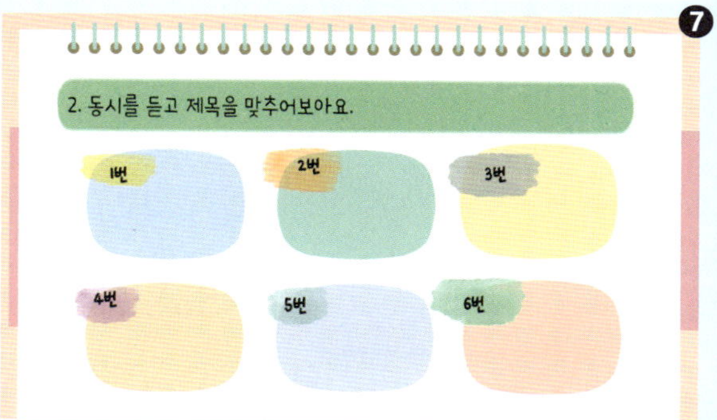

2. 동시를 듣고 제목을 맞추어보아요.

1번 2번 3번
4번 5번 6번

❶❺

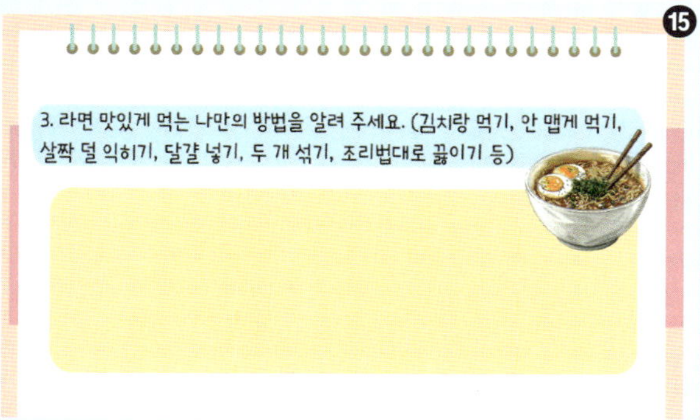

3. 라면 맛있게 먹는 나만의 방법을 알려 주세요. (김치랑 먹기, 안 맵게 먹기, 살짝 덜 익히기, 달걀 넣기, 두 개 섞기, 조리법대로 끓이기 등)

❶❻

4. 우리도 작가님처럼 동시를 하나 써볼까요? 우리 친구들이 직접 쓰고 멋진 그림으로 완성해보아요. (마음에 드는 동시를 옮겨적어도 좋아요)

제목

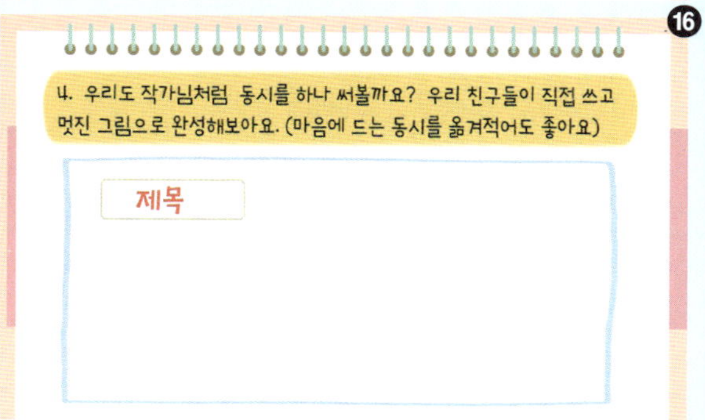

❶ 동시에 대한 접근력을 높이기 위한 여러 활동을 수행합니다. 시의 개념 이해-시 낭독-시 감상-시 창작의 과정이 완벽하게 이루어질 필요는 없으나 전체적인 흐름을 경험하도록 수업을 구성하는 것이 좋습니다.

❷ 제목과 연관해 흥미를 유발할 수 있는 여러 활동을 하면서도 동시에 초점을 맞추도록 합니다.

❹ 표지 활동은 라면을 통해 흥미를 유발하는 것인데, 동시와 멀어지지 않도록 활동을 구성합니다.

❼ 워크지 ②번의 동시 듣고 맞추기는 정확한 제목을 쓸 필요가 없습니다. 학생들에게 다양한 제목을 받은 후, 투표로 정하기 등 다양한 활동으로 전환해도 됩니다.

❶❺ 워크지 ③번은 시 낭송 퀴즈(❼~❶❹)와 동시 창작(❶❻) 사이에 있으므로 표지 활동 뒤에 배치하거나 맨 뒤로 돌리는 등 수업 상황에 맞게 조정할 수 있습니다.

❶❻ 워크지 ④번은 형식에 상관없이 자신의 생각을 다양하게 표현할 수 있도록 지도합니다. 노래 가사나 유튜브의 동시 낭송 콘텐츠를 이용하는 것도 좋습니다.

19 불량 식품 발명왕 제인은 어디로 갔을까?

기 관 명	초등돌봄교육/온동네 초등돌봄교육센터/방과후학교
대　　상	초등 1~3학년/최대인원 20명
준 비 물	연필, 지우개
소요시간	50분　　단　　가　과자는 개인별로 준비
활동목표	① 불량 식품에 대해 내 생각을 자유롭게 이야기할 수 있다. ② 제인처럼 창의적인 불량 식품 발명을 할 수 있다.

불량 식품 발명왕 제인은 어디로 갔을까?　　**도서정보**　메흐디 라자비 글, 마라얌 타흐마세비 그림　　**출판사**　머스트비

불량 식품을 너무 좋아하는 장난꾸러기 제인은 집으로 가는 길에 멋진 초대장을 발견했어요. '불량 식품 발명대회' 초대장이었지요. 제인은 온갖 괴상한 불량 식품들을 발명해 내어 특별한 상을 받았어요. 거대한 풍선껌은 맛이 없었지만, 꿀꺽 삼키면 제대로 효과를 발휘하는데요, 제인은 어떤 선택을 했을까요?

도입
10분

* **인사 나누기**
* **가장 맛있었던 불량 식품 이야기**

전개활동1
20분

활동 1-1. 그림책 읽기(읽기 전 발문/읽기 중 발문)
* **(전) 표지질문**　제목에 나타난 제인의 별명은 무엇인가요?
　　　　　　　　　제인이 어디로 갔는지 찾는 사람은 누구일까요?
　　　　　　　　　표지 속 제인의 모습은 어떤가요? 제인이 먹고 있는 것은 무엇인가요?
　　　　　　　　　이 책에는 어떤 이야기가 담겨 있을까요?
* **(중)** 나에게 대회 초대장이 도착한다면 어떻게 행동할까요?
* **(중)** 제인은 껌 포장지를 보고 마음을 바꾸었어요. 나는 어떤 선택을 했을까요?

활동 1-2. 읽은 후 이야기 나누기
* **(후)** 제인은 우주에서 불량 식품을 다시 발명하고 있어요.
　　　　지구로 여행 갈 수 있는 껌도 받았지요. 결말에서 제인의 선택은 무엇일까요?
　　　　(삼켰다/삼키지 않았다. 선택하고 이유와 함께 쓰기)

전개활동2
20분

활동 2-1. 활동명: 나만의 불량 식품 발명품(자리 정리 및 활동 준비)
* 나만의 불량 식품을 표현하고 발표해 보아요. (그리기, 이름, 맛, 설명)

활동 2-2. 자리 정돈 및 생각 정리

기타
영상링크 외

* **활동 2-1에서 재료 준비가 가능하다면 실제로 젤리빈, 과자, 초콜릿 등으로 직접 만들어 보아도 좋아요.**

※ 수업용 PPT와 워크지는 QR코드를 활용하세요.

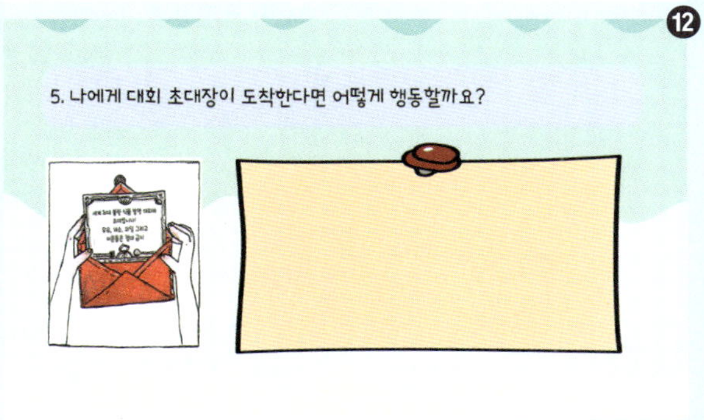

❶ 수업 목표에서 제시한 '불량 식품에 대한 생각'을 수업에서 구체화합니다. 불량 식품의 맛, 색, 질감, 이름, 왜 불량 식품이라고 하는지 등 학생들이 스스로 판단할 수 있도록 하는 것이 좋습니다.

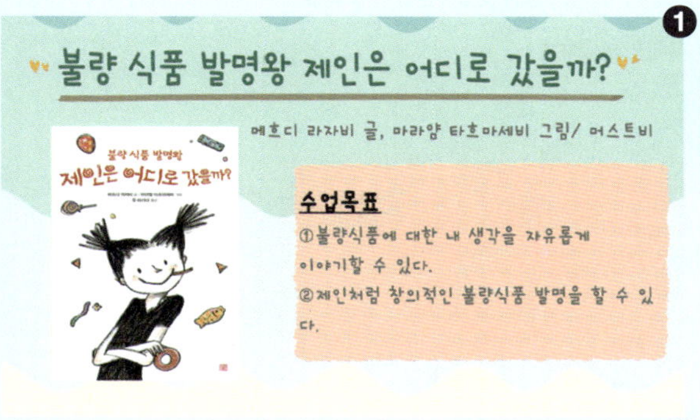

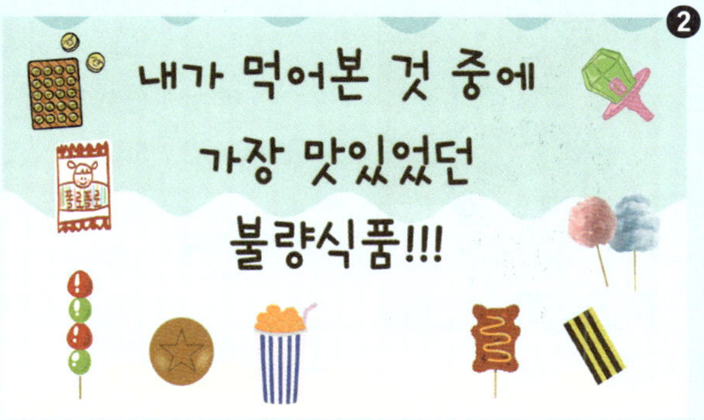

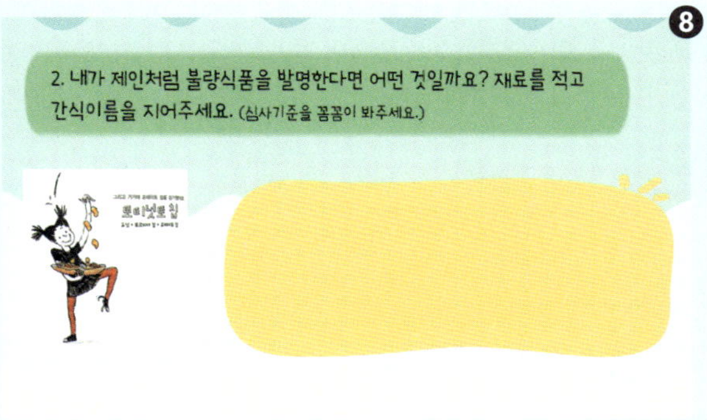

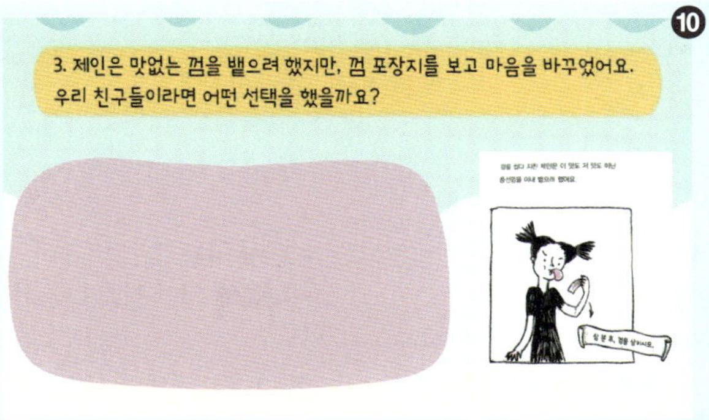

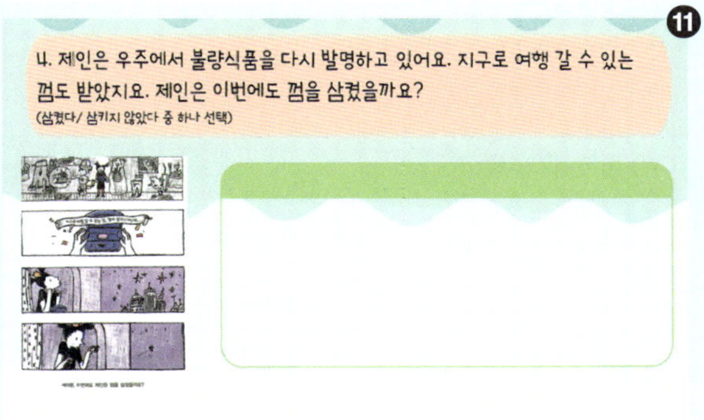

❷ 학생들이 반드시 이유를 제시하도록 유도합니다.

❽ 워크지 ②번은 ❾번을 확인한 후 수행하는 것이 좋습니다. 또 활동을 수행할 때 학습자 그룹을 개발자와 심사위원으로 나누어 진행할 수도 있습니다.

❿ 워크지 ③번은 제인이 마음을 바꾼 이유를 찾고 학생이 자신의 선택을 제시할 수 있도록 합니다.

⓫ 워크지 ④번은 학생 개인의 선택을 설명하게 할 수도 있고, 서로 의견이 다른 두 팀으로 나누어 약식 토론을 할 수도 있습니다.

⓬ 워크지 ⑤번은 구체적으로 설명할 수 있도록 유도합니다.

20

붉은 여우 아저씨

기 관 명	초등돌봄교육/온동네 초등돌봄교육센터/방과후학교
대 상	초등 1~3학년/최대인원 20명
준 비 물	연필, 지우개
소요시간	**50분**　　단 가　과자는 개인별로 준비
활동목표	① 이야기의 흐름을 순서대로 잘 이해할 수 있다. ② 나눔의 정의와 실천방법에 대해 이야기할 수 있다.

붉은 여우 아저씨　　　　**도서정보** 송정화 글, 민사욱 그림　　**출판사** 시공주니어

붉은 여우 아저씨는 하얀 털을 가졌지만, 붉은 모자와 붉은 신발, 붉은 가방과 붉은 외투를 입고 있어요. 이른 아침 친구를 만나러 길을 떠나는 붉은 여우 아저씨는 대머리독수리와 버드나무, 숭어를 만나서 함께 걷게 되는데요. 이들에게는 어떤 일들이 벌어질까요?

도입
10분

＊ **인사 나누기**
＊ **나눔에 대한 경험 나누기**

전개활동1
20분

활동 1-1. 그림책 읽기(읽기 전 발문/읽기 중 발문)
＊ **(전) 표지질문**　이 책의 주인공은 누구일까요?
　　　　　　　　　표지 그림 속에 보이는 동물들은 무엇인가요?
　　　　　　　　　표지 그림의 배경은 어디일까요?
　　　　　　　　　붉은 여우 아저씨가 손을 번쩍 든 이유는 무엇일까요?
　　　　　　　　　이 그림책에는 어떤 이야기가 나올까요?
＊ **(전)** 붉은 여우 아저씨의 다양한 모습 보며 성격 유추하기
＊ **(중)** 여우 아저씨는 자신의 물건을 가져간 동물 친구들에게 왜 화내지 않았을까요?
＊ **(중)** 여우 아저씨는 동물 친구들에게 왜 함께 가자고 이야기했을까요?

활동 1-2. 읽은 후 이야기 나누기
＊ **(후)** 여우 아저씨가 어떤 옷을 누구에게 주었는지 기억하기

전개활동2
20분

활동 2-1. 활동명: 칠교놀이(자리 정리 및 활동 준비)
＊ 종이로 칠교 놀이판 오려서 여우 만들기(워크지 제공)
＊ 실제 칠교로 여우 또는 다양한 동물 만들어보기

활동 2-2. 나눔에 관한 영상 보며 감상 나누기(링크 참고)

활동 2-3. 자리 정돈 및 생각 정리

기타
영상링크 외

＊ **나눔 영상 : 가진 것이 아니라 마음으로 나누는 것이다. (5분)**
https://www.youtube.com/watch?v=qgsrNPNkc7o

마음 나누기

※ 수업용 PPT와 워크지는 QR코드를 활용하세요.

❶

붉은 여우 아저씨

송정화 글, 민사욱 그림 / 시공주니어

수업목표
①이야기의 흐름을 순서대로 잘 이해할 수 있다.
②나눔의 정의와 실천방법에 대해 이야기할 수 있다.

❷

❸

표지 이야기

-이 책의 주인공은 누구일까요?

-표지 그림 속에 보이는 동물들은 누구인가요?

-표지 그림의 배경은 어디일까요?

-붉은 여우 아저씨가 손을 번쩍 든 이유는 무엇일까요?

-이 책에는 어떤 이야기가 나올까요?

❻

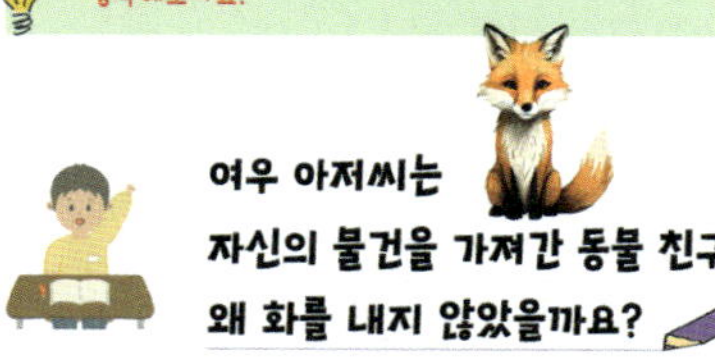

❽

2. 여우 아저씨는 어떤 옷을 누구에게 주었을까요? 빈칸을 채워보세요!

⓫

'여우'하면 어떤 이야기가 생각나나요?

❶ 수업 목표 ①번은 이야기의 흐름을 순서대로 잘 이해했는지 확인하는 활동이지만, 왜 여우가 자신의 것을 남들과 나누는지를 생각하도록 합니다. 내용 이해를 통해 전체 내용을 추론할 수 있도록 유도합니다.

❷ 도입에서 나눔에 대한 학생들의 경험을 물을 때, 자연스럽게 자신의 이야기를 할 수 있도록 분위기를 형성하는 것이 중요합니다. 개별적인 경험 차이가 있으니 부담을 느끼지 않도록 합니다.

❸ 표지는 다양한 이야기가 나올 수 있으므로, 슬라이드에 제시된 질문 외에도 학생들이 자유롭게 상상할 수 있도록 합니다.

❻ 확인된 내용을 바탕으로 자신의 생각을 표현하는 것이므로 정답이 없습니다. 학생들이 자유롭게 토론하거나 논의할 수 있도록 분위기를 만드는 것이 중요합니다.

❽ 워크지 ②번은 내용 확인 문제이므로 ❼번과 순서를 바꾸는 것도 가능합니다. 혹은 ❼번과 ❽번을 통합해 종합적으로 이야기를 정리하는 능력을 기르도록 할 수도 있습니다.

⓫ 여우는 문화권에 따라 여러 가지 의미를 상징하는 동물이므로 제시된 예 외에도 학생들이 이미 알고 있는 지식과 정보를 나눌 수 있도록 합니다.

21

오싹오싹 편의점

기 관 명	초등돌봄교육/온동네 초등돌봄교육센터/방과후학교
대 상	초등 1~3학년/최대인원 20명
준 비 물	연필, 지우개, 색연필
소요시간	50분　　단 가
활동목표	① 사회 속에서 꼭 지켜야 하는 규칙과 정의로운 양심에 대해 이야기할 수 있다. ② 소유, 욕심, 질투에 대한 불편한 감정의 원인을 찾아 해결 방법을 제시할 수 있다.

오싹오싹 편의점　　　　도서정보　김영진 글, 그림　　출판사　책읽는곰

민철이는 미니몬 빵을 사기 위해 어린 동생의 자리를 새치기합니다. 마지막 남은 빵을 차지하고, 함께 산 오란다를 먹으려는데 오도독이 아닌, 오도둑 소리가 나지요. 민철이의 마음이 하는 '어린 동생의 차례를 훔쳤다'는 말에 민철이는 아이를 찾아 미니몬 빵을 건넵니다. 오싹오싹 편의점을 함께 읽으며 실수했지만 잘못을 깨닫고 지혜롭게 해결하는 방법에 대해 이야기해 볼까요?

도입
10분

* **인사 나누기**
* **편의점에서 내가 제일 좋아하는 간식은 무엇인지 소개해 주세요.**

전개활동1
20분

활동 1-1. 그림책 읽기(읽기 전 발문/읽기 중 발문)
* **(전) 표지질문**　어떤 것들이 보이나요? 등장인물들의 표정은 어떤가요?
　　　　　　　　　　이 편의점은 왜 '오싹오싹'할까요?
　　　　　　　　　　표지를 보고 어떤 내용일지 상상해 보아요.
* **(중)** 오란다를 먹을 때 오도둑 소리가 들린 민철이의 마음에 관해 이야기하기
* **(중)** 성주처럼 게임 세계에 들어간다면 어떨지 상상해 보기
* **(중)** 보영이 엄마의 위로에 대해 어떻게 생각하는지 이야기하기

활동 1-2. 읽은 후 이야기 나누기
* **(후)** 실수했을 때는 어떻게 하면 좋을지 경험을 녹인 글쓰기 활동

전개활동2
20분

활동 2-1. 활동명: 워크지 활동 - 스토리를 보고 간식 만들기
* 수학 숙제 앞에 거짓 행동을 한 래일이의 이야기를 보고, 어떤 간식이 필요한지 상상하여 표현하기
　(간식 종류, 간식 이름, 어떤 능력이 생길지.)

활동 2-2. 자리 정돈 및 생각 정리

기타
영상링크 외

* **시간이 된다면 포트럭처럼 각자 간식을 하나씩 준비해 와서, 간식에 대해 알려 주고 나누어 먹는 활동도 좋습니다.**

※ 수업용 PPT와 워크지는 QR코드를 활용하세요.

❶

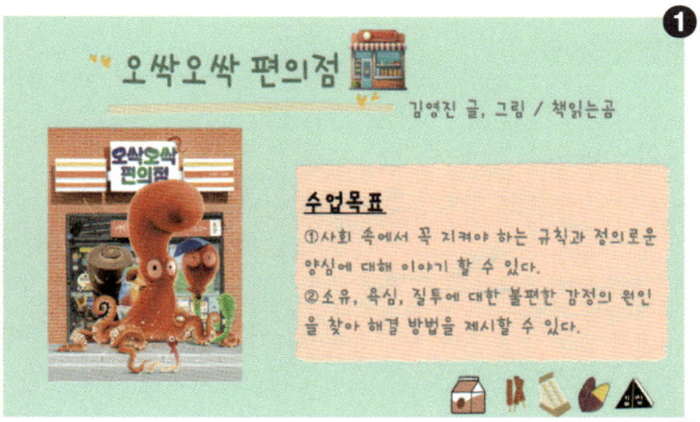

오싹오싹 편의점
김영진 글, 그림 / 책읽는곰

수업목표
①사회 속에서 꼭 지켜야 하는 규칙과 정의로운 양심에 대해 이야기 할 수 있다.
②소유, 욕심, 질투에 대한 불편한 감정의 원인을 찾아 해결 방법을 제시할 수 있다.

❷

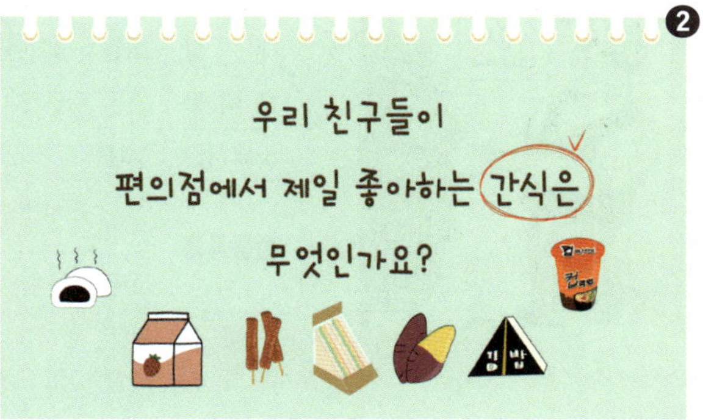

우리 친구들이 편의점에서 제일 좋아하는 간식은 무엇인가요?

❸

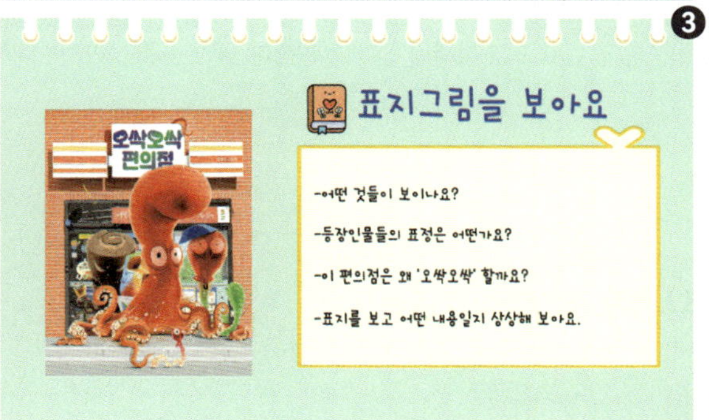

표지그림을 보아요

-어떤 것들이 보이나요?
-등장인물들의 표정은 어떤가요?
-이 편의점은 왜 '오싹오싹' 할까요?
-표지를 보고 어떤 내용일지 상상해 보아요.

❾

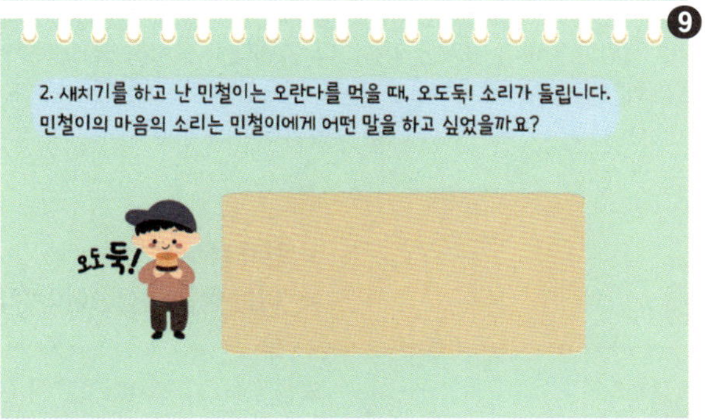

2. 새치기를 하고 난 민철이는 오란다를 먹을 때, 오도독! 소리가 들립니다. 민철이의 마음의 소리는 민철이에게 어떤 말을 하고 싶었을까요?

❿

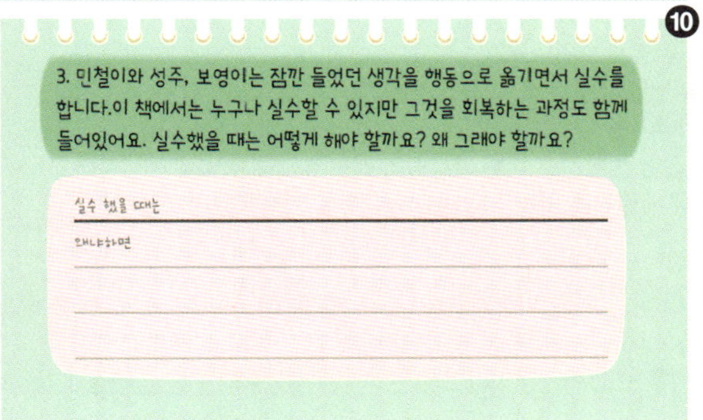

3. 민철이와 성주, 보영이는 잠깐 들었던 생각을 행동으로 옮기면서 실수를 합니다. 이 책에서는 누구나 실수할 수 있지만 그것을 회복하는 과정도 함께 들어있어요. 실수했을 때는 어떻게 해야 할까요? 왜 그래야 할까요?

실수 했을 때는
(이렇게 행하면)

⓫

4. 다음과 같은 상황에서 '래일'이는 어떤 간식을 먹어야 할까요? 우리 친구들이 '래일'이에게 줄 간식을 상상해보아요.

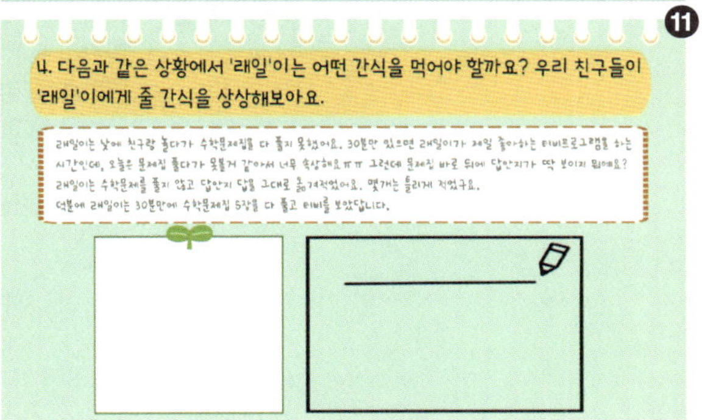

❶ 수업 목표 ①번에 제시된 바와 같이 학생들이 사회 규범의 개념을 이해하고 일탈 행위로 인한 문제를 알 수 있도록 수업을 운영합니다.

❷ 대상 도서의 수업은 사회 규범과 관련된 주제를 이해시키기 위해 소재에 주목해 진행합니다. 도입에서 편의점의 간식이나 이용법 등을 제시한 후, 부적절한 행동을 깨닫도록 하고 문제점을 인식하도록 전체 수업을 구성하는 것이 효과적입니다.

❸ 표지의 그림이 상상력을 발휘하도록 구성되어 있으므로 이러한 점을 충분히 살립니다.

❾ 워크지 ②번은 등장인물의 심리를 학생들이 추리하는 활동입니다. 정형화된 답보다는 자유롭게 제시한 후 이유를 설명하도록 하는 것이 효과적입니다.

❿ 워크지 ③번은 보다 정리해서 의견을 제시하는 연습이 이루어져야 합니다. 워크지 ②번 활동에서 자유롭게 이유를 제시했다면 워크지 ③번 활동에서는 논리적인 사고가 발휘되도록 합니다.

⓫ 워크지 ④번은 슬라이드의 활동을 그대로 적용해도 되고, 짝이나 팀 활동으로 진행하여 팀원 중 한 명이 상황을 제시하고 다른 팀원이 자신의 생각을 표현하도록 하는 것도 효과적입니다.

22

욕심쟁이 딸기 아저씨

기 관 명	초등돌봄교육/온동네 초등돌봄교육센터/방과후학교	
대 상	초등 1~3학년/최대인원 20명	
준 비 물	연필, 지우개	
소요시간	**50분**	단 가 1,000원
활동목표	① 나 혼자 욕심을 부렸을 때와 주위에 나눔을 했을 때가 어떻게 다른지 비교할 수 있다. ② 딸기를 맛있게 먹는 방법을 이야기할 수 있다.	

욕심쟁이 딸기 아저씨　　　**도서정보** 김유경 글, 그림　**출판사** 노란돼지

아저씨는 손수레에 딸기를 잔뜩 싣고 갑니다. 딸기를 너무 좋아해서 마을에 있는 딸기를 모두 사 모으고 있기 때문입니다. 아저씨는 온 집안을 딸기로 채우고 날마다 딸기만 먹습니다. 그런데 처음처럼 딸기가 맛있지는 않습니다. 그때 아저씨 집에 초인종이 울리는데요, 아저씨에게는 어떤 변화가 일어날까요?

도입
10분

* **인사 나누기**
* **'나는 정말 욕심쟁이야!'라고 느꼈을 때는 언제인가요?**

전개활동1
20분

활동 1-1. 그림책 읽기(읽기 전 발문/읽기 중 발문)
* **(전) 표지질문**　아저씨는 왜 '욕심쟁이'일까요?
　　　　　　　　아저씨 표정이 어떻게 보이나요?
　　　　　　　　딸기를 왜 이렇게 많이 살까요?
　　　　　　　　그림을 보고 이야기를 상상해 보아요.
* **(중)** 딸기를 너무 좋아해서 온 집안을 딸기로 채운 아저씨의 행동에 대해 어떻게 생각하나요?
* **(중)** 아저씨는 왜 마을 사람들에게 딸기를 나눠주지 않고 딸기잼을 만들었을까요?

활동 1-2. 읽은 후 이야기 나누기
* **(후)** 딸기를 모두 살 때 아저씨의 마음과, 딸기를 공터로 들고 나올 때 아저씨의 마음은 어떻게 달라졌을까요?
* **(후)** 딸기를 몽땅 사버린 아저씨를 보고 욕심쟁이라고 수군거리는 사람들의 행동을 어떻게 생각하나요?

전개활동2
20분

활동 2-1. 활동명: 딸기 풍선 만들기(자리 정리 및 활동 준비)
* 딸기 잎 모양 오려서 꼭지 준비(안쪽에 양면테이프)
* 빨강 풍선 불어서 노랑색 스티커 붙이기(물방울 모양으로 오려서 딸기 씨 만들기)
* 빨강 풍선에 딸기 잎 붙여서 딸기 풍선 완성

활동 2-2. 자리 정돈 및 생각 정리

기타
영상링크 외

※ 수업용 PPT와 워크지는 QR코드를 활용하세요.

❶

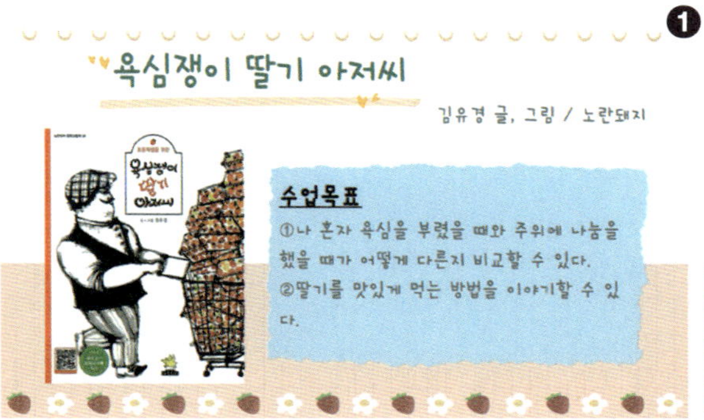

욕심쟁이 딸기 아저씨

김유경 글, 그림 / 노란돼지

수업목표
①나 혼자 욕심을 부렸을 때와 주위에 나눔을 했을 때가 어떻게 다른지 비교할 수 있다.
②딸기를 맛있게 먹는 방법을 이야기할 수 있다.

❷

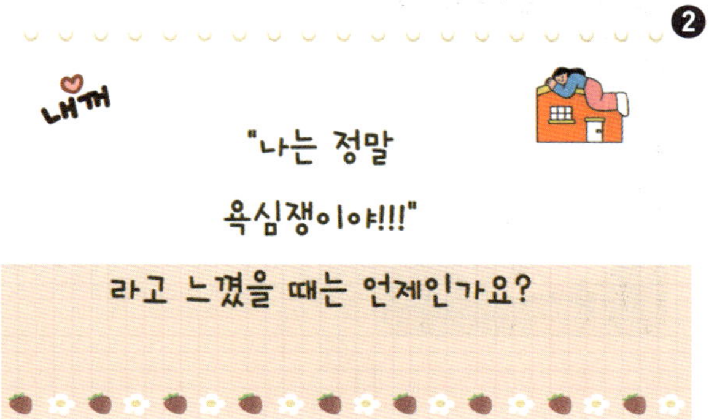

❼

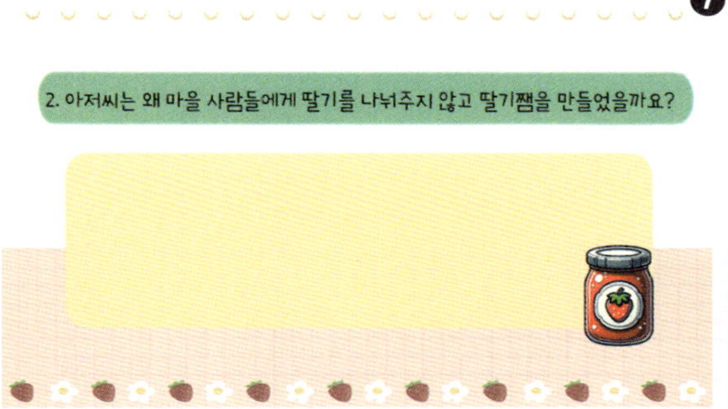

2. 아저씨는 왜 마을 사람들에게 딸기를 나눠주지 않고 딸기잼을 만들었을까요?

❽

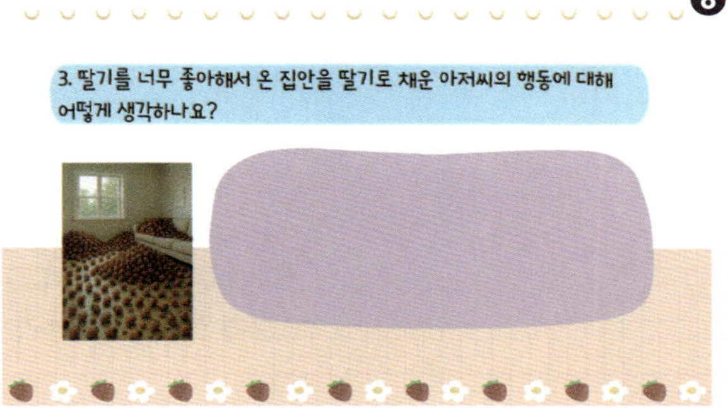

3. 딸기를 너무 좋아해서 온 집안을 딸기로 채운 아저씨의 행동에 대해 어떻게 생각하나요?

❾

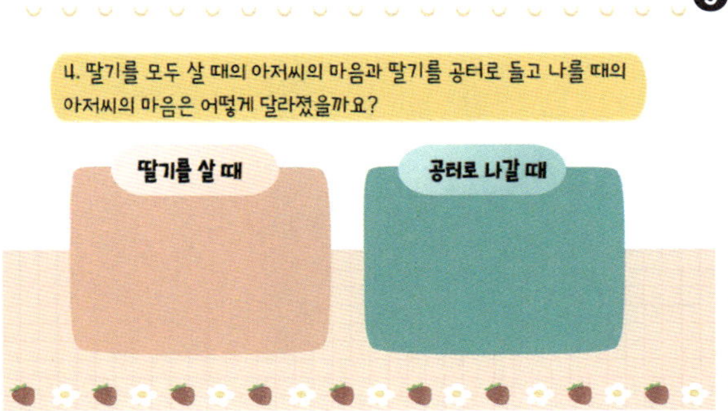

4. 딸기를 모두 살 때의 아저씨의 마음과 딸기를 공터로 들고 나를 때의 아저씨의 마음은 어떻게 달라졌을까요?

딸기를 살 때

공터로 나갈 때

❿

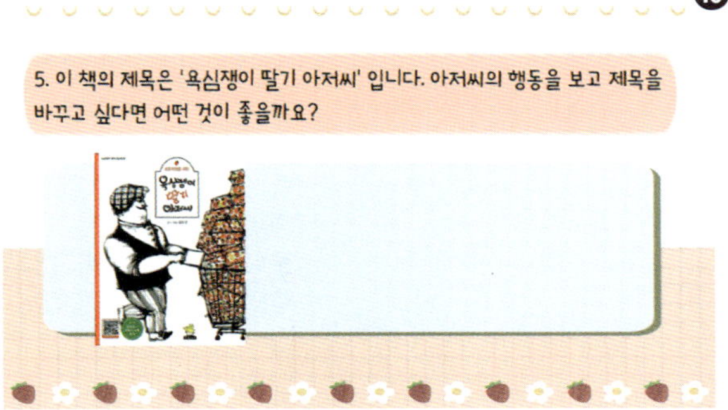

5. 이 책의 제목은 '욕심쟁이 딸기 아저씨' 입니다. 아저씨의 행동을 보고 제목을 바꾸고 싶다면 어떤 것이 좋을까요?

❶ 수업 목표 ①번은 의도하지 않았음에도 타인에게 피해를 줄 수 있다는 점을 학생들이 인지하도록 하는 것입니다.

❷ 도입에서는 학생들이 자신의 경험에 대해 왜 그랬는지, 경험을 통해 느낀 점은 무엇인지를 가볍게 이야기하도록 합니다.

❼ 워크지 ②번은 내용을 확인한 후 이유를 추측하도록 하는 것으로 워크지 ④번과 연속해서 활동해도 됩니다.

❽ 워크지 ③번은 학생이 스스로 이기적인 행위에 대해 판단하고 의견을 제시하도록 합니다. 또한 의도치 않은 행위가 타인에게 피해를 주기도 한다는 점을 인지하도록 지도합니다.

❾ 워크지 ④번은 표를 채우면서 두 가지 사건의 의미와 차이를 알 수 있도록 합니다.

❿ 워크지 ⑤번은 상상력을 발휘해야 하지만 학생들이 어려움을 느낄 경우 강사가 간단히 예를 몇 가지 제시해도 효과적입니다.

23 이 고쳐 선생과 이빨투성이 괴물

기 관 명	초등돌봄교육/온동네 초등돌봄교육센터/방과후학교
대 상	초등 1~3학년/최대인원 20명
준 비 물	연필, 지우개
소요시간	50분 단 가
활동목표	① 선입견에 대한 내 생각을 말할 수 있다. ② 거절보다는 방법을 찾기 위해 노력하는 태도를 배울 수 있다.

이 고쳐 선생과 이빨투성이 괴물　　　　**도서정보** 롭 루이스 글, 그림　　**출판사** 시공주니어

이 고쳐 선생은 유명한 치과의사입니다. 동물원 사육사인 우리 씨는 이빨이 만 개나 있는 동물의 충치 치료를 요청하는데요. 온갖 험악한 동물을 상상하던 이 고쳐 선생은 안전을 위해 갑옷과 커다란 먹이를 준비합니다. 이 고쳐 선생은 이빨투성이 괴물의 치료를 무사히 마칠 수 있을까요?

도입
10분

* **인사 나누기**
* **치과에 간 경험 나누기**
* **괴물에 관한 생각 나누기**

전개활동1
20분

활동 1-1. 그림책 읽기(읽기 전 발문/읽기 중 발문)
* **(전) 표지질문**　그림에 나타난 내용들을 말로 설명해 볼까요?
　　　　　　　　선생님의 직업은 무엇일까요?
　　　　　　　　선생님은 지금 무엇을 하고 있는지 말해 볼까요?
　　　　　　　　이 괴물의 정체는 무엇일까요?
* **(중)** 이 고쳐 선생은 왜 "안 돼요!"라고 말하지 못할까요?
* **(중)** 이빨이 만 개라는 사실을 들었을 때, 선생님은 어떤 생각을 했을까요?
* **(중)** 등장인물들은 어떤 성격일까요?
* **(중)** 까탈 부인의 행동에서 아쉬운 점은 무엇인가요?

활동 1-2. 읽은 후 이야기 나누기
* **(후)** 전체 내용 중에서 바꾸고 싶은 부분은 어디인가요?
* **(후)** 나 혼자 생각하는 것과 사실을 확인하는 것은 무엇이 다른가요?

전개활동2
20분

활동 2-1. 활동명: 워크지 활동 - 이 고쳐 선생의 일기 쓰기
* 이 고쳐 선생이 되어, 이빨투성이 괴물을 치료한 날의 일기 쓰기(그림일기 예시 제공)
* 발표하기

활동 2-2. 자리 정돈 및 생각 정리

기타
영상링크 외

※ 수업용 PPT와 워크지는 QR코드를 활용하세요.

❶

이 고쳐 선생과 이빨투성이 괴물

롭 루이스 글 , 그림 / 시공주니어

수업목표
①선입견에 대한 내 생각을 말할 수 있다.
②거절보다는 방법을 찾기 위해 노력하는 태도를 배울 수 있다.

❷

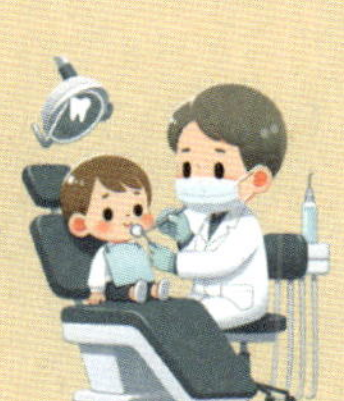

❼

2. 등장인물들의 성격에 대해 이야기해 볼까요?

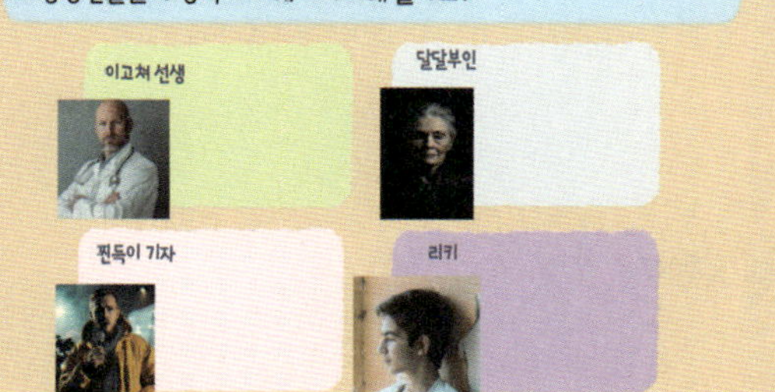

이고쳐 선생 · 달달부인 · 찐독이 기자 · 리키

❽

전체 내용 중에서 바꾸고 싶은 부분을 이야기해 보아요.

이고쳐 선생이 완전 갑옷을 입고 나타난 모습

이고쳐 선생이 이빨이 많은 동물을 상상한 모습

❾

보이지 않는 것에 대한 두려움에 대해 이야기해 보아요.

⓬

진짜인지 아닌지 '팩트체크'는 왜 필요할까요?

✓ 팩트체크

1 가짜 뉴스가 너무 많아요. 그래서 사실을 꼭 확인해야 해요.

2 잘못된 정보로 다른 사람이 피해를 입을 수 있어요. 물론 나도요.

3 체크를 안하고 믿어버리면, 더 큰 문제로 확대될 수 있어요.

---

❶ 수업 목표 ①번에 제시된 바와 같이 선입견에 대한 내용을 학생들이 이해하도록 합니다. 또한 가짜 뉴스나 편견과 같은 요소들에 대한 이해가 전제되어야 하므로 수업 운영을 위해 강사가 미리 최근의 사례를 준비하는 것이 좋습니다.

❷ 도입은 치과에서 느낀 점과 그 이유를 자유롭게 제시하도록 유도합니다.

❼ 워크지 ②번은 내용을 이해하고 정리하는 것이므로 학생이 대상 도서에서 제시된 부분을 확인하고 근거로 활용할 수 있도록 지도합니다.

❽ 책의 내용을 이해하고 부족한 부분을 학생이 스스로 채우거나 창작하는 과정으로, 비판적 사고력이 향상될 수 있도록 구성합니다.

❾ 초등학교 저학년 학생이 대답할 수 있는 다양한 사례를 모두 수용해야 합니다. 이 활동에 어려움을 느끼는 학생을 위해서는 강사가 몇 가지 예시를 제시하는 것도 효과적입니다.

⓬ 가짜 뉴스나 유언비어를 해결하기 위한 방안을 제시한 것이므로 활동을 통해 학생이 다른 대안을 찾도록 하는 것도 가능합니다.

24 천천히 해, 미켈레

기 관 명	초등돌봄교육/온동네 초등돌봄교육센터/방과후학교
대 상	초등 1~3학년/최대인원 20명
준 비 물	연필, 지우개
소요시간	50분　　　단　가
활동목표	① 내가 속한 사회의 질서에 대해 '유지'와 '변화'가 다름을 이해하고 나의 생각을 말할 수 있다. ② 새로운 길을 앞장서서 걷는 사람들을 찾아볼 수 있다.

천천히 해, 미켈레　　　　**도서정보**　엘레나 레비 글, 줄리아 파스토리노 그림　　**출판사**　여유당

미켈레는 빠르게 움직이는 나무늘보입니다. 아빠는 늘 미켈레에게 천천히 하라고 이야기하지만, 호기심이 많은 탓에 잔소리가 끝나기도 전에 사라지지요. 숲속에 산불이 나면서 미켈레는 그동안 배워온 나뭇가지 타는 법을 알려 주며 다른 동물들을 구해냅니다. 멋진 미켈레 이야기를 함께 나누어 볼까요?

도입
10분

* **인사 나누기**
* **나무늘보의 생김새나 특징 알아보기(동영상 시청 가능)**

전개활동1
20분

활동 1-1. 그림책 읽기(읽기 전 발문/읽기 중 발문)
* **(전) 표지질문**　이곳은 어디일까요? 아이는 무엇을 하고 있나요?
　　　　　　　　　　지붕 위 저것의 정체는 무엇일까요? 어떤 이야기가 펼쳐질까요?
* **(중)** 제일 기억에 남는 장면 이야기하기
* **(중)** 미켈레가 다른 나무늘보들과 다른 점 찾기(잠, 움직임, 먹는 것, 눈)
* **(중)** 아빠는 왜 미켈레에게 서두르지 말고 천천히 하라고 말했을까요?
* **(중)** 미켈레는 왜 그만두라고 말한 아빠 말을 듣지 않고 예전으로 돌아갈 수 없다고 하나요?

활동 1-2. 읽은 후 이야기 나누기
* **(후)** 나뭇가지로 뛰어오르는 걸 보여주었을 때, 미켈레와 친구들의 마음은 어땠을까요?

전개활동2
20분

활동 2-1. 활동명: 워크지 활동 -말풍선 넣기
* 미켈레와 친구들에게 해주고 싶은 이야기를 말풍선으로 남겨주세요.

활동 2-2. 주제 탐색하기
* 미켈레처럼 앞장서서 새로운 길을 걸었던 사람 찾아보기
　(독립운동가, 권기옥, 말랄라, 이순신, 세종대왕, 마틴루터킹)

활동 2-3. 자리 정돈 및 생각 정리

기타
영상링크 외

* **도입 동영상 : 나무늘보는 왜 느릴까?**
　https://www.youtube.com/watch?v=aO674hL5cDU

나무늘보

『천천히 해, 미켈레』 수업유의점

※ 수업용 PPT와 워크지는 QR코드를 활용하세요.

❶

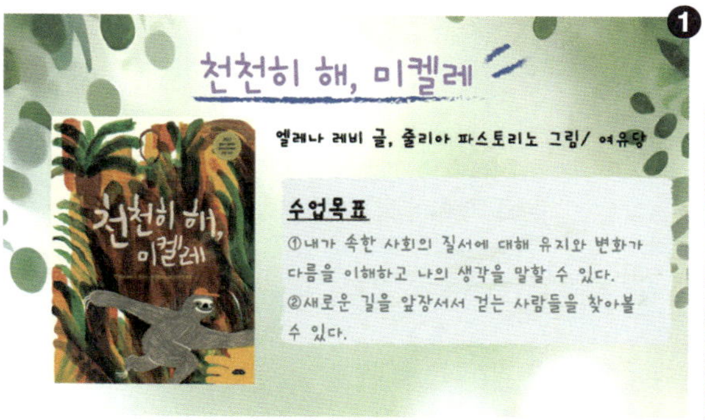

천천히 해, 미켈레

엘레나 레비 글, 줄리아 파스토리노 그림/ 여유당

수업목표
①내가 속한 사회의 질서에 대해 유지와 변화가 다름을 이해하고 나의 생각을 말할 수 있다.
②새로운 길을 앞장서서 걷는 사람들을 찾아볼 수 있다.

❾
2. 아빠는 왜 미켈레에게 '서두르지 말고 천천히 하라'고 말했을까요?

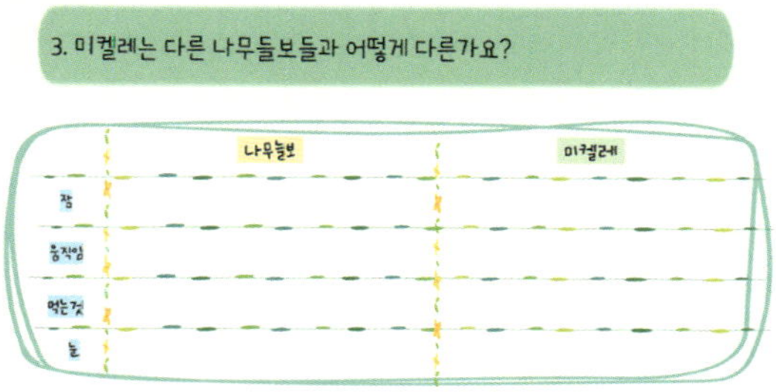

3. 미켈레는 다른 나무늘보들과 어떻게 다른가요?

	나무늘보	미켈레
잠		
좋아함		
먹는것		
등		

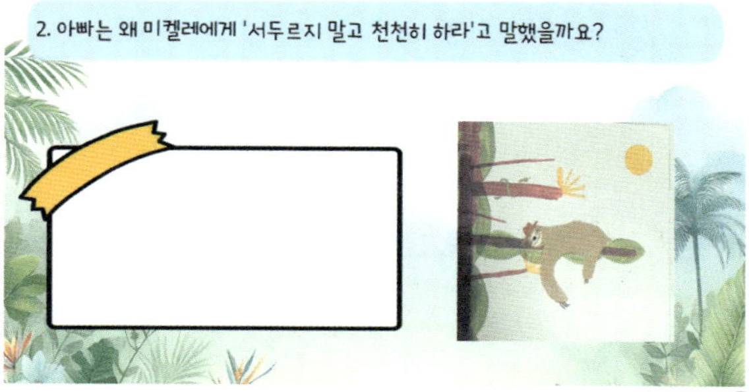

❿
4. 미켈레와 친구들에게 해주고 싶은 이야기를 말풍선으로 남겨주세요.

⓫

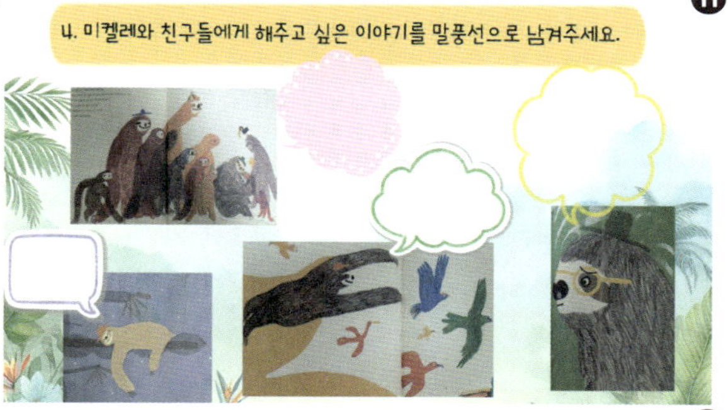

⓭
'천천히 해, 미켈레' 에서 나랑 제일 닮은 사람은 누구인가요?

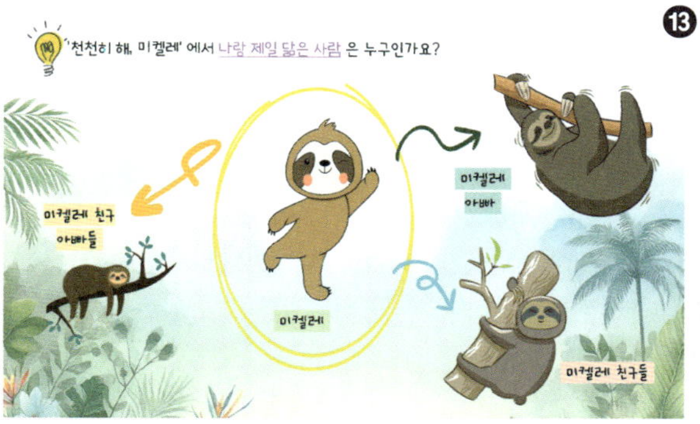

⓮
모두 반대했지만, 미켈레처럼 앞장서서 새로운 길을 걸었던 사람은 누구일까요?

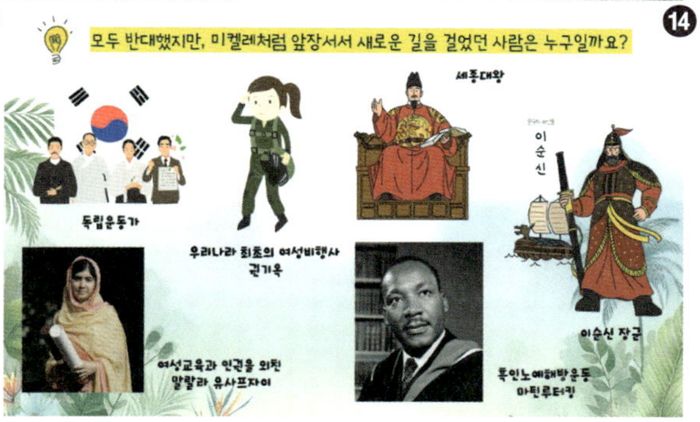

❶ 기존 사회 질서와 선구자적인 행동이 충돌할 수 있다는 점을 이해시키기 위해 사례를 미리 준비합니다.

❾ 워크지 ②번 활동은 ❻번과 연계됩니다. 수업 시간이 부족하다면 ❻번과 통합해 운영할 수도 있습니다.

❿ 워크지 ③번은 주인공과 다른 나무늘보들을 비교하는 표를 작성하는 것입니다. 수업 운영 시, 순서를 변경해 내용 확인 활동으로 활용하는 것도 가능합니다.

⓫ 워크지 ④번은 학생들이 내용을 이해한 후, 상상력을 발휘하도록 합니다.

⓭ 학생들이 자신의 상황에 대입해 구체적인 예를 들어 설명하는 방식으로 확장할 수 있습니다.

⓮ 지식과 정보를 습득하는 활동이므로 슬라이드에 제시된 예 외에도 학생들이 서로 알려주거나 함께 논의하는 방식으로 진행할 수 있습니다.

25 아빠얼굴

기 관 명	초등돌봄교육/온동네 초등돌봄교육센터/방과후학교
대 상	초등 1~3학년/최대인원 20명
준 비 물	필기도구
소요시간	50분　　　단 가
활동목표	① 우리 아빠의 얼굴을 있는 그대로 자세하게 그려볼 수 있다. ② 우리 아빠 얼굴과 내 얼굴의 닮은 점을 찾아볼 수 있다. ③ 아빠 얼굴을 친구들 앞에서 자신 있게 발표할 수 있다.

아빠얼굴　　　　　도서정보　황k 글, 그림　　출판사　이야기꽃

파랑이네 반 선생님은 오늘 '아빠 얼굴 그리기' 숙제를 내주셨어요. 있는 그대로 자세하게 그려 가야 하지요. 마침, 아빠도 일찍 들어오셔서 파랑이는 아빠 얼굴을 찬찬히 살펴보았어요. 아빠 눈썹, 아빠 코, 아빠 입, 그리고 아빠 수염! 아빠 얼굴을 그리다 보니 자꾸 궁금한 점이 생겨요. 파랑이는 아빠 얼굴 그림을 멋지게 완성해서 발표할 수 있을까요? 함께 이야기해 보아요.

도입 (10분)

* **인사 나누기**
* **우리 가족 소개하기(마인드 맵 또는 가족 관계도로 표현해도 좋아요.)**

전개활동1 (20분)

활동 1-1. 그림책 읽기(읽기 전 발문/읽기 중 발문)
* **(전) 표지질문**　그림 보기/상황 유추/앞뒤 표지 비교/내용 상상하기
* **(중)** 함께 책을 읽으며 발문하기(선생님은 왜 이런 숙제를 내주셨을까요? / 아빠 얼굴 그리는 순서
　　　표시하기/다양한 아빠 얼굴을 보며 느낌 이야기하기)

활동 1-2. 읽은 후 이야기 나누기
* **(후)** 파랑이는 왜 다음에 엄마 얼굴 그리기 숙제를 내주셨으면 좋겠다고 생각했을까요?
* **(후)** 우리 가족 얼굴과 내 얼굴의 가장 닮은 점은 무엇인가요?
* **(후)** 친구들은 누구의 얼굴을 자세히 그리고 싶나요? 이유도 함께 이야기해 보아요.

전개활동2 (20분)

활동 2-1. 활동명: 가족 얼굴 그리기
(자리 정리 및 활동 준비 - 실물사진 또는 휴대폰 갤러리 사진 준비)

* 사진을 보고 아빠 또는 다른 가족의 얼굴을 자세히 그려보아요.
* 파랑이처럼 순서대로 그릴 수 있도록 이야기해 주세요.
* 발표하거나 전시하기

활동 2-2. 자리 정돈 및 생각 정리

기타 (영상링크 외)

아빠 따라 그리기
https://www.youtube.com/watch?v=otSAqgqe8Vk

아빠 따라 그리기

※ 수업용 PPT와 워크지는 QR코드를 활용하세요.

아빠얼굴

황K 글 / 이야기꽃

수업목표

①우리 아빠의 얼굴을 있는 그대로 자세하게 그려볼 수 있다.

②우리 아빠 얼굴과 내 얼굴의 닮은 점을 찾아볼 수 있다.

③아빠 얼굴을 친구들 앞에서 자신있게 발표할 수 있다.

❶

우리 가족을 소개해 보아요.

❷

표지 이야기

-아이는 지금 무엇을 하고 있나요?

-그림 속 아이의 표정은 어떤가요?

-뒷표지에 있는 그림과 아이는 어떤 관계일까요?

-이 그림책은 어떤 내용일까요?

❸

3. 사진을 보고 우리 가족의 얼굴을 그려보아요.

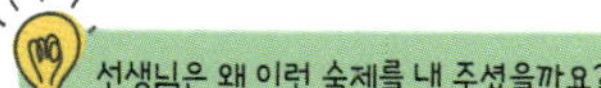

❽

선생님은 왜 이런 숙제를 내 주셨을까요?

⓬

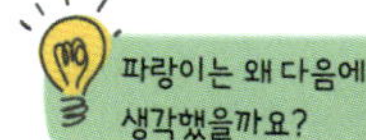

파랑이는 왜 다음에 엄마 얼굴 그리기 숙제를 내주셨으면 좋겠다고 생각했을까요?

⓭

❶ 대상 도서는 매우 익숙한 활동을 통해 학생이 가족과 자신의 관계에 대해 생각해 볼 수 있도록 합니다. 가까운 관계에 대한 인식을 통해 자기 발견에 이를 수 있도록 수업을 구성할 수 있습니다.

❷ 도입은 가족을 소개하는 활동으로 미리 가족 사진을 준비하도록 하는 것이 좋습니다. 이 활동은 워크지 ③번 활동과도 연계할 수 있습니다. 또 워크지 ④번 활동으로 심화될 수도 있으니 학급 상황에 따라 함께 구성하는 것도 효과적입니다.

❸ 표지 활동은 표지를 통해 다양한 이야기를 이끌어낼 수 있도록 자유로운 분위기로 수업을 진행합니다.

❽ ③번 워크지는 미리 준비한 가족 사진을 활용합니다.

⓬ 등장인물의 의도를 추론하도록 합니다. 단순한 생각이 아니라 이야기의 앞뒤를 살펴 논리적인 이유를 제시할 수 있도록 지도합니다.

⓭ 앞의 ⓬번과 같이 등장인물의 의도를 추측하되 논리적인 이유를 제시하도록 활동을 진행하는 것이 좋습니다.

26 민들레는 민들레

기 관 명	초등돌봄교육/온동네 초등돌봄교육센터/방과후학교
대 상	초등 1~3학년/최대인원 20명
준 비 물	필기도구
소요시간	50분　　단　가
활동목표	① 어떤 상황에서도 나의 본질은 변하지 않는다는 것을 알 수 있다. ② 민들레의 꽃이 피는 과정을 그림으로 표현할 수 있다.

민들레는 민들레　　　**도서정보** 김장성 글, 오현경 그림　　**출판사** 이야기꽃

땅에서 작은 새싹 하나가 돋아납니다. 이내 잎이 나고 꽃줄기가 올라오고, 꽃이 핍니다. 민들레는 어느 장소에 있어도 민들레입니다. 혼자 있어도 여럿이 있어도 민들레이지요. 겉모습이나 형태가 달라져도 민들레는 태어난 순간부터 민들레입니다. 민들레 대신 우리 친구들의 이름을 넣어 이야기를 만들어볼까요?

도입
5분

* **인사 나누기**
* **내가 제일 좋아하는 식물 이야기(꽃, 나무, 풀, 마리모 등)**

전개활동1
20분

활동 1-1. 그림책 읽기(읽기 전 발문/읽기 중 발문)
* **(전) 표지질문**　그림 보기/상황 유추/앞뒤 표지 비교/내용 상상하기
* **(중)** 글씨 빼고 그림만 보며 책 한 번 읽기
* **(중)** 함께 책을 읽으며 발문하기
　　　책을 읽으며 민들레가 몇 번 나오는지 세어보세요.
　　　각각 다른 장소에서 민들레는 어떤 생각을 할까요?
　　　민들레의 꽃이 피었을 때는 어떤 마음일까요?
　　　민들레 씨는 어디로 날아갈까요?

활동 1-2. 읽은 후 이야기 나누기
* **(후)** 민들레 씨가 날아가는 이유는 무엇인가요?
* **(후)** 바람이 민들레 씨를 날려주지 않는다면 어떻게 될까요?
* **(후)** 책을 읽으며 민들레 대신 내 이름을 넣어서 이야기를 만들어보아요.

전개활동2
25분

활동 2-1. 활동명: 민들레꽃 4컷 만화 그리기(자리 정리 및 활동 준비)
* 민들레 새싹이 꽃이 되는 과정을 이야기해 보아요. (새싹-잎-꽃줄기-민들레꽃)
* 4컷 만화 그려보기
* 내가 그린 만화 발표하거나 전시하기

활동 2-2. 나만의 민들레 그리기
* 그림책의 내지를 보고 나의 얼굴과 나만의 민들레를 그려보아요.

활동 2-3. 자리 정돈 및 생각 정리

기타
영상링크 외

* **이것은 민들레 씨앗이 아닙니다. (민들레 해부)**
　https://www.youtube.com/watch?v=ZWR1lmnngYY

민들레 해부

※ 수업용 PPT와 워크지는 QR코드를 활용하세요.

①

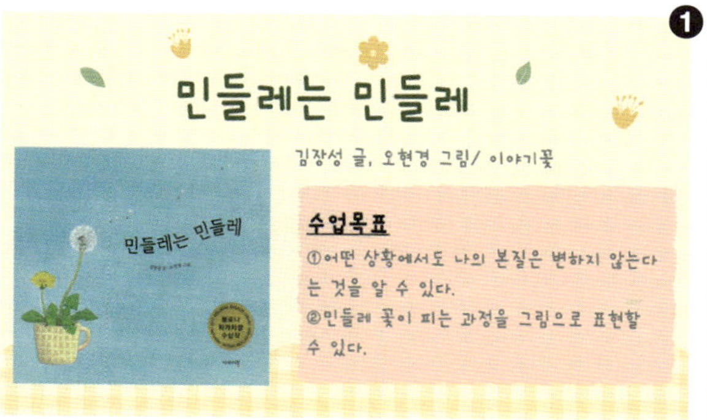

민들레는 민들레

김장성 글, 오현경 그림/ 이야기꽃

수업목표
①어떤 상황에서도 나의 본질은 변하지 않는다는 것을 알 수 있다.
②민들레 꽃이 피는 과정을 그림으로 표현할 수 있다.

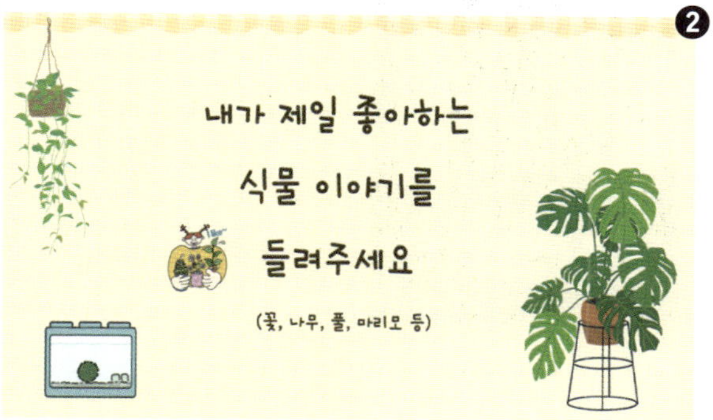

②

③

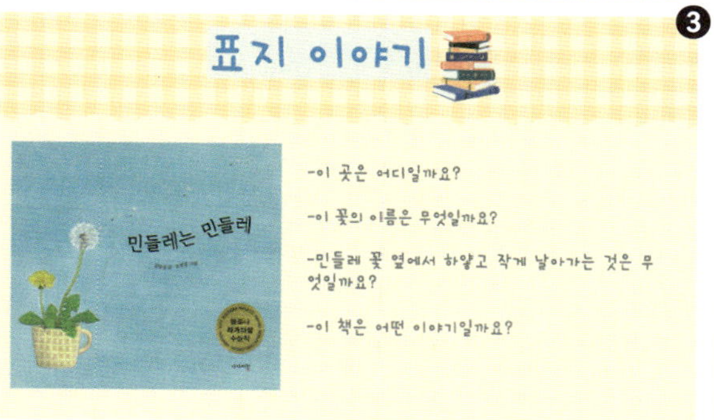

표지 이야기

-이 곳은 어디일까요?
-이 꽃의 이름은 무엇일까요?
-민들레 꽃 옆에서 하얗고 작게 날아가는 것은 무엇일까요?
-이 책은 어떤 이야기일까요?

⑦

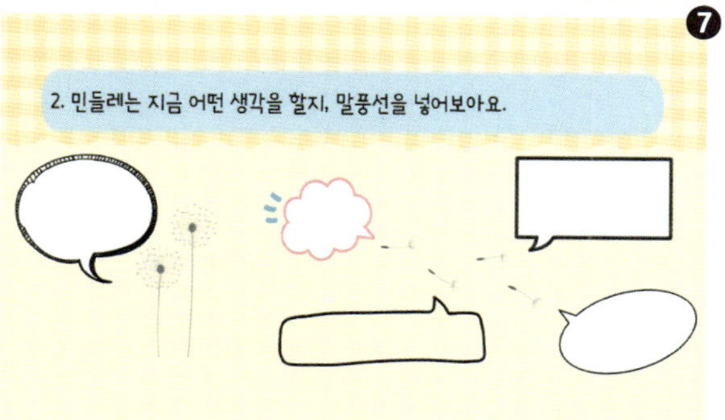

2. 민들레는 지금 어떤 생각을 할지, 말풍선을 넣어보아요.

⑮

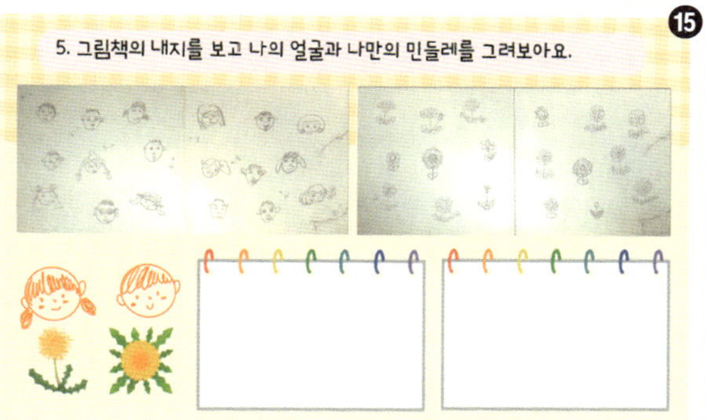

5. 그림책의 내지를 보고 나의 얼굴과 나만의 민들레를 그려보아요.

⑯

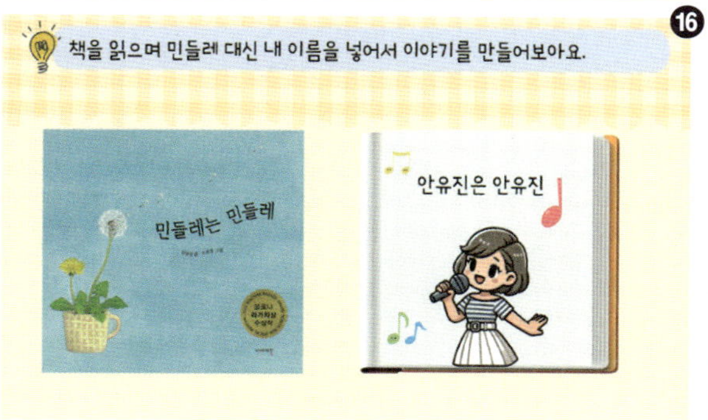

책을 읽으며 민들레 대신 내 이름을 넣어서 이야기를 만들어보아요.

---

① 이 책의 주제인 '자기 정체성 인식'은 초등 저학년에게 다소 어려울 수 있습니다. 무리해서 개념을 이해시키기보다는 다양한 환경에서 피어난 민들레를 소재로 학생들이 자유롭게 이야기하도록 합니다.

② 학생들이 식물에 대해 어느 정도 이해하고 있는지 파악한 후, 서로 공유하도록 합니다.

③ 표지활동을 통해 다양한 상상력을 펼칩니다. 도시에서 자란 학생은 민들레에 대해 모를 수 있으므로 이 활동을 통해 자연스럽게 알려줍니다.

⑦ 워크지 ②번은 모둠별로 의견을 모아서 발표하거나 자유롭게 의견을 제시하도록 운영해도 됩니다.

⑮ 워크지 ⑤번은 대상 도서에 대한 관심을 높이는 활동입니다. 학생들이 자신의 민들레와 자기 얼굴을 왜 그렇게 그렸는지 스스로 이유를 제시하도록 해야, 이후 자기 이야기 만들기 활동이 원활히 진행될 수 있습니다.

⑯ 이 책의 내용과 구성을 패러디해 학생들이 자신의 이야기를 만들게 됩니다. 시간이 필요한 활동이므로, 책 전체 내용을 대상으로 해도 되지만 한 장면을 선택해 중점적으로 패러디하도록 변형해도 됩니다.

27

팥죽 할멈과 호랑이

기 관 명	초등돌봄교육/온동네 초등돌봄교육센터/방과후학교
대 상	초등 1~3학년/최대인원 20명
준 비 물	연필, 지우개, 색연필
소요시간	50분　　단 가
활동목표	① 익숙한 스토리 속에서 어휘를 익히고 의성어, 의태어를 구분할 수 있다. ② 할머니를 도와준 친구들의 마음에 공감할 수 있다.

팥죽 할멈과 호랑이　　　**도서정보** 박운규 글, 백희나 그림　　**출판사** 시공주니어

밭에 나간 할머니는 배고픈 호랑이를 만났습니다. 할머니를 잡아먹으려고 다가오는 호랑이에게 할머니는 팥죽을 만들 수 있도록 시간을 달라고 이야기하는데요. 할머니는 이 위기를 잘 벗어날 수 있을까요? 우리 함께 이야기 나누어 보아요.

도입
10분

* **인사 나누기**
* **호랑이 나오는 옛날이야기 퍼레이드**
* **옛날이야기 속 호랑이의 특징 이야기하기**

전개활동1
20분

활동 1-1. 그림책 읽기(읽기 전 발문/읽기 중 발문)
* **(전) 표지질문**　그림책 속 시간은 언제일까요? 이곳은 어디일까요?
　　　　　　　　　할머니 표정은 어떤가요?
　　　　　　　　　호랑이는 왜 안 나올까요? 어떤 이야기가 펼쳐질까요?
* **(전)** 팥죽 할멈과 호랑이에 어떤 등장인물이 나올지 상상하기
* **(중)** 할머니 집에 있던 친구들은 왜 할머니를 도와주었을까요?

활동 1-2. 읽은 후 이야기 나누기
* **(후)** 책 속 단어 찾아보기
* **(후)** 책 속 의성어, 의태어 찾아보기
* **(후)** 할머니를 잡아먹으려고 했던 호랑이의 결말에 대해서 의견 나누기

전개활동2
20분

활동 2-1. 활동명: 등장인물 카드 만들기(자리 정리 및 활동 준비)
* 책 속 등장인물들의 이름과 특징, 캐릭터 그림을 그려서 카드 만들기

활동 2-2. 범 내려온다 노래 함께 듣기

활동 2-3. 자리 정돈 및 생각 정리

기타
영상링크 외

* **활동 2-2 동영상 범 내려온다(이날치)**
　https://www.youtube.com/watch?v=SmTRaSg2fTQ

이날치의 범 내려온다

※ 수업용 PPT와 워크지는 QR코드를 활용하세요.

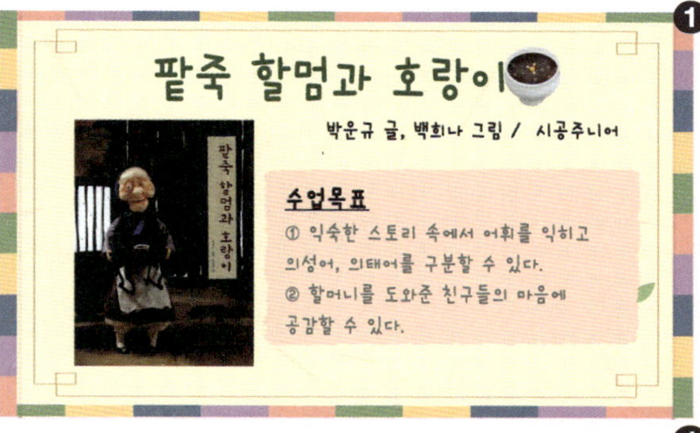

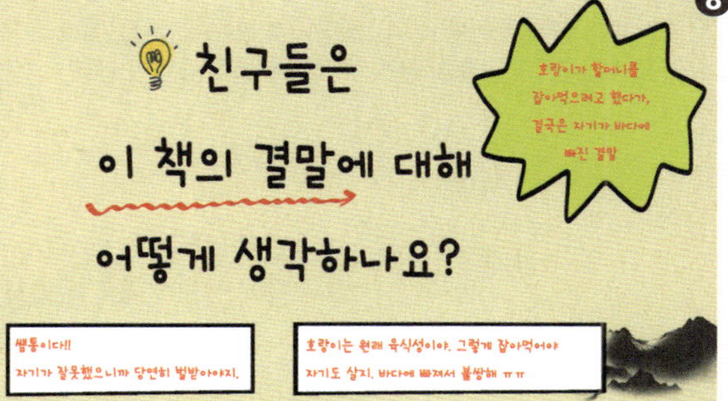

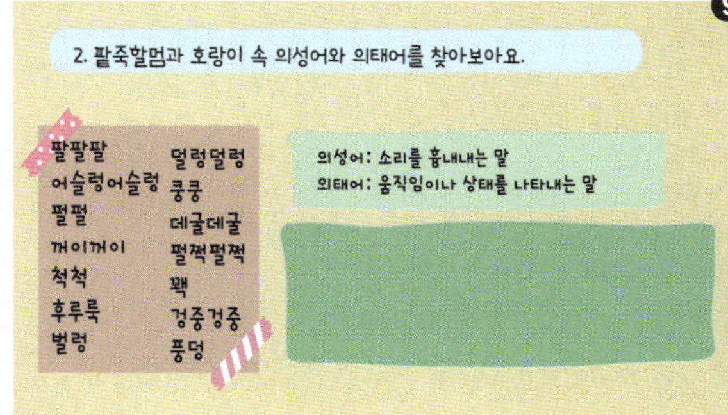

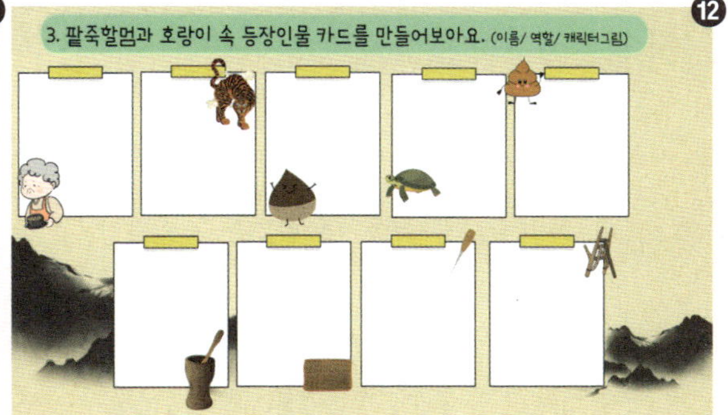

❶ 대상도서는 잘 알려진 옛이야기이므로 학생들이 이야기의 상황을 제대로 이해했는지 내용 확인 부분에서 파악해야 합니다.
❶ 학생들이 의성어, 의태어, 관용적 표현을 익히고, 전통적인 상징이나 개념을 이해할 수 있도록 합니다.
❹ 이 책과 같은 이야기의 다른 책 표지들입니다. 책마다 다양한 상황을 제시하고 있으니 학생들이 각기 다른 표지를 보고 이야기를 구성할 수 있도록 합니다.
❽ 책의 결말이 아니라 학생들이 자유롭게 자신의 결말을 만들도록 합니다.
❾ 워크지 ②번의 의성어 의태어는 작품에 나오는 것 외에도 추가해서 제시할 수 있습니다.
⓬ 워크지 ③번은 책을 읽고 등장인물들의 역할과 성격을 파악해야 되는 활동이므로 ❼번 슬라이드처럼 내용 확인 활동과 연계하여 운영할 수 있습니다.

28

헨리의 자유상자

기 관 명	초등돌봄교육/온동네 초등돌봄교육센터/방과후학교
대 상	초등 1~3학년/최대인원 20명
준 비 물	연필, 지우개
소요시간	50분 　　단 　가
활동목표	① 사회에서 나타나는 다양한 차별에 관한 생각을 이야기할 수 있다. ② 실화를 바탕으로 한 '헨리 박스 주니어'의 탈출 여정을 보며 그의 상황에 공감할 수 있다.

헨리의 자유상자　　　　**도서정보** 엘렌 레빈 글, 카디르 넬슨 그림　　**출판사** 뜨인돌어린이

헨리는 노예입니다. 어릴 때부터 노예였고, 어른이 되어서도 쭉 자유가 없습니다. 사랑하는 여인을 만나 결혼하고 가정이 생겼지만 신분은 똑같았지요. 결국, 헨리의 아내와 아이들은 가난한 주인 때문에 노예로 팔렸고, 헨리는 자유를 찾아 미국 북부로 올라갑니다. 노예 사냥꾼들을 피해 나무상자에 숨어서 탈출한 헨리가 어떤 마음이었을지 함께 이야기해 보아요.

도입
10분

* **인사 나누기**
* **당시의 노예제도 동영상 감상 후 느낌 나누기**

전개활동1
20분

활동 1-1. 그림책 읽기(읽기 전 발문/읽기 중 발문)
* **(전) 표지질문**　앞을 가만히 바라보고 있는 아이는 누구일까요?
　　　　　　　　　지금 아이의 표정은 어떤가요?
　　　　　　　　　아이는 지금 어떤 상황일까요?
　　　　　　　　　친구들은 '자유상자'가 무엇이라고 생각하나요?
* **(중)** 헨리 브라운은 어떻게 노예가 되었을까요?
* **(중)** 아내와 아이가 모두 노예로 팔려 갔을 때 헨리의 마음은 어떠했을까요?
* **(중)** 헨리가 손에 황산을 부은 이유는 무엇일까요?
* **(중)** 헨리는 왜 나무 상자 안에 들어갔을까요?
* **(중)** 왜 스미스 박사는백인인데도 흑인 노예들을 도와주는 걸까요?

활동 1-2. 읽은 후 이야기 나누기
* **(후)** 헨리의 자유상자 줄거리를 단어로 정리해 보기 (순서대로 배치 가능)

전개활동2
20분

활동 2-1. 활동명: 내 생각 짧은 글쓰기(어려워하면, 키워드 제공)
* 자유와 차별에 대한 글쓰기
* 헨리의 선택에 대해서 "나라면 어땠을까?" 생각 글쓰기

활동 2-2. 자리 정돈 및 생각 정리

기타
영상링크 외

* **도입 동영상 : 흑인 노예제도의 역사**
　https://www.youtube.com/watch?v=eSTWJxybw10&t=151s

흑인 노예제도의 역사

※ 수업용 PPT와 워크지는 QR코드를 활용하세요.

❶

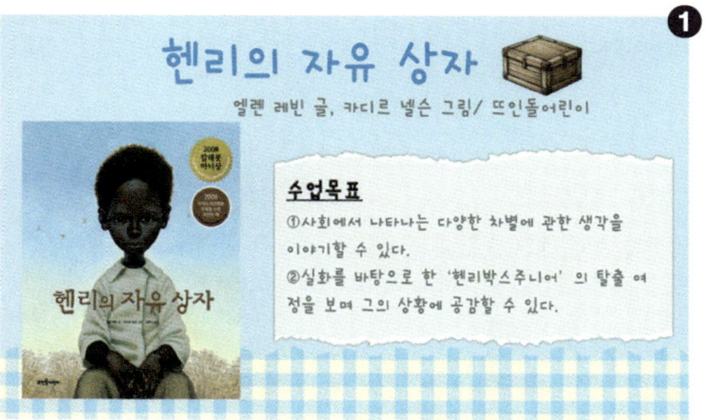

헨리의 자유 상자

엘렌 레빈 글, 카디르 넬슨 그림/ 뜨인돌어린이

수업목표
①사회에서 나타나는 다양한 차별에 관한 생각을 이야기할 수 있다.
②실화를 바탕으로 한 '헨리박스주니어'의 탈출 여정을 보며 그의 상황에 공감할 수 있다.

❷

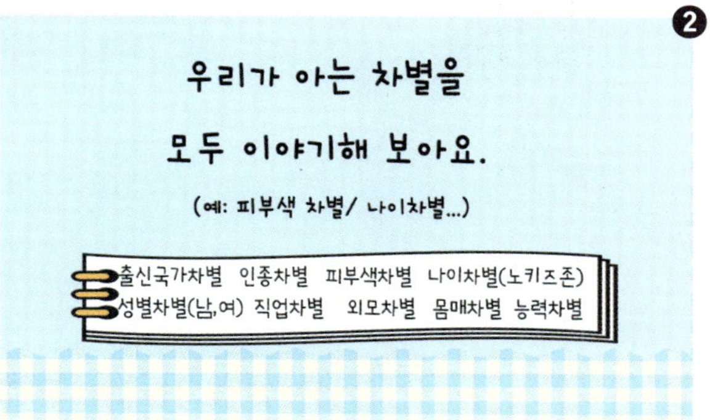

우리가 아는 차별을 모두 이야기해 보아요.

(예: 피부색 차별/ 나이차별…)

출신국가차별 인종차별 피부색차별 나이차별(노키즈존)
성별차별(남, 여) 직업차별 외모차별 몸매차별 능력차별

❸

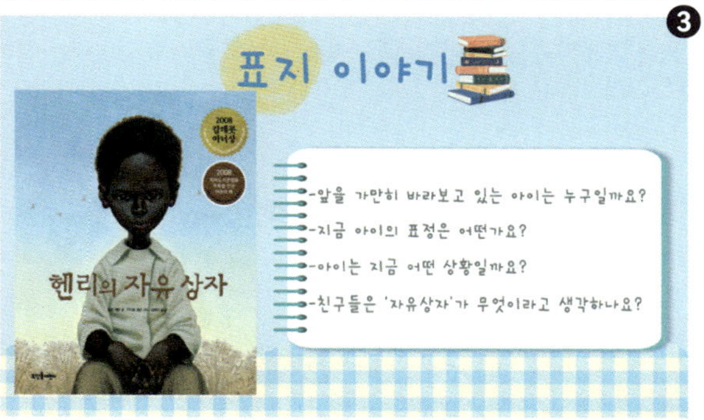

표지 이야기

- 알을 가만히 바라보고 있는 아이는 누구일까요?
- 지금 아이의 표정은 어떤가요?
- 아이는 지금 어떤 상황일까요?
- 친구들은 '자유상자'가 무엇이라고 생각하나요?

❻

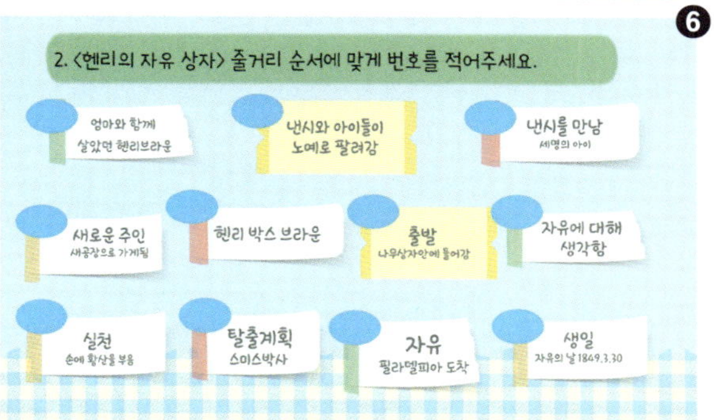

2. 〈헨리의 자유 상자〉 줄거리 순서에 맞게 번호를 적어주세요.

- 엄마와 함께 살았던 헨리브라운
- 낸시와 아이들이 노예로 팔려감
- 낸시를 만남 / 세명의 아이
- 새로운 주인 / 새공장으로 가게됨
- 헨리 박스 브라운
- 출발 / 나무상자안에 들어감
- 자유에 대해 생각함
- 실천 / 손에 화상을 부음
- 탈출계획 / 스미스박사
- 자유 / 필라델피아 도착
- 생일 / 자유의 날 1849.3.30

❾

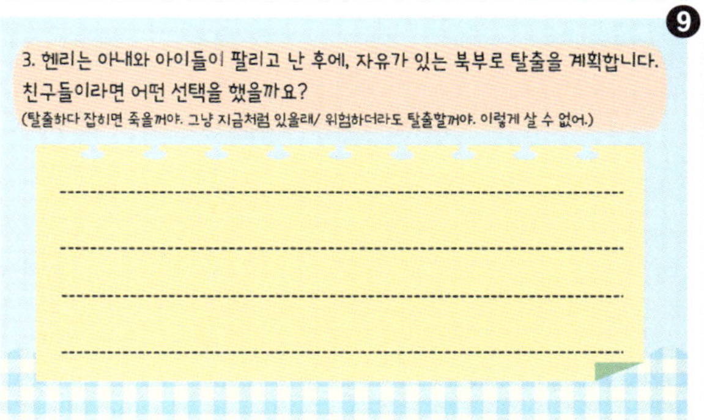

3. 헨리는 아내와 아이들이 팔리고 난 후에, 자유가 있는 북부로 탈출을 계획합니다. 친구들이라면 어떤 선택을 했을까요?
(탈출하다 잡히면 죽을꺼야. 그냥 지금처럼 있을래/ 위험하더라도 탈출할꺼야. 이렇게 살 수 없어.)

❿

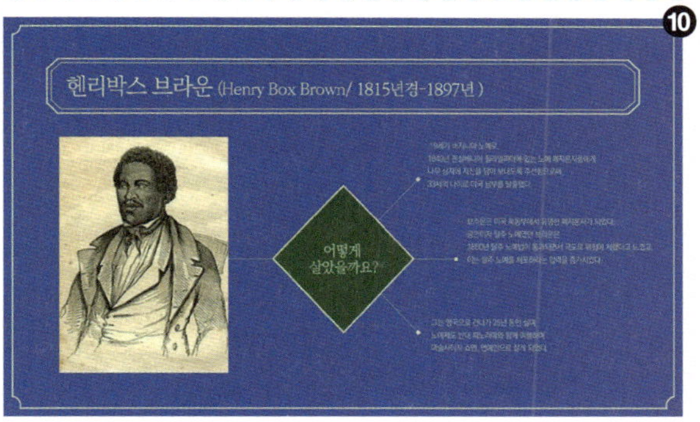

헨리박스 브라운 (Henry Box Brown/ 1815년경-1897년)

어떻게 살았을까요?

❶ 수업 목표 ①번은 역사에 기록된 다양한 차별에 대한 내용으로 확장할 수 있습니다.

❷ 수업 목표 ①번을 참고하여 진행합니다.

★ 대상 도서를 수업에 적용하는 경우, 사회적 차별에 대한 해결을 목표로 하기보다는 역사 속에 실재했던 다양한 차별에 대해 알려주는 것이 중요합니다. 학생들은 실화를 통해 감동을 느끼고 지식과 정보의 습득을 통해 의식을 확장할 수 있습니다.

❸ 표지를 제시하며 어린 소년의 감정이나 생각을 학생들이 상상하고 표현하도록 합니다.

❻ 워크지 ②번은 줄거리 순서 맞추기를 통해 내용을 확인하고 이해 정도를 파악하는 활동입니다. 활동을 마무리하면서 순서를 맞춰 완성한 이야기를 소리내어 읽는 활동을 추가로 진행할 수 있습니다.

❾ 워크지 ③번은 등장인물에 공감하고 자신의 의견을 밝히는 활동으로 학생이 생각을 논리적으로 표현할 수 있도록 합니다.

❿ 잘 알려지지 않았던 흑인 인권운동가의 삶을 살펴볼 수 있습니다.

29 바삭바삭 갈매기

기 관 명	초등돌봄교육/온동네 초등돌봄교육센터/방과후학교
대 상	초등 1~3학년/최대인원 20명
준 비 물	과자봉지 그림, 트레이싱 페이퍼(반투명지), 색칠도구, 가위, 투명테이프, 시트지, 클레이, 솜 등
소요시간	50분　단 가　1,000원
활동목표	① 환경의 변화로 인한 동물들의 생활에 관심을 기울일 수 있다. ② 자극적인 것을 찾는 갈매기의 모습에 나를 비추어 생각해볼 수 있다.

바삭바삭 갈매기　　**도서정보** 전민걸 글, 그림 (초등 3학년 교과서 수록도서)　**출판사** 한림출판사

바위섬에서 물고기를 먹으며 평화롭게 살던 갈매기. 어느 날 우연히 바다를 향해하는 배 주변을 날다 아이들이 던져주는 과자의 바삭한 맛에 빠져버립니다. 짭쪼름하고 고소한 바삭바삭을 찾아 결국 사람들이 살고 있는 마을까지 오게 되었는데요. 바삭바삭을 훔쳐서 달아나는 길에 보게 된 충격적인 모습! 갈매기는 계속 바삭바삭을 먹을 수 있을까요? 함께 이야기 나누어 보아요.

도입
5분

* **인사 나누기**
* **갈매기가 마트에 들어가 과자봉지를 입에 물고 나오는 영상 시청하며 이야기 나누기**
  - 갈매기는 왜 마트에서 과자를 물고 나오는 걸까요?

전개활동1
15분

활동 1-1. 그림책 읽기(읽기 전 발문/읽기 중 발문)
* **(전) 표지질문**　이 책의 주인공은 누구일까요? 제목 속 '바삭바삭'은 언제 나는 소리인가요?
　　　　　　　　그림 속 배경은 어디인가요? 갈매기는 무엇을 하고 있나요?
　　　　　　　　갈매기의 표정은 어떤가요? 이 책은 어떤 내용이라고 생각하나요?
* **(중)** 갈매기가 원래 살던 곳은 어디인가요? 배에서 사람들이 던져준 것은 무엇일까요?
　　　갈매들이 느끼는 바삭바삭의 맛은 어떠했나요?

활동 1-2. 읽은 후 이야기 나누기
* **(후)** 우리에게 갈매기가 느꼈던 바삭바삭함과 같은 일들은 무엇이 있나요?
　　　나에게 과자의 바삭함과 같이 뿌리치기 어려운 재미있는 것들은 무엇인가요?
　　　(예: 게임, 유튜브 등)
* **(후)** 갈매기가 과자를 먹지 않고 본성대로 물고기를 먹도록 하려면, 사람들은 어떤 노력을 하여야
　　　할까요?

전개활동2
30분

활동 2-1. 활동명: 과자 스퀴시 만들기(자리 정리 및 활동 준비)
* 종이에 복사된 다양한 과자봉지 도면 중 마음에 드는 디자인을 고른다.
* 복사된 과자봉지 위에 트레이싱 페이퍼(반투명 종이 혹은 종이 포일)를 대고 과자봉지의 그림을
  옮겨 그려 색을 칠한다.
* 옮겨 그린 트레이싱 페이퍼 과자봉지 그림 위에 시트지를 붙인다.
* 과자봉지 그림을 테이프로 붙여 봉지 형태로 만든 뒤 과자봉지 안을 원하는 재료로 채워 완성한다.
  (포장지/클레이/솜/뽕뽕이 중 택1)
* 완성한 스퀴시를 만져보고 느낌을 이야기 나눈다.

활동 2-2. 자리 정돈 및 생각 정리
* 자리 정리하기
* 활동 후 소감 나누기

기타
영상링크 외

* **매일 마트에서 과자를 훔치는 갈매기 영상**
  https://www.youtube.com/watch?v=qvzSzXOKq-M
* **과자봉지 그림을 축소 확대하여 원하는 크기의 스퀴시 만들기로 진행 가능**

과자 훔치는 갈매기

※ 수업용 PPT와 워크지는 QR코드를 활용하세요.

❶

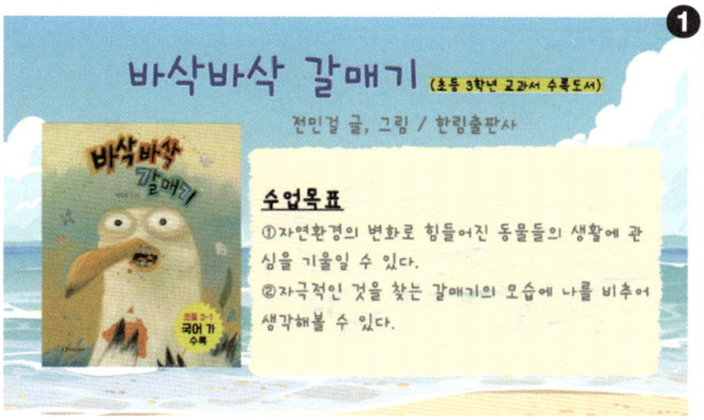

바삭바삭 갈매기 (초등 3학년 교과서 수록도서)

전민걸 글, 그림 / 한림출판사

수업목표
①자연환경의 변화로 힘들어진 동물들의 생활에 관심을 기울일 수 있다.
②자극적인 것을 찾는 갈매기의 모습에 나를 비추어 생각해볼 수 있다.

❷

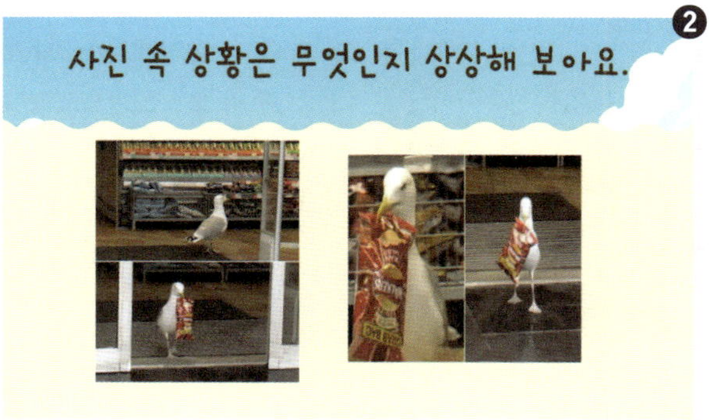

사진 속 상황은 무엇인지 상상해 보아요.

❼

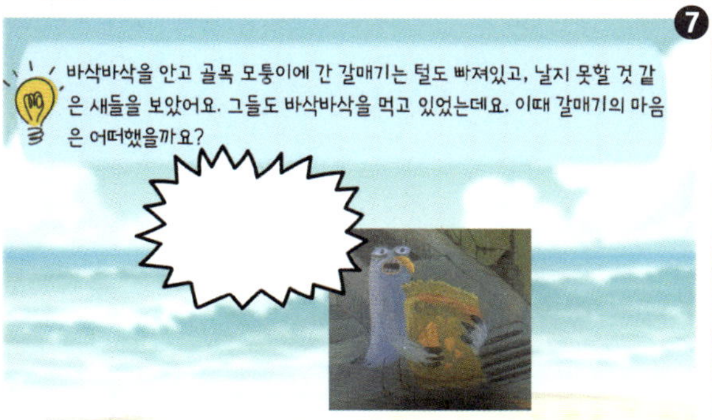

바삭바삭을 안고 골목 모퉁이에 간 갈매기는 털도 빠져있고, 날지 못할 것 같은 새들을 보았어요. 그들도 바삭바삭을 먹고 있었는데요. 이때 갈매기의 마음은 어떠했을까요?

❾

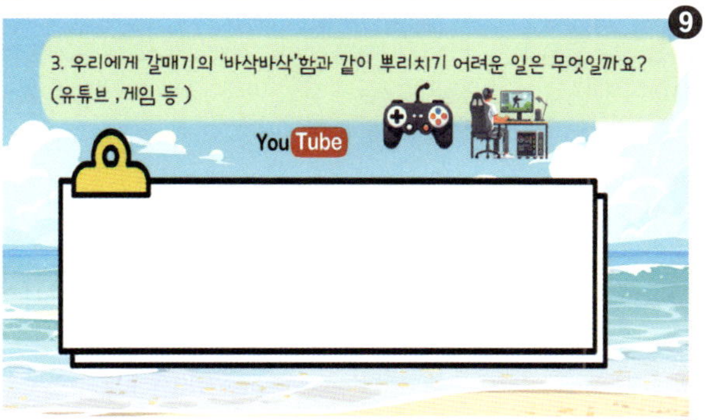

3. 우리에게 갈매기의 '바삭바삭'함과 같이 뿌리치기 어려운 일은 무엇일까요? (유튜브 ,게임 등)

❿

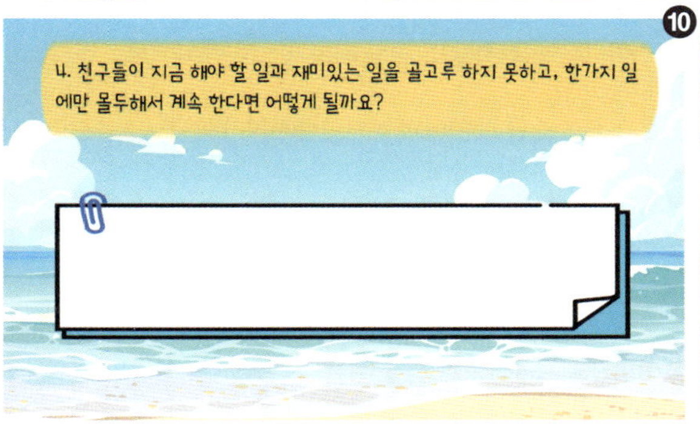

4. 친구들이 지금 해야 할 일과 재미있는 일을 골고루 하지 못하고, 한가지 일에만 몰두해서 계속 한다면 어떻게 될까요?

⓫

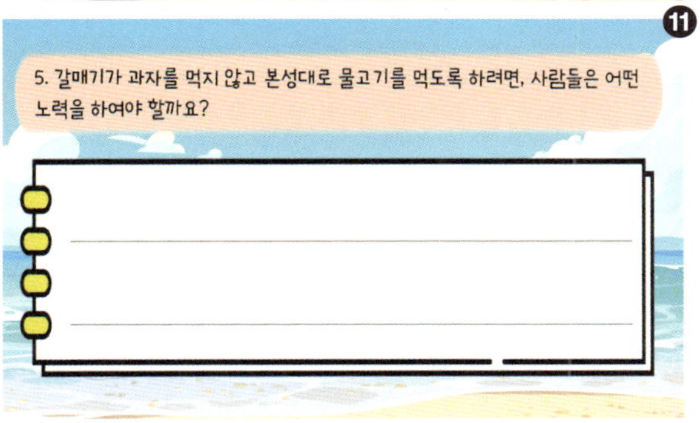

5. 갈매기가 과자를 먹지 않고 본성대로 물고기를 먹도록 하려면, 사람들은 어떤 노력을 하여야 할까요?

---

❶ 대상 도서는 수업 목표 ①번에 제시한 것과 같이 생태계에 악영향을 미치는 환경 변화만이 아니라 물질주의에서 비롯된 폐해에 초점을 맞추어 수업을 준비할 수도 있습니다.

❶ 대상 도서의 갈매기와 유사한 경우를 학생들과 같이 찾아 볼 수 있습니다. 도심 속의 비둘기나 관광객에게 새우깡을 받아 먹는 갈매기와 같은 예를 학생들이 찾도록 합니다.

❷ 사진은 강사가 더 적절하다고 생각하는 것으로 대체할 수 있습니다.

❼ 내용을 이해하고 등장인물에 자신을 이입해서 의견을 제시하도록 합니다. 선택에 어려움을 느끼는 학생이 있을 수 있으니 여러 가지 예를 제시하고 선택할 수 있도록 하는 것도 가능합니다.

❾ 워크지 ③번은 학생이 단답형으로 답할 수 있으니, '하루에 얼마나 하는지', '왜 뿌리치지 못하는지' 등을 넣어 문장형으로 답할 수 있도록 유도합니다.

❿ 워크지 ④번은 '한 가지 일'이라는 것을 먼저 구체화하는 것이 좋습니다. 몰두하는 것에 대해 가치를 판단하고, 지나치게 몰두한 결과는 어떤지를 연상하는 과정이 순조롭게 이루어지도록 합니다.

⓫ 워크지 ⑤번은 문제 해결에 대한 것으로 학생이 스스로 답할 수 있도록 합니다.

30

숲속 재봉사의 옷장

기 관 명	초등돌봄교육/온동네 초등돌봄교육센터/방과후학교
대 상	초등 1~3학년/최대인원 20명
준 비 물	노란색 도화지, 여러 가지 조화 꽃잎, 목공풀, 색칠도구
소요시간	50분 　 단 가 　 2,000원
활동목표	① 그림책을 통해 동식물의 변화와 계절의 아름다움을 알 수 있다. ② 여러 가지 재료를 활용하여 나만의 봄옷을 디자인할 수 있다.

숲속 재봉사의 옷장　　**도서정보** 최향랑 글, 그림　　**출판사** 창비

깊고 깊은 숲속에 옷 만들기를 좋아하는 재봉사가 있어요. 숲속 재봉사는 아름다운 자연물로 옷과 소품을 만들어 사계절의 옷장에 담아 두지요. 동물 친구들은 옷장이 열릴 때마다 찾아와 들여다보고 마음에 드는 옷을 골라 간답니다. 넓은 숲속에서 함께 어울리는 봄, 여름, 가을, 겨울의 시간이 지나고 나면 동물 친구들은 달빛 아래에서 즐거웠던 일을 나누지요. 그리그 또다시 새 잎과 꽃이 움트는 봄을 기다린답니다. 우리 친구들의 봄은 어떤 모습인가요? 함께 이야기 나누어 보아요.

도입
10분

* **인사 나누기**
* **우리 친구들의 옷장에서 가장 좋아하는 옷은 무엇인가요?**

전개활동1
20분

활동 1-1. 그림책 읽기(읽기 전 발문/읽기 중 발문)
* **(전) 표지질문**　그림 속 장소는 어디일까요? 그림 속 계절은 언제인가요?
　　　　　　　　그림 속에서 어떤 분위기가 느껴지나요? 숲속 재봉사는 누구일까요?
　　　　　　　　이 책은 어떤 이야기일까요?
* **(중)** 그림책 속 계절 옷장에서 나온 옷의 모습을 각 계절의 날씨와 관련하여 특징을 살펴본다.
　　　(여름옷: 짧은 치마, 모자, 겨울옷: 털옷감을 사용 등)
* **(중)** 동물 친구들은 사계절의 어떤 옷장을 찾아왔나요?
* **(중)** 계절마다 옷의 재료가 다른 이유는 무엇인가요?

활동 1-2. 읽은 후 이야기 나누기
* **(후)** 봄, 여름 , 가을, 겨울에 입는 옷의 특징을 이야기해 보아요.
* **(후)** 내가 재봉사라면 어떤 옷을 만들고 싶나요?

전개활동2
20분

활동 2-1. 활동명: 나만의 봄의 옷장 만들기(북아트), (자리 정리 및 활동 준비)
* 노란 색지를 대문접기 하여 옷장으로 꾸며본다.
* 색지에 만들고 싶은 봄옷 디자인을 해본다.
* 다양한 조화 꽃잎을 활용해 봄옷을 완성해 본다.
* 색지로 접은 옷장 안에 나만의 봄옷을 붙여 완성한다.

활동 2-2. 자리 정돈 및 생각 정리
* 자리 정리하기
* 내가 만든 봄 옷장 발표하기
* 봄 단어 초성 퀴즈 풀기

기타
영상링크 외

* **옷 디자인 도안 제공하거나 스스로 옷을 디자인하기**
* **계절별 다양한 의복 디자인 자료 제공하기**

※ 수업용 PPT와 워크지는 QR코드를 활용하세요.

❶

숲속 재봉사의 옷장

최향랑 글, 그림 / 창비

수업목표
①그림책을 통해 동식물의 변화와 계절의 아름다움을 알 수 있다.
②여러 가지 재료를 활용하여 나만의 봄옷을 디자인할 수 있다.

❸

표지 이야기

-그림 속 장소는 어디일까요?

-그림 속 계절은 언제인가요?

-그림 속에서 어떤 분위기가 느껴지나요?

-숲 속 재봉사는 누구일까요?

-이 책은 어떤 이야기일까요?

❻

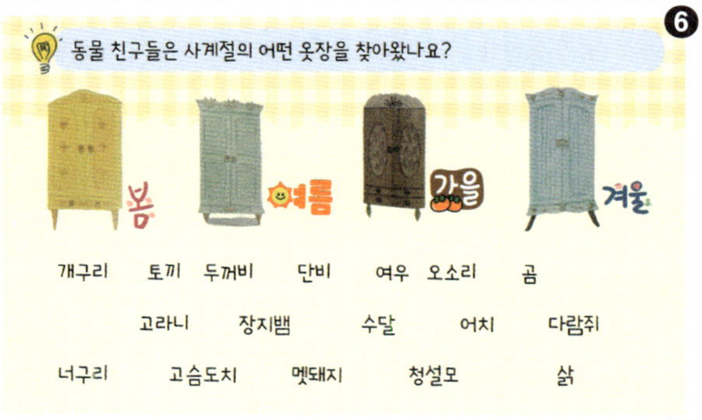

동물 친구들은 사계절의 어떤 옷장을 찾아왔나요?

봄　여름　가을　겨울

개구리　토끼　두꺼비　단비　여우　오소리　곰

고라니　장지뱀　수달　어치　다람쥐

너구리　고슴도치　멧돼지　청설모　삵

❼

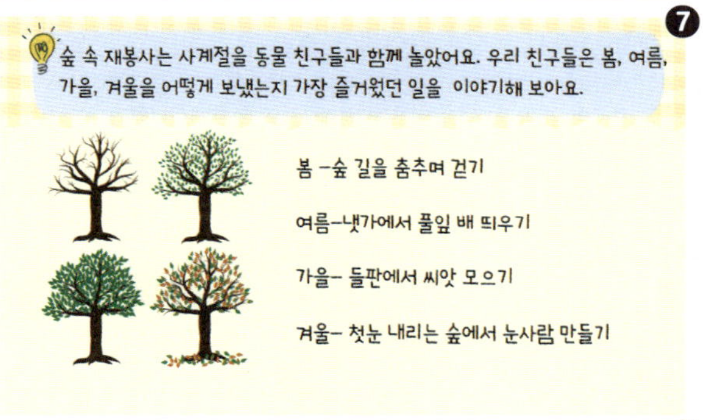

숲 속 재봉사는 사계절을 동물 친구들과 함께 놀았어요. 우리 친구들은 봄, 여름, 가을, 겨울을 어떻게 보냈는지 가장 즐거웠던 일을 이야기해 보아요.

봄 -숲 길을 춤추며 걷기

여름-냇가에서 풀잎 배 띄우기

가을- 들판에서 씨앗 모으기

겨울- 첫눈 내리는 숲에서 눈사람 만들기

❾

2. 봄, 여름, 가을, 겨울에 입는 옷의 특징을 이야기해 주세요.
(그림으로 그려도 좋아요.)

여름　가을

봄　겨울

⓫

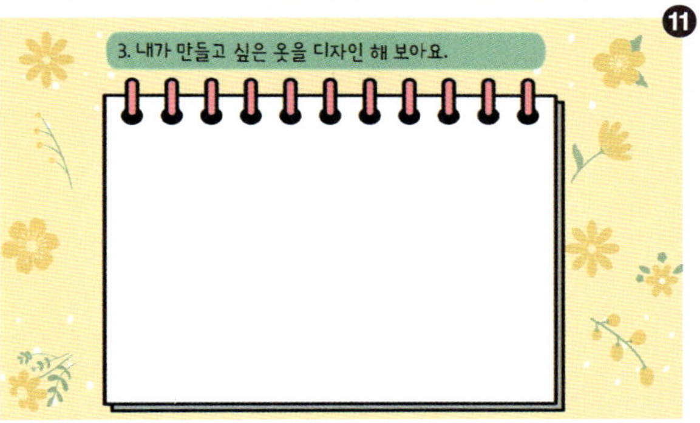

3. 내가 만들고 싶은 옷을 디자인 해 보아요.

❶ 계절감에 대한 도서라는 점에서 <봄을 찾은 할아버지>나 <가을 열매 산책>과 유사합니다. 계절감이라는 주제로 통일할 때는 유사한 소재의 도서를 더 찾아 묶을 수 있으나, 학생이 지루하게 느낄 수 있으므로 가급적 같은 학기에 겹치지 않도록 하는 것이 효과적입니다.

❶ 수업 목표와 같이 계절의 변화와 그에 따른 자연의 변화에 주목합니다.

❸ 표지를 보며 소재와 줄거리를 추측하도록 합니다.

❻ 내용 확인을 위한 것으로 책 내용에 맞춰 진행합니다. 책을 모두 읽은 후, 확인 활동으로 수행해도 되지만 책을 읽으면서 계절에 따른 변화를 느끼도록 할 수도 있습니다.

❼ 도시에 거주하는 학습자에게는 어려울 수 있고 개인적 경험을 말하기 불편한 경우도 있으니, 강사가 미리 활동의 예를 다양하게 제시하는 것이 효과적입니다.

❾ 워크지 ②번은 워크지 ③번과 연계해서 진행할 수 있습니다.

⓫ 워크지 ③번 활동의 경우, 그림을 어려워하는 학습자는 글이나 말로, 언어로 표현하기 힘들어하는 학습자는 그림으로 진행해도 됩니다.

31

봄을 찾은 할아버지

기 관 명	초등돌봄교육/온동네 초등돌봄교육센터/방과후학교
대　　상	초등 1~3학년/최대인원 20명
준 비 물	종이접시, 풀, 한지, 리본끈
소요시간	50분　　단　가　1,000원
활동목표	① 추운 겨울, 따뜻한 봄을 기다리는 할머니의 마음을 이해할 수 있다. ② 봄을 상징하는 꽃인 매화에 대해서 알 수 있다.

봄을 찾은 할아버지　　　　　**도서정보** 한태희 글, 그림　　**출판사** 한림출판사

추운 겨울이 되자 산속의 외딴집에 살고 있는 할아버지, 할머니는 봄을 기다립니다. 할아버지는 할머니를 위해 봄을 찾아오겠다며 길을 나서고, 할머니는 할아버지의 등짐에 주먹밥을 담았지요. 하지만, 깊은 산골 냇물과 산봉우리에는 아직 봄이 도착하지 않았어요. 숲속 동물들도 아직 봄을 만나지 못했고요. 지친 할아버지 앞에 꿈결인 듯 달콤한 향기가 풍겨오는데요. 드디어 봄이 오는 걸까요? 함께 이야기 나눠 보아요.

도입 5분	* **인사 나누기** * **우리 친구들은 봄이 온 것은 어떻게 알 수 있나요?**

전개활동1
15분

활동 1-1. 그림책 읽기(읽기 전 발문/읽기 중 발문)
* **(전) 표지질문**　이 책의 주인공은 누구일까요?
　　　　　　　　　그림 속 할아버지와 할머니는 무엇을 하고 계신가요?
　　　　　　　　　지금 계절은 언제일까요? 그림 속 나무의 이름은 무엇일까요?
　　　　　　　　　이 책은 어떤 내용이라고 생각하나요?
* **(중)** 봄을 찾으러 떠난 할아버지가 갔던 곳을 순서대로 적어보아요.
* **(중)** 봄을 기다리는 할아버지와 할머니의 마음을 어땠을까요?

활동 1-2. 읽은 후 이야기 나누기
* **(후)** 봄을 알리는 매화꽃에 대해서 알아본다.
* **(후)** 사군자를 알아보아요
　　- 사군자의 매화를 무엇으로 그렸을까요?
　　- 옛 선조들은 왜 매화 그림을 많이 그렸을까요?

전개활동2
30분

활동 2-1. 활동명: 매화 종이접시 액자 만들기(자리 정리 및 활동 준비)
* 종이 접시에 검은색 한지를 찢어 붙여 매화나무를 표현해 본다.
* 빨간색 분홍색 한지를 구겨 붙여 매화꽃을 표현한다.
* 여백 부분에 동물이나 봄 관련 곤충을 그린다.
* 종이접시의 윗부분에 구멍을 뚫고 리본을 달아 완성한다.

활동 2-2. 자리 정돈 및 생각 정리
* 자리 정리하기
* 활동 후 소감 나누기

기타
영상링크 외

* **우리나라 사군자 속 매화 그림 제시 및 다양한 민화 속의 매화 그림 찾기**

『봄을 찾은 할아버지』 수업유의점

※ 수업용 PPT와 워크지는 QR코드를 활용하세요.

※ 만들기 영상 QR

❶

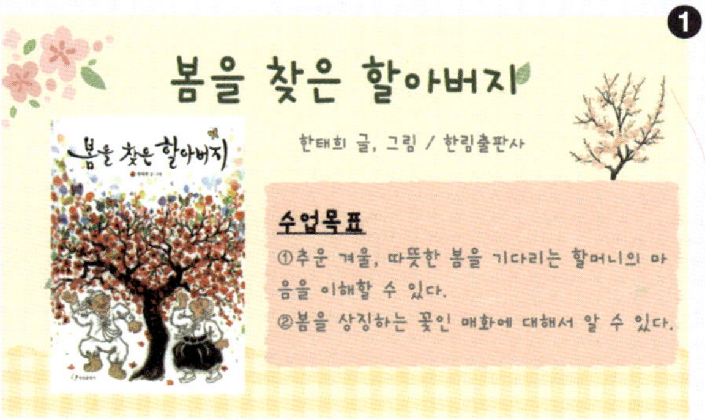

봄을 찾은 할아버지
한태희 글, 그림 / 한림출판사
수업목표
①추운 겨울, 따뜻한 봄을 기다리는 할머니의 마음을 이해할 수 있다.
②봄을 상징하는 꽃인 매화에 대해서 알 수 있다.

❸

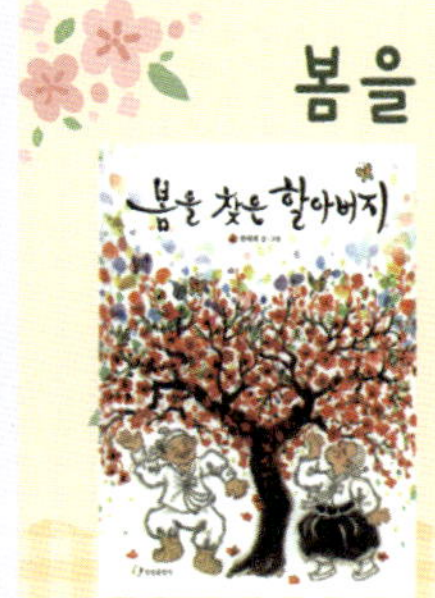

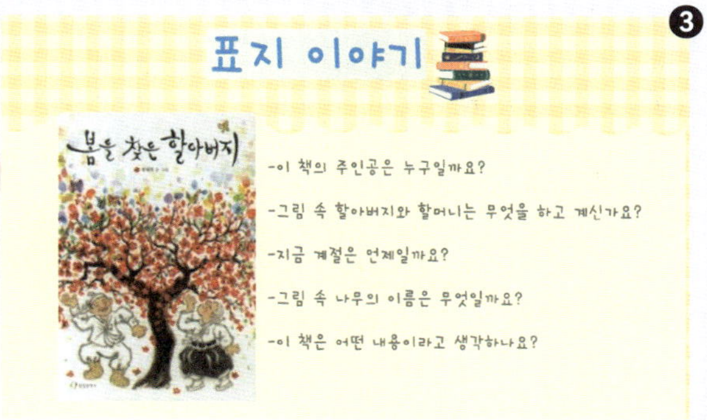

표지 이야기
-이 책의 주인공은 누구일까요?
-그림 속 할아버지와 할머니는 무엇을 하고 계신가요?
-지금 계절은 언제일까요?
-그림 속 나무의 이름은 무엇일까요?
-이 책은 어떤 내용이라고 생각하나요?

❻

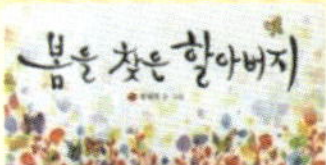

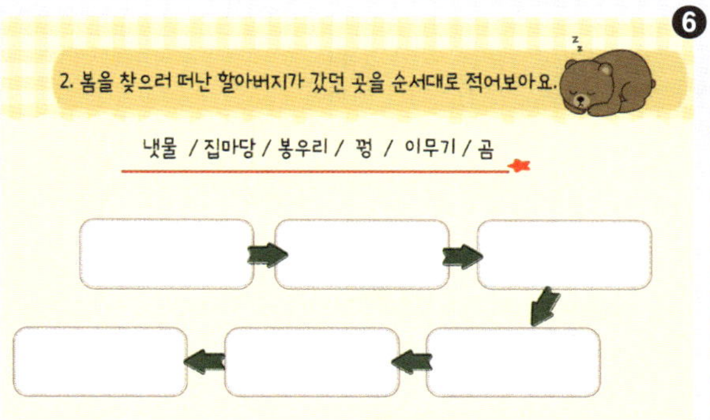

2. 봄을 찾으러 떠난 할아버지가 갔던 곳을 순서대로 적어보아요.
냇물 / 집마당 / 봉우리 / 꿩 / 이무기 / 곰

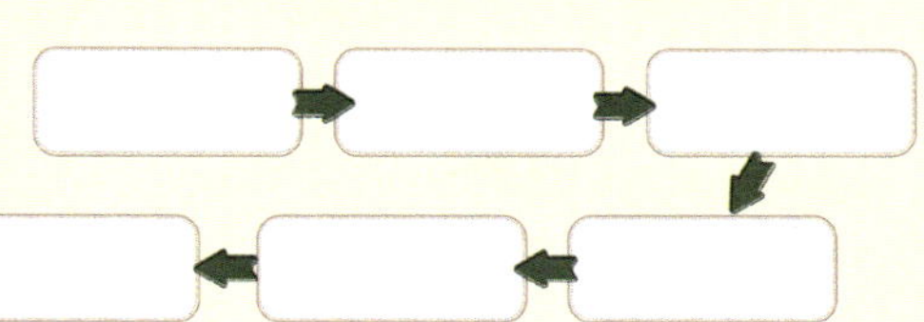

❼

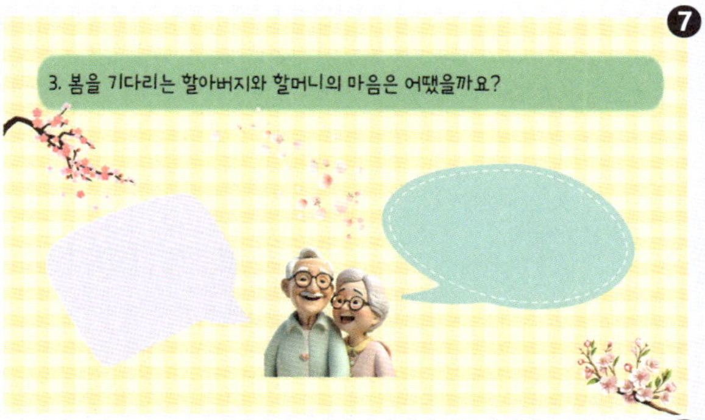

3. 봄을 기다리는 할아버지와 할머니의 마음은 어땠을까요?

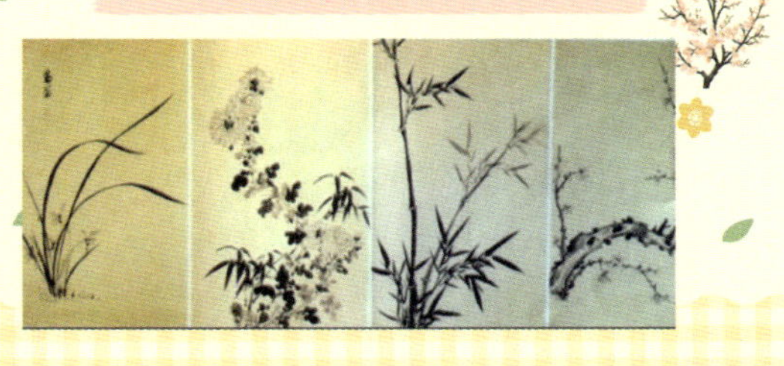

❽

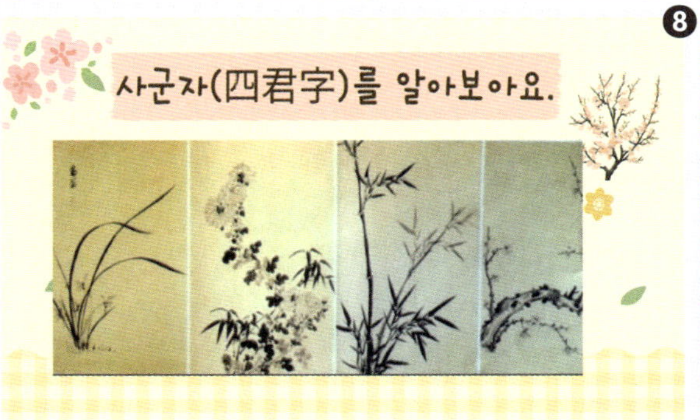

사군자(四君子)를 알아보아요.

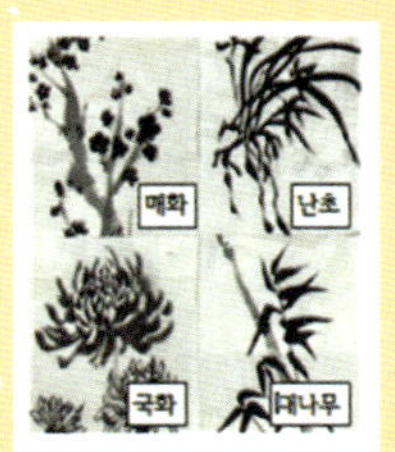

❿

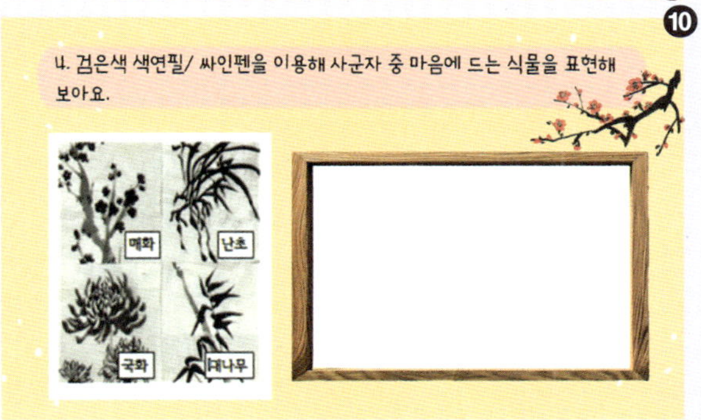

4. 검은색 색연필/ 싸인펜을 이용해 사군자 중 마음에 드는 식물을 표현해 보아요.
매화
난초
국화
대나무

★ 계절감이라는 소재가 <숲속 재봉사의 옷장>, <가을 열매 산책>과 유사하므로 수업 계획 시 유의합니다.

❶ 수업 목표는 등장인물에 공감하여 타인의 감정을 이해하는 것과 전통문화에 대한 지식 습득이 중심이 되어야 합니다.

❸ 표지를 보며 학생들이 이야기를 구성하도록 합니다.

❻ 워크지 ②번은 제시된 예를 진행표에 넣어 완성하는 활동으로 내용의 확인이 목적입니다. 학생이 어려워하면 내용을 떠올릴 수 있도록 도움을 줄 수 있습니다.

❼ 워크지 ③번은 할머니의 마음을 추측하는 활동인데 앞뒤 문맥을 살펴 이유까지 제시할 수 있어야 합니다.

❽ 이어지는 ❾번과 함께 사군자에 대한 지식을 습득해 창의적 활동으로 이어지도록 합니다. 워크지 ④번과 연계해 진행할 수 있습니다.

❿ 만들기 활동은 매화접시 제작이지만, 워크지 ④번 활동으로 바꿀 수 있습니다.

32

조선시대 냥

기 관 명	초등돌봄교육/온동네 초등돌봄교육센터/방과후학교
대 상	초등 1~3학년/최대인원 20명
준 비 물	고누놀이판, 말(바둑알 흑/백)
소요시간	50분 단 가
활동목표	① 조선시대 풍속화를 보며 옛사람들의 생활상을 알 수 있다. ② 원작과 패러디 그림을 비교하여 감상할 수 있다.

조선시대 냥　　　　**도서정보** 냥송이 글, 그림　**출판사** 키즈엠

조선시대에는 어떻게 머리를 감고, 어떤 놀이들을 했을까요? 마을 장터에서는 한바탕 씨름판이 벌어지고, 한쪽에서는 아이들이 모여 앉아 고누놀이를 하고 있지요. 대장간에서는 망치질을 하고, 서당에선 학생들의 글 읽는 소리가 들려요. 악공은 멋드러진 악기 실력을 뽐내고 칼춤 추는 무용수도 보이네요. 앗, 그런데 가만히 보니 주인공이 고양이에요. 조선시대의 풍속화가 신윤복과 김홍도의 그림을 패러디했는데요. 그럼 고양이의 단오 풍경을 한번 감상해 볼까요?

도입
5분

* **인사 나누기**
* **그림책 속에 나오는 옛날 물건 사진을 보여주고 어디에 사용하는 물건이었을지 예측해본다.**

전개활동1
15분

활동 1-1. 그림책 읽기(읽기 전 발문/읽기 중 발문)

* **(전) 표지질문**　이 책의 주인공은 어떤 동물인가요?
　　　　　　　　이 책은 어느 시대 이야기를 하고 있을까요? '풍속화'는 무슨 뜻일까요?
　　　　　　　　그림 속 고양이의 특별한 점은 무엇인가요?
　　　　　　　　그림 속 고양이는 왜 다른 고양이를 쫓고 있을까요?
* **(중)** 그림책 속 고양이들의 각 장면과 실제 민화를 함께 보며 비교해 보세요.
* **(중)** 그림책 속의 여러 장면 중 빈 곳에 알맞은 옛날 물건은 무엇일까요?

활동 1-2. 읽은 후 이야기 나누기

* **(후)** 장면 흉내 내기 - 그림책 속 기억나는 장면의 고양이 모습 흉내 내기
* **(후)** 그림책 속의 고누놀이를 지금의 놀이로 바꿔 그려보세요.

전개활동2
30분

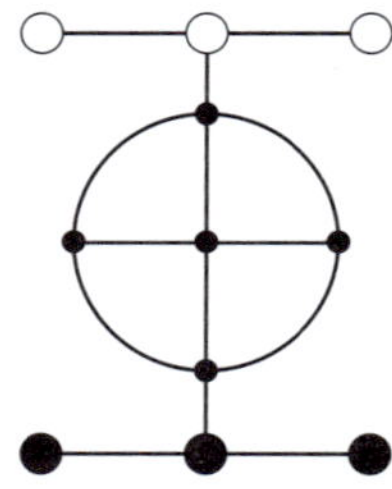

활동 2-1. 활동명: 호박고누놀이(전통 놀이), (자리 정리 및 활동 준비)

* 김홍도 '고누놀이' 작품 속의 <고누놀이>에 대해서 이야기 나눈다.
* 호박고누놀이 판을 보여주며 놀이 방법을 설명한다.
　① 각각 3개씩(흑/백) 말을 가지고, 번갈아가며 한 번에 한 개의 말만 움직일 수 있다.
　② 출발선(흑/백)에서 나온 말은 내 출발선으로 되돌아가거나 상대방의 출발선으로 들어갈 수 없다.
　③ 선을 따라서만 움직이며 선의 교차점에만 위치할 수 있다.
　④ 상대방의 말과 겹치거나 건너뛸 수 없으며 더 이상 움직이지 못하게 하면 이긴다.

활동 2-2. 자리 정돈 및 생각 정리

* 자리 정리하기
* 활동 후 소감 나누기

기타
영상링크 외

* **호박고누놀이 방법 익히기**
* **호박고누놀이 판을 만들어 수업 시 활용하기**
* **호박고누놀이 동영상 자료**
https://www.youtube.com/watch?v=cAjurSK4oI8

호박고누놀이

※ 수업용 PPT와 워크지는 QR코드를 활용하세요.

①

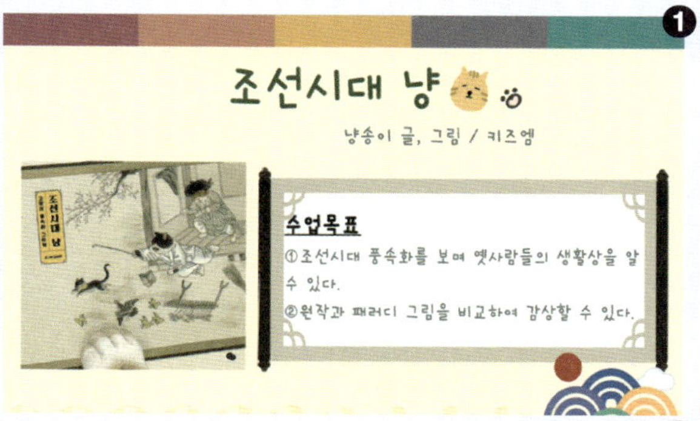

조선시대 냥

냥송이 글, 그림 / 키즈엠

수업목표
①조선시대 풍속화를 보며 옛사람들의 생활상을 알 수 있다.
②원작과 패러디 그림을 비교하여 감상할 수 있다.

②

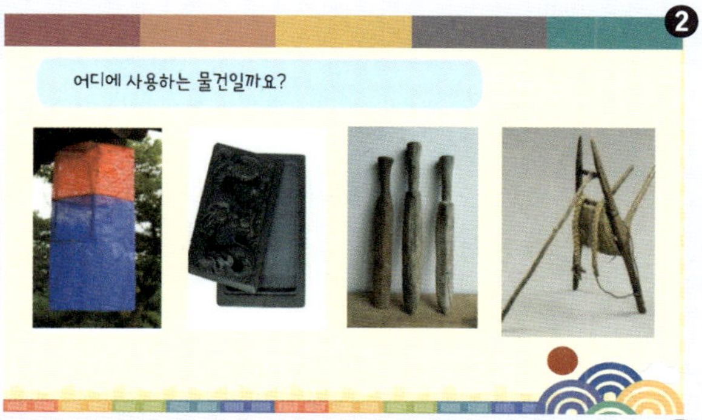

어디에 사용하는 물건일까요?

④

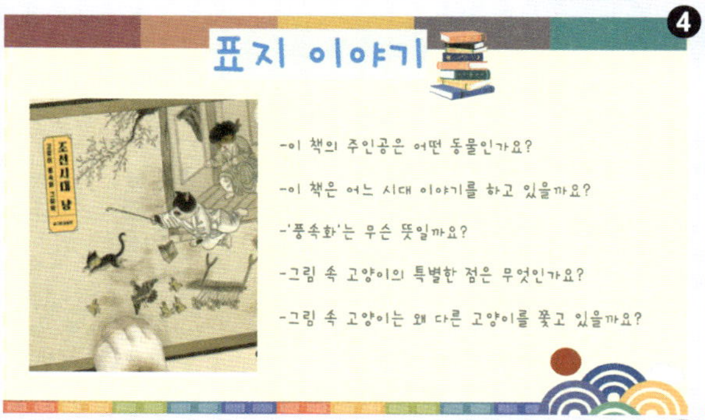

표지 이야기

- 이 책의 주인공은 어떤 동물인가요?

- 이 책은 어느 시대 이야기를 하고 있을까요?

- '풍속화'는 무슨 뜻일까요?

- 그림 속 고양이의 특별한 점은 무엇인가요?

- 그림 속 고양이는 왜 다른 고양이를 쫓고 있을까요?

⑦

2. 원작을 보고 그림 책 속의 패러디 그림을 찾아보세요.

⑧

3. 내가 그림 속 한 장면을 패러디로 표현한다면 어떻게 그릴 수 있을까요?

⑨

4. 책을 읽으며 가장 재미있었던 장면을 골라 몸짓으로 표현해 주세요.

① 조선 후기 풍속화 속 인물을 고양이로 패러디한 그림을 통해 조선시대 사람들의 생활상을 살피고 흥미를 느낄 수 있도록 수업을 구성합니다.

② 도입에 제시된 자료들은 강사의 재량에 따라 변경할 수 있습니다.

④ 표지를 통해 시대, 인물의 행동 등을 유추할 수 있도록 합니다.

⑦ 워크지 ②번은 내용 확인과 추리가 동시에 적용된 활동입니다. 제시된 것처럼 사진을 넣는 것이 아니라 학생들이 직접 빈칸에 들어갈 사물을 그리는 방식으로 변경할 수도 있습니다.

⑧ 워크지 ③번 활동을 통해 학생들이 패러디라는 개념을 이해할 수 있도록 합니다. 또한 표절과 패러디를 구분할 수 있도록 간단히 설명하는 것이 필요합니다. 수업 PPT에서는 이중섭 화백의 그림을 이용했지만 강사의 재량에 따라 변경할 수 있습니다.

⑨ 워크지 ④번은 이미지를 행동으로 표현하도록 한 것인데 수업 환경이나 학급 상황에 따라 바꾸어서 제시할 수 있습니다.

33 가을 열매 산책

기 관 명	초등돌봄교육/온동네 초등돌봄교육센터/방과후학교
대 상	초등 1~3학년/최대인원 20명
준 비 물	솔방울, 종이컵, 테이프, 노끈, 일회용 숟가락, 나무젓가락
소요시간	50분　　단 가　1,500원
활동목표	① 그림책에 나오는 가을 열매의 종류와 쓰임에 대해서 알 수 있다. ② 가을 열매를 이용하여 여러 가지 물건을 만들어 볼 수 있다.

가을 열매 산책　　**도서정보**　신수인 글, 원혜영 그림　　**출판사**　개똥이(보리출판사)

할머니와 엄마와 단이는 동네 마실을 나갑니다. 지름길을 통해 숲에 들어서면 제일 먼저 새큼달큼 까마중 열매를 입에 넣고, 단풍나무 열매를 팽그르르 날려보아요. 엄마가 만든 과녁에 도꼬마리 열매를 던져서 시합도 해봅니다. 보따리 가득 가을 열매들을 담아서 숲길을 내려오는 단이의 발걸음도 신나네요. 그럼 우리도 단이네 가족과 함께 가을 열매 산책을 시작해 볼까요?

도입
5분

* **인사 나누기**
* **친구들이 추천하는 걷기 좋은 산책길은 어디인가요?**

전개활동1
15분

활동 1-1. 그림책 읽기(읽기 전 발문/읽기 중 발문)
* **(전) 표지질문**　그림 속 계절은 언제일까요? 같이 걷는 사람들은 어떤 사이일까요?
　　　　　　　　그림 속 장소는 어디인가요? 그림 속 사람들의 표정은 어떤가요?
　　　　　　　　<가을 열매 산책>은 어떤 내용일까요?
* **(중)** 단이가 숲에 들어서자마자 제일 먼저 먹은 열매는 무엇인가요?
* **(중)** 가을 산에서 주은 쭉정이로 엄마는 숟가락, 할머니는 효자손, 단이는 무엇을 만들었나요?
* **(중)** 단이네 가족들은 왜 가을 열매를 보따리에 담았나요?
* **(중)** 단이 몸에 가을 열매들이 붙었어요. 어떤 표현을 했을까요?

활동 1-2. 읽은 후 이야기 나누기
* **(후)** 내가 아는 가을 열매는 무엇인가요?
* **(후)** 종이 나뭇잎을 오려서 곤충을 만들어요
* **(후)** 솔방울 전달 게임 진행
　　- 아이들이 앉아 있는 가로줄별로 팀을 나눈다.
　　- 숟가락에 솔방울을 올린 후 다음 친구의 숟가락에 올려 전달한다.
　　- 솔방울이 줄의 마지막 친구에게 먼저 전달되는 팀이 이긴다.

전개활동2
30분

활동 2-1. 활동명: 솔방울 슛~ 골인 장난감 만들기(자리 정리 및 활동 준비)
* 재료 소개하기(솔방울, 종이컵, 노끈, 일회용 숟가락)
* 종이컵을 색칠 도구를 사용해 꾸민다.
* 숟가락의 술 부분에 종이컵의 밑면을 테이프로 붙인다.
* 솔방울에 노끈을 묶어 숟가락 부분과 연결한다.

활동 2-2. 가을 열매 초성게임을 해요.

활동 2-3. 자리 정돈 및 생각 정리

기타
영상링크 외

* **만들기 시 종이컵에 쏙 들어가는 작은 크기의 솔방울을 사용해요.**
* **일회용 숟가락은 게임 후 만들기에도 활용할 수 있어요.**

※ 수업용 PPT와 워크지는 QR코드를 활용하세요.　　　※ 만들기 영상 QR

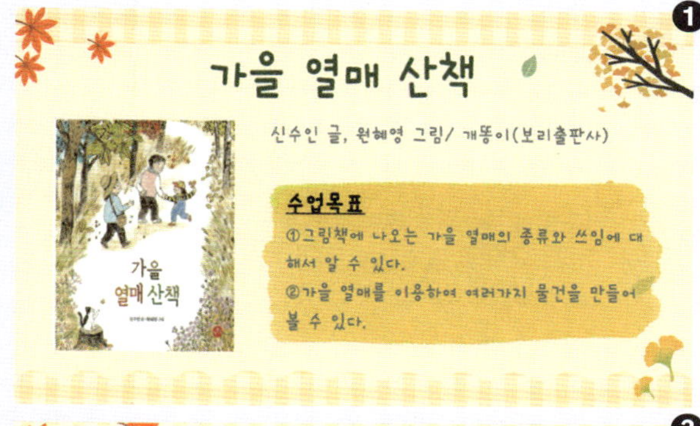

★ <숲속 재봉사의 옷장>, <봄을 찾은 할아버지>와 계절감에 대한 소재가 유사하니 수업 준비 시 유의합니다.

❶ 수업 목표는 계절감에 초점을 맞춰 제시했으나, 학급 상황이나 수업 환경에 따라 <가족>, <할머니, 어머니, 손녀>로 이어지는 가족 간의 사랑으로 변경할 수 있습니다.

❷ 수업 환경에 따라 지도를 이용해 활동을 진행할 수 있습니다.

❸ 제시된 활동 외에도 숨어 있는 그림이나 표지 그림 속의 식물들을 알아내는 방식으로 진행할 수 있습니다.

❼ 워크지 ②번 활동은 슬라이드 외의 소재를 이용해 자연물의 모습이나 소리를 재현하는 활동으로 확장할 수 있습니다.

❽ 워크지 ③번 활동은 학생들의 경험을 이끌어내는 것이 중요합니다. 초등학교 저학년 학생은 열매를 맺는 계절을 알지 못하는 경우도 있으니 참고 자료 준비 등을 통한 지도가 필요합니다.

❿ 워크지 ⑤번 활동을 수행할 때 강사는 학생들이 곤충뿐 아니라 다른 동물, 식물 등을 만들어 보도록 준비하는 것이 좋습니다.

34

책벌레 이도

기 관 명	초등돌봄교육/온동네 초등돌봄교육센터/방과후학교
대 상	초등 1~3학년/최대인원 20명
준 비 물	한글 팝업북 도안, 그리기 도구
소요시간	50분　　　단　가
활동목표	① 어린 시절 세종의 성장 과정 속 독서의 기쁨에 대해 알 수 있다. ② 한글창제가 애민에서 비롯된 것임을 이해할 수 있다.

책벌레 이도　　　**도서정보** 정하섭 글, 조은희 그림　　**출판사** 우주나무

세종대왕의 어릴 적 이름은 이도예요. 이도는 사냥도 활쏘기도 좋아하지 않고 책만 읽는다 해서 별명이 책벌레지요. 이도는 책에 푹 빠져 지식을 쌓아갔지만 아침부터 늦은 밤까지 책을 보다가 눈병이 걸리기도 하고, 몸이 약해지기도 했어요. 하지만 백성들이 편안하게 살 수 있는 나라를 꿈꾸며 책 속에서 지혜를 얻고 생각을 키워 나갔답니다. 그래서 한글을 만든 세종대왕이 되었지요. 친구들도 이도처럼 책 읽기의 즐거움을 알고 있나요? 함께 이야기 나누어 보아요.

도입
5분

＊**인사 나누기**
＊**내가 읽은 책 중에서 한 권을 골라 제목과 내용을 소개해 주세요.**

전개활동1
15분

활동 1-1. 그림책 읽기(읽기 전 발문/읽기 중 발문)
＊**(전) 표지질문**　이 책의 주인공 이름은 무엇일까요? '책벌레'는 무슨 뜻일까요?
　　　　　　　　　지금 아이는 무엇을 하고 있나요? 그림 속 아이의 나이는 몇 살일까요?
　　　　　　　　　<책벌레 이도>는 어떤 이야기일까요?
＊**(중)** 이도는 눈이 아픈데도 책 읽기를 왜 멈추지 않았을까요?
＊**(중)** 글을 읽지도 쓰지도 못한 백성들은 어떤 어려움을 겪었을까요?
　　　 - 한글과 중국 한자를 보여주고 서로 비교해 본다.

활동 1-2. 읽은 후 이야기 나누기
＊**(후)** 순우리말 단어를 찾아 그 뜻을 생각해 보아요.
＊**(후)** 친구들이 한글을 외국인에게 소개한다면, 무엇이라고 말하고 싶나요?
＊**(후)** 우리나라 글자 훈민정음에 대해서 알아본다.
＊**(후)** 세종대왕의 다른 업적은 무엇이 있을까요?

전개활동2
30분

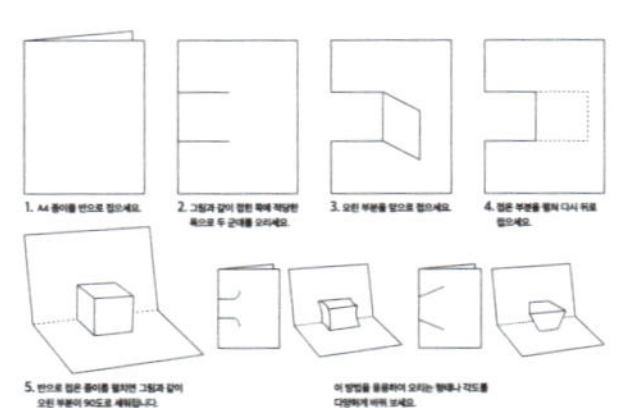

<참고: 팝업북>

활동 2-1. 활동명: 한글 팝업북 만들기(자리 정리 및 활동 준비)
＊ 팝업북 접기 <참고>
＊ 세종대왕 도안 색칠하기
＊ 세종대왕 그림 도안을 오려 접은 팝업북의 가운데 붙인다.
　 (펼쳤을 때 세종대왕이 입체적으로 보이도록 한다.)
＊ 나머지 부분은 훈민정음 등 세종대왕 혹은 우리나라와 관련된 그림으로 꾸민다.
＊ 뒷면에 한글 한지를 덧대어 붙여 완성한다.

활동 2-2. 자리 정돈 및 생각 정리
＊ 자리 정리하기
＊ 활동 후 소감 나누기

기타
영상링크 외

＊**팝업북 도안 제공해 주기**
세종대왕/우리나라와 관련된 도안

※ 수업용 PPT와 워크지는 QR코드를 활용하세요.      ※ 만들기 영상 QR   

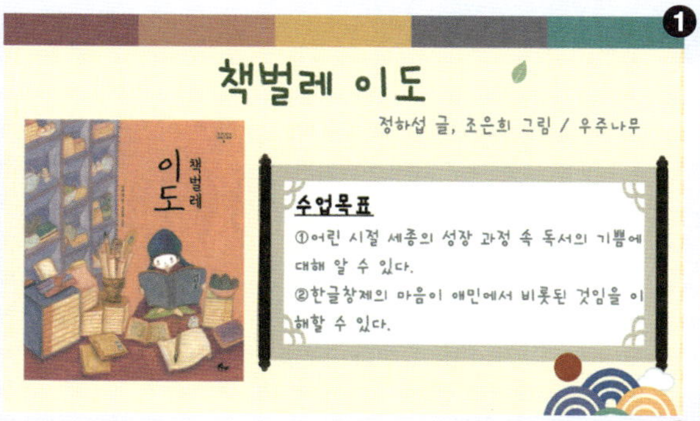

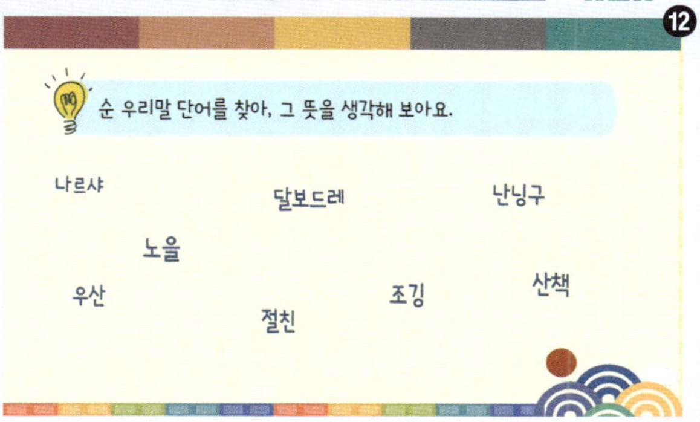

❶

책벌레 이도
정하섭 글, 조은희 그림 / 우주나무

수업목표
①어린 시절 세종의 성장 과정 속 독서의 기쁨에 대해 알 수 있다.
②한글창제의 마음이 애민에서 비롯된 것임을 이해할 수 있다.

❸

표지 이야기

- 이 책의 주인공 이름은 무엇일까요?
- '책벌레'는 무슨 뜻일까요?
- 지금 아이는 무엇을 하고 있나요?
- 그림 속 아이의 나이는 몇살일까요?
- <책벌레 이도>는 어떤 이야기일까요?

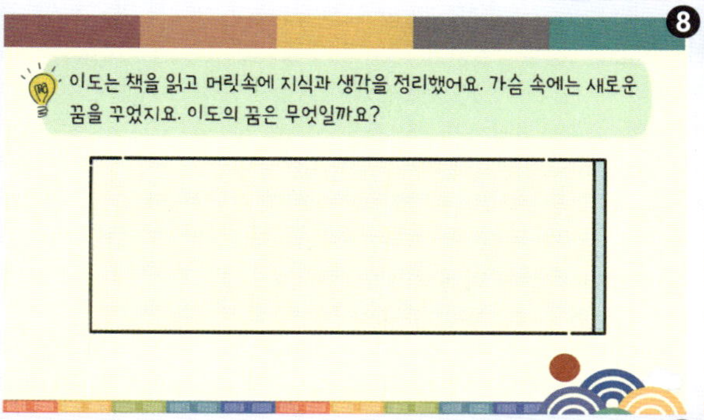

❽

이도는 책을 읽고 머릿속에 지식과 생각을 정리했어요. 가슴 속에는 새로운 꿈을 꾸었지요. 이도의 꿈은 무엇일까요?

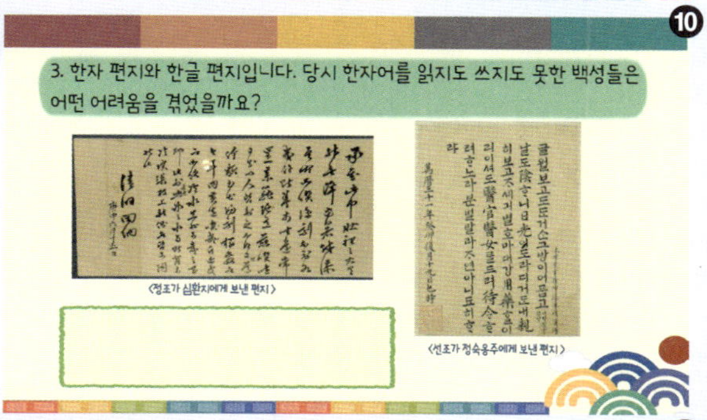

❿

3. 한자 편지와 한글 편지입니다. 당시 한자어를 읽지도 쓰지도 못한 백성들은 어떤 어려움을 겪었을까요?

〈정조가 심환지에게 보낸 편지〉

〈선조가 정숙옹주에게 보낸 편지〉

⓫

4. 외국인에게 우리의 한글을 어떻게 소개할 수 있을까요? 글로 표현해 보아요.

⓬

순 우리말 단어를 찾아, 그 뜻을 생각해 보아요.

나라샤   달보드레   난닝구

노을

우산   절친   조깅   산책

★ 대상 도서는 <세종대왕을 찾아라>와 같은 등장인물을 다루므로 수업을 준비할 때 참고합니다.

❶ 수업 목표 중 ①번은 대상 도서와 직접 연관되지만 ②번은 세종대왕의 업적을 고려해 확장한 것이므로 이러한 점을 확인해 수업을 준비합니다.

❸ 표지 그림을 통해 미리 줄거리 등을 추측하도록 합니다.

❽ 책 내용을 이해하고 확인하는 활동인데, 이 슬라이드를 이용해 확장하고자 할 경우, 세종대왕의 업적을 자료로 제시하여 내용을 심화할 수 있습니다. (예) 한글 창제, 측우기 발명, 천문 연구 등

❿ 워크지 ③번은 슬라이드를 그대로 이용해도 되고, 한문 자료를 한글로 번역한 자료를 대비시켜 학생들의 이해를 도울 수도 있습니다.

⓫ 워크지 ④번은 학생들이 자유롭게 이야기할 수 있도록 진행합니다.

⓬ 순우리말을 찾고 그 뜻까지 생각해 보는 활동인데, 한자어나 외래어를 순우리말로 바꾸는 방식으로 변형할 수 있습니다.

35

으악, 도깨비다!

기 관 명	초등돌봄교육/온동네 초등돌봄교육센터/방과후학교
대 상	초등 1~3학년/최대인원 20명
준 비 물	빽업, 클레이, 매직
소요시간	50분　　단　가　1,500원
활동목표	① 우리나라 각지에 전승되고 있는 다양한 종류의 장승에 대해 알 수 있다. ② 옛사람들이 장승을 만든 유래와 의미를 알 수 있다. ③ 위기상황에서 발휘되는 장승들의 우애를 느낄 수 있다.

으악, 도깨비다!　　　　**도서정보**　손정원 글, 유애로 그림(초등 2학년 교과서 수록 도서)　　　**출판사**　느림보

깊은 산골 장승마을에 일곱 명의 장승 친구들이 살아요. 낮에는 가만히 땅에 박혀 있던 장승들은 밤만 되면 팔다리가 생겨서 마음껏 뛰어놀지요. 대신 규칙 하나! 날이 밝기 전에 모두 제자리로 돌아가야 해요. 이날도 재미있는 숨바꼭질을 하며 놀다, 멋쟁이가 그만 규칙을 깜박 잊고 말았어요. 장승들은·그런 멋쟁이를 놀렸지만, 옹기 도둑들이 멋쟁이를 훔쳐간다는 사실에 깜짝 놀랐지요. 장승들은 옹기 도둑들이 무서웠지만 친구를 위해 용기 내 보는데요, 일곱 명의 장승 친구들은 다시 웃을 수 있을까요? 함께 이야기 나누어 보아요.

도입 5분	**＊ 인사 나누기** **＊ 장승 사진을 보여 주고 장승을 보았던 경험에 관해서 이야기를 나눈다.** 　- 옛날 사람들은 왜 마을 입구마다 장승을 세워 두었을까요?

전개활동1
15분

활동 1-1. 그림책 읽기(읽기 전 발문/읽기 중 발문)
＊ **(전) 표지질문**　제목을 보니 이 책의 주인공은 누구일까요?
　　　　　　　　　이 책의 제목인 '으악, 도깨비다!'는 누가 한 말일까요? 표지 그림에는 누가 나오나요?
　　　　　　　　　그림 속 장승은 왜 눈을 가리고 있을까요?
　　　　　　　　　그림 속 장승은 무엇을 보고 있을까요? 이 책은 어떤 내용이라고 생각하나요?
＊ **(중)** 옹기 나르기 시합의 규칙은 무엇일까요?
＊ **(중)** 옹기를 가져가는 사람들이 멋쟁이도 데려간다는 것을 알게 되었을 때 장승들의 생각이 나뉜
　　　이유는 무엇일까요?

활동 1-2. 읽은 후 이야기 나누기
＊ **(후)** 내가 만약 장승 친구들 중 하나라면 멋쟁이 장승을 어떻게 구해냈을까요?
＊ **(후)** 장승들의 이름을 내 마음대로 다시 지어 보아요.

전개활동2
30분

활동 2-1. 활동명: 빽업 장승 만들기(자리 정리 및 활동 준비)
＊ 다양한 장승의 모습이 담긴 사진을 보며 만들고 싶은 장승의 모습을 구상해본다.
＊ 빽업과 클레이를 이용해 재미있는 장승 얼굴을 꾸며본다.
＊ 완성된 장승에 어울리는 이름을 지어 본다.

활동 2-2. 자리 정돈 및 생각 정리
＊ 자리 정리하기
＊ 활동 후 소감 나누기

기타
영상링크 외

＊ **다양한 모습의 장승 사진 자료 제공**
＊ **장승 관련 참고 영상**
　https://www.youtube.com/watch?v=Y37abKEf7wQ

장승

※ 수업용 PPT와 워크지는 QR코드를 활용하세요.　※ 만들기 영상 QR

❶

으악, 도깨비다!

손정원 글, 유애로 그림 / 느림보

수업목표
①우리나라 각지에 전승되고 있는 다양한 종류의 장승에 대해 알 수 있다.
②옛사람들이 장승을 만든 유래와 의미를 알 수 있다.
③위기상황에서 발휘되는 장승들의 우애를 느낄 수 있다.

❷

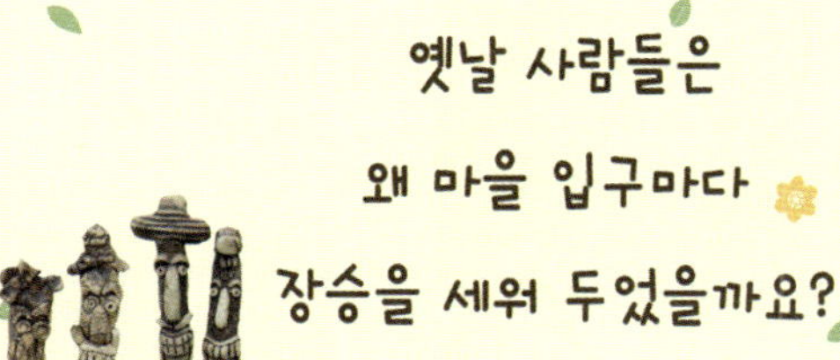

❸

표지 이야기 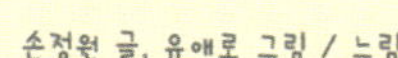

-제목을 보니 이 책의 주인공은 누구일까요?

-이 책의 제목인 '으악, 도깨비다!'는 누가 한 말일까요?

-표지 그림에는 누가 나오나요?

-그림 속 장승은 왜 눈을 가리고 있을까요?

-그림 속 장승은 무엇을 보고 있을까요?

-이 책은 어떤 내용이라고 생각하나요?

❼

혼자 남았던 멋쟁이 장승

친구를 위한 장승들의 회의
얼른 도망가야 한다는 장승
멋쟁이를 두고 도망칠 수 없다는 장승들

❽

내가 만약 장승 친구들 중 하나라면 멋쟁이 장승을 어떻게 구해냈을까요?

❾

3. 장승들의 이름을 내 마음대로 다시 지어 보아요.

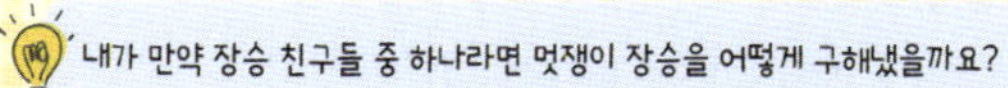

❶ 수업 목표에 제시된 바와 같이 장승에 대한 지식을 습득하고 함께 위기를 이겨나가는 우정을 느끼도록 합니다. 전통문화에 대한 지식과 줄거리를 통한 감성적 이해를 목표로 수업을 준비합니다.

❷ 장승의 종류와 유래, 의미를 알 수 있도록 구성합니다. ❿번과 연계해 진행하도록 합니다.

❸ 표지 그림과 제시된 활동 문제를 통해 학생들이 내용을 미리 추리하도록 진행합니다.

❼ 내용과 등장인물의 성격을 이해해야 답할 수 있으므로 학생들이 내용을 이해하고 자유롭게 답하도록 합니다.

❽ 자신의 의견을 제시하는 것에 중점을 두어야 합니다. 팀 대항으로 가장 그럴듯한 답을 찾는 방식으로 진행할 수도 있습니다.

❾ 워크지 ③번은 사진을 보고 이름을 짓는 활동으로 학생들 대부분이 익살스럽거나 재미난 이름을 만들려고 하기 때문에 지나치지 않게 조율하는 것이 필요합니다.

36 산타 할아버지는 알고 계신대!

기 관 명	초등돌봄교육/온동네 초등돌봄교육센터/방과후학교
대 상	초등 1~3학년/최대인원 20명
준 비 물	배지, 매직
소요시간	50분 　　단 　 가 　 1,000원
활동목표	① 그림책 활동을 통해 성탄절의 분위기를 즐겨본다. ② 이야기를 통해 자매 간의 배려와 나눔을 알아본다. ③ 이야기 속 '착한 아이'의 의미를 생각해본다.

산타 할아버지는 알고 계신대!　　**도서정보**　리차드 커티스 글, 레베카 콥 그림　　**출판사**　키즈엠

쌍둥이 자매인 샘과 찰리는 크리스마스를 맞을 준비를 했어요. 크리스마스 전날이면 산타 할아버지가 오셔서 양말 가득 선물을 채워주시거든요. 단 한 가지 걱정은, 샘은 착하고 찰리는 말썽쟁이라는 것이죠. 산타 할아버지는 찰리가 어떤 아이인지 다 알고 계시거든요. 정말 산타 할아버지는 샘과 찰리의 양말 중, 하나는 선물로 가득 채우고, 다른 하나는 아무것도 넣지 않았어요. 그런데 이런~!! 샘과 찰리의 양말을 반대로 채워놓으셨네요. 자신의 양말에만 선물이 가득 들어있다는 것을 알게 된 찰리는 어떻게 행동할까요? 함께 이야기 나누어 보아요.

도입
5분

* **인사 나누기**
* **크리스마스에 받아본 선물 중 가장 기억에 남는 선물은 무엇인가요?**

전개활동1
15분

활동 1-1. 그림책 읽기(읽기 전 발문/읽기 중 발문)
* **(전) 표지질문**　오늘은 무슨 날일까요? 산타 할아버지는 무엇을 알고 계실까요?
　　　　　　　　　　　그림 속 두 소녀는 어떤 사이일까요? 두 소녀는 무엇을 하고 있나요?
* **(중)** 샘과 찰리는 쌍둥이지만 다른 점은 무엇일까요? (외모, 행동)
* **(중)** 산타 할아버지는 왜 샘의 양말에 아무 선물도 넣지 않았을까요?
　　　　　선물이 없는 샘의 양말을 본 찰리는 어떻게 행동했나요?
* **(중)** 내가 산타 할아버지라면 찰리에게 어떤 선물을 주었을까요?

활동 1-2. 읽은 후 이야기 나누기
* **(후)** 내가 해 본 가장 착한 일 소개해 보기
* **(후)** 산타 할아버지가 배지를 준다면 어떤 배지를 받고 싶나요? 그 이유는 무엇인가요?

전개활동2
30분

활동 2-1. 활동명: 배지 만들기(자리 정리 및 활동 준비)
* 함께 꾸밀 배지를 소개하고 활동 시 주의 사항에 대해 이야기 나눈다.
　- 핀의 뾰족한 부분에 찔리지 않도록 조심해요.
* 산타 할아버지에게 받고 싶은 'OO 아이' 배지를 어떻게 꾸밀지 구상해 본다.
　(착한 아이, 예쁜 아이, 용감한 아이, 씩씩한 아이, 사랑스러운 아이, 멋진 아이 등)
* 준비한 그리기 도구를 활용해 배지를 꾸며 완성해 본다.

활동 2-2. 자리 정돈 및 생각 정리
* 자리 정리하기
* 활동 후 소감 나누기

기타
영상링크 외

* **배지 구매하기**
* **지워지지 않는 매직이나 마커펜을 사용하기**

※ 수업용 PPT와 워크지는 QR코드를 활용하세요.

❶

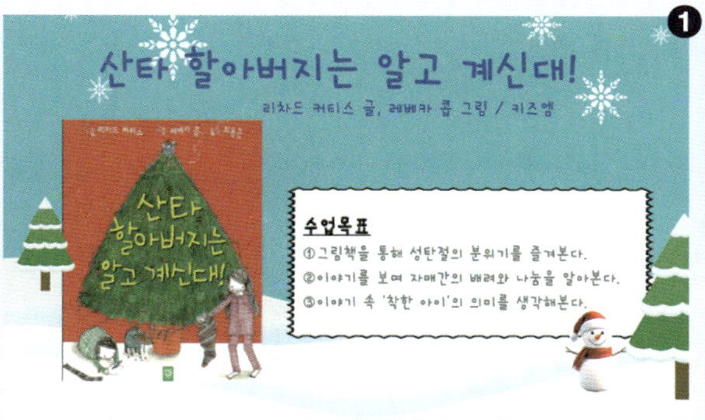

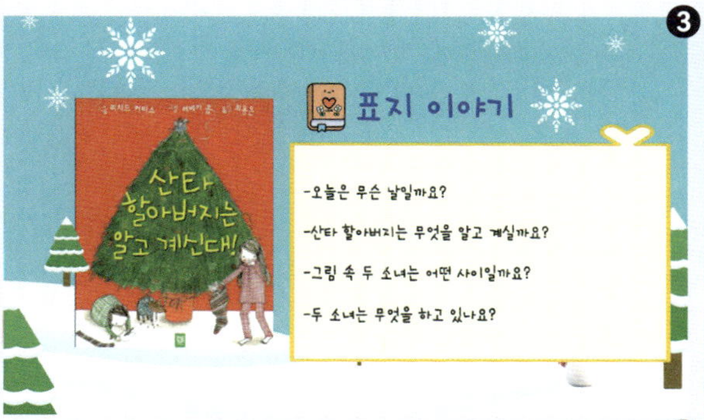

산타 할아버지는 알고 계신대!

리차드 커티스 글, 레베카 콥 그림 / 키즈엠

수업목표
① 그림책을 통해 성탄절의 분위기를 즐겨본다.
② 이야기를 보며 자매간의 배려와 나눔을 알아본다.
③ 이야기 속 '착한 아이'의 의미를 생각해본다.

❷

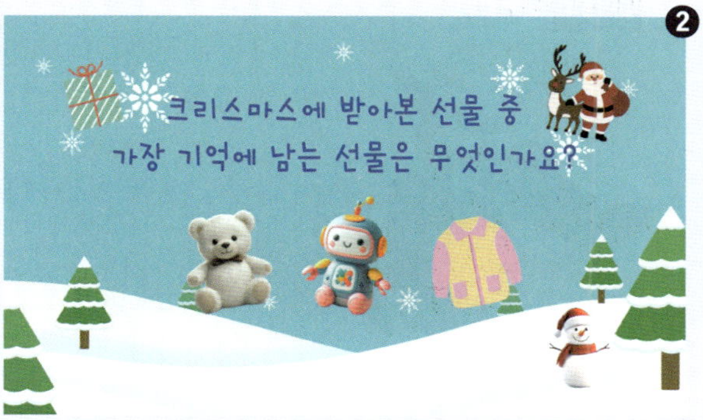

❸

📖 표지 이야기

- 오늘은 무슨 날일까요?

- 산타 할아버지는 무엇을 알고 계실까요?

- 그림 속 두 소녀는 어떤 사이일까요?

- 두 소녀는 무엇을 하고 있나요?

❻

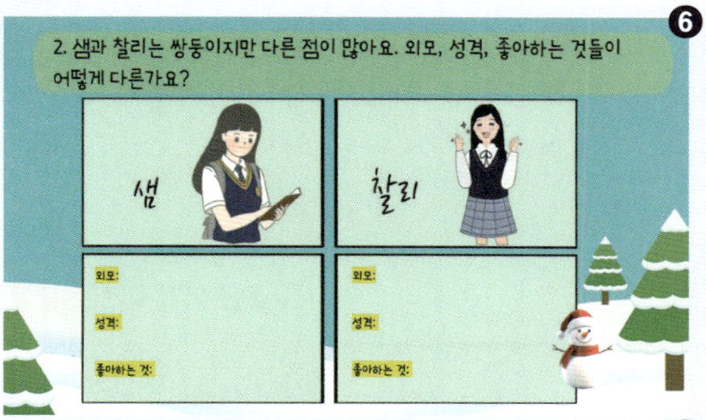

2. 샘과 찰리는 쌍둥이지만 다른 점이 많아요. 외모, 성격, 좋아하는 것들이 어떻게 다른가요?

샘	찰리
외모: 성격: 좋아하는 것:	외모: 성격: 좋아하는 것:

❽

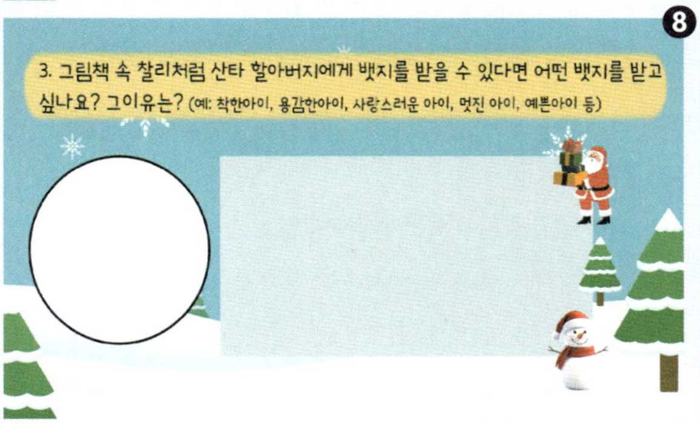

3. 그림책 속 찰리처럼 산타 할아버지에게 뱃지를 받을 수 있다면 어떤 뱃지를 받고 싶나요? 그 이유는? (예: 착한아이, 용감한아이, 사랑스러운 아이, 멋진 아이, 예쁜아이 등)

❾

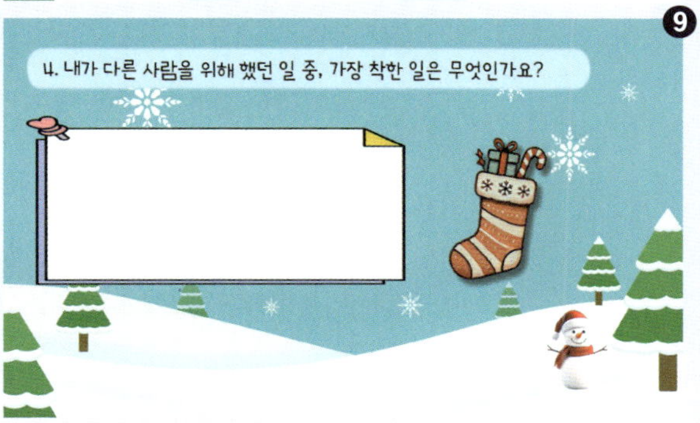

4. 내가 다른 사람을 위해 했던 일 중, 가장 착한 일은 무엇인가요?

---

❶ 수업 목표의 유형이 모두 동일하므로 강사의 분석에 따라 새로운 수업목표를 제시할 수 있습니다.

❷ 자신의 경험을 통해 학생이 크리스마스 선물의 의미를 생각하도록 유도합니다.

❸ 표지 활동은 제시된 내용을 이용하고 그림에서 두 소녀의 차이가 드러나는지에 대해 학생들이 답하도록 합니다.

❻ 워크지 ②번을 통해 두 명의 주인공을 대비합니다. 이때 내용 확인과 함께 추론 활동도 이루어지도록 합니다.

❽ 워크지 ③번은 만들기 활동과 함께 진행할 수 있습니다. 또 워크지 ④번 활동과 연계해서 자신이 했던 착한 일에 제목이나 의미를 부여하여 배지 제작 활동에 적용할 수도 있습니다.

❾ 대상 도서는 나눔이라는 점에 무게를 두어 크리스마스의 보편적인 의미를 설명할 수도 있으나, 아무도 몰랐던 사실 혹은 생각과는 달랐던 진실에 무게를 두어 수업을 구성하는 것이 바람직합니다.

37

팬티 입은 늑대 2

기 관 명	초등돌봄교육 / 온동네 초등돌봄교육센터 / 방과후학교
대 상	초등 1~3학년 / 최대인원 20명
준 비 물	퍼피파인 실, 유튜브 영상
소요시간	50분　　단 가　5,500원
활동목표	① 그림책을 통해 겨울 숲속의 변화를 알 수 있다. ② 추운 겨울, 주변의 어려운 이웃을 도울 방법을 생각해본다.

팬티 입은 늑대 2　　　　도서정보　월프리드 루파노 글, 미야나 이토이즈 그림　　**출판사**　키위북스

숲속 동물 친구들에게도 겨울은 소리 없이 찾아옵니다. 동물 친구들은 두꺼운 패딩과 맛있는 치즈 퐁듀, 재미있는 스키놀이로 겨울을 준비하지요. 하지만 왠지 늑대는 표정이 좋지 않았는데요. "거시기가 꽁꽁 얼겠네!"라며 험상궂게 말하는 늑대를 위해, 동물 친구들은 거시기를 궁금해하며 양말과 털모자를 준비하지요. 하지만 정작 늑대가 화난 이유는 따로 있었는데요. 동물 친구들은 그 이유를 찾을 수 있을까요? 함께 이야기해 보아요.

도입 5분	✻ **인사 나누기** ✻ **동물은 어떻게 겨울나기를 할까요?**

전개활동1 15분	**활동 1-1. 그림책 읽기(읽기 전 발문/읽기 중 발문)** ✻ **(전) 표지질문**　그림 속 계절은 언제인가요? 늑대의 표정은 어떤가요? 　　　　　　　　　늑대는 왜 이런 기분이 되었을까요? 팬티 입은 늑대는 어떤 이야기일까요? ✻ **(중)** 늑대가 말하는 '거시기'는 어떤 의미일까요? ✻ **(중)** 그림책 속에서 따뜻한 겨울을 보내는 동굴과 그렇지 않은 동물들의 모습을 비교해 본다. **활동 1-2. 읽은 후 이야기 나누기** ✻ **(후)** 추운 겨울 우리 주변에서 어려움을 겪고 있는 이웃들을 알아본다. ✻ **(후)** 어려운 이웃을 돕는 방법을 생각해 본다. ✻ **(후)** 겨울단어 초성 게임을 풀어볼까요?

전개활동2 30분 	**활동 2-1. 활동명: 핑거니팅 겨울 목도리 만들기(자리 정리 및 활동 준비)** ✻ 퍼피파인 실 소개하기 ✻ 실고리에 실고리를 끼워 목도리를 완성하는 방식 　- 만들고자 하는 목도리의 코의 수를 정한다. 　- 코의 고리에 다른 고리를 끼워서 원하는 길이만큼 목도리를 떠서 완성한다. **활동 2-2. 자리 정돈 및 생각 정리** ✻ 자리 정리하기 ✻ 활동 후 소감 나누기

기타 영상링크 외	✻ **퍼피파인 실 구매하기(손바느질 고리 사이즈가 큰 것으로 구매)** ✻ **퍼피파인 손뜨개질 영상 참고** 　https://www.youtube.com/watch?v=nEY-JIZ1uT8

퍼피파인 손뜨개질

※ 수업용 PPT와 워크지는 QR코드를 활용하세요.

❶

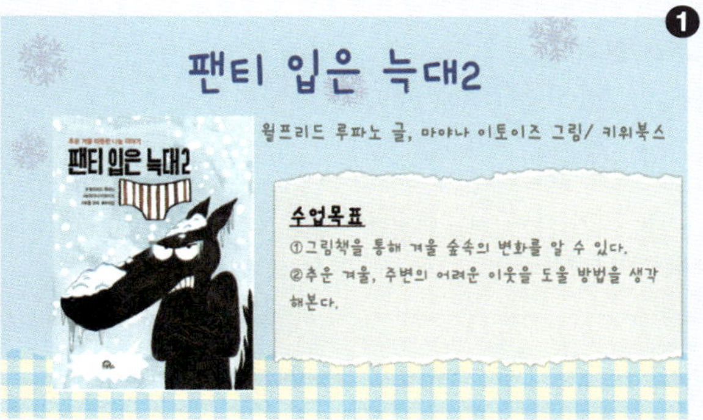

팬티 입은 늑대2

윌프리드 루파노 글, 마야나 이토이즈 그림 / 키위북스

수업목표
①그림책을 통해 겨울 숲속의 변화를 알 수 있다.
②추운 겨울, 주변의 어려운 이웃을 도울 방법을 생각해본다.

❷

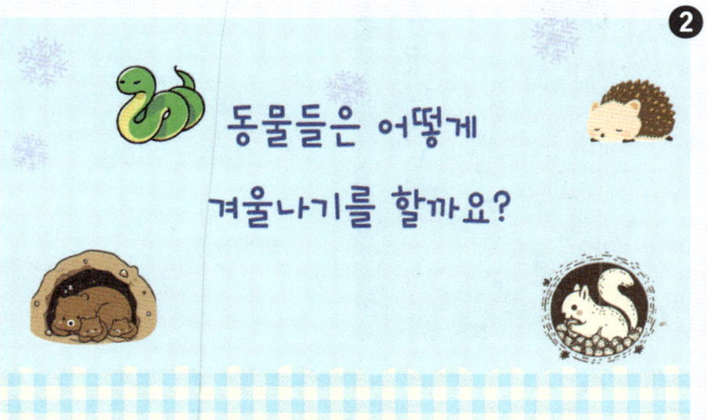

동물들은 어떻게 겨울나기를 할까요?

❸

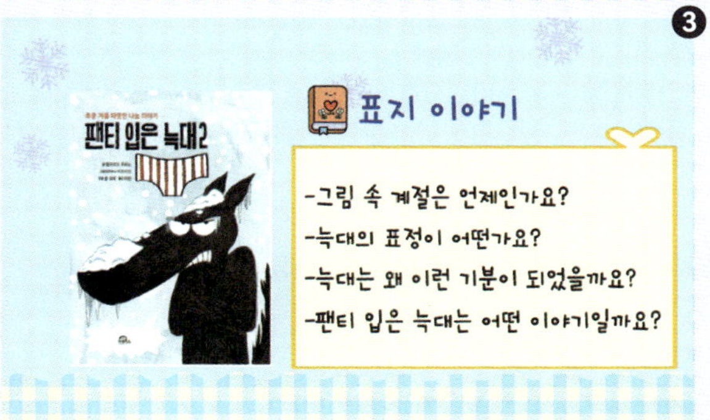

표지 이야기

-그림 속 계절은 언제인가요?
-늑대의 표정이 어떤가요?
-늑대는 왜 이런 기분이 되었을까요?
-팬티 입은 늑대는 어떤 이야기일까요?

❼

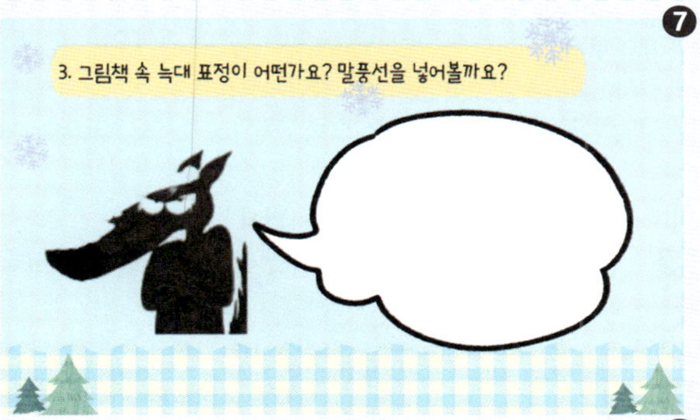

3. 그림책 속 늑대 표정이 어떤가요? 말풍선을 넣어볼까요?

❽

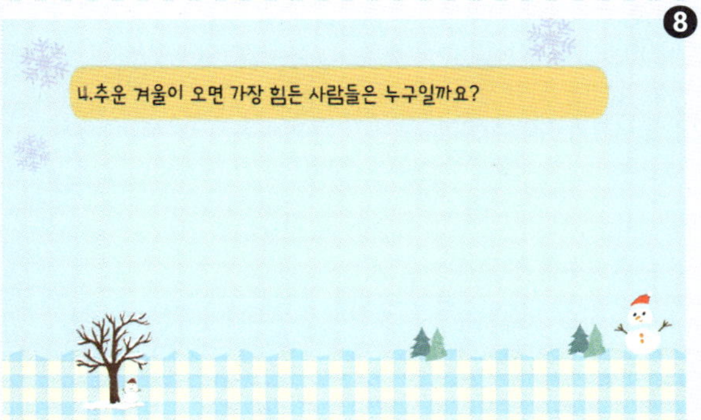

4.추운 겨울이 오면 가장 힘든 사람들은 누구일까요?

❿

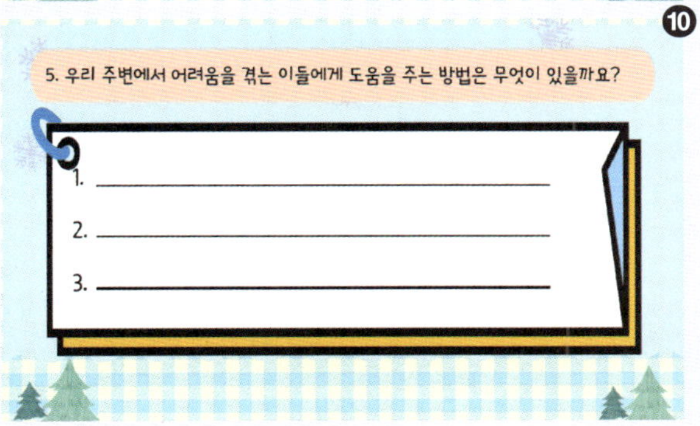

5. 우리 주변에서 어려움을 겪는 이들에게 도움을 주는 방법은 무엇이 있을까요?

1. _______________
2. _______________
3. _______________

❶ 주제와 소재에 있어 <붉은 여우 아저씨>와 유사합니다. 대상 도서는 나눔이라는 점에서 <붉은 여우 아저씨>와 비슷하지만, 사회적 문제 제기와 해결 방안 모색으로 내용과 주제가 확장됩니다. 이러한 점을 확인하고 수업을 준비합니다.

❷ 제시된 동물 이외의 자료도 준비하는 것이 바람직합니다. 뒤에 나오는 <곤충 호텔>과 마찬가지로 지식과 정보를 공유하는 방식으로 수업을 운영할 수 있습니다.

❸ 표지 그림에 드러나지 않는 부분을 학생들에게 질문할 수 있습니다. (예) 늑대 성격, 늑대 옷의 행방 등

❼ 워크지 ③번은 책을 읽은 후에 진행하는 활동이므로 자유롭게 답하되, 주제와 연관해 이루어질 수 있도록 합니다.

❽ 워크지 ④번은 슬라이드 ❾번, 워크지 ⑤번 활동과 함께 수행하는 것이 효과적입니다.

38 방귀쟁이 며느리

기 관 명	초등돌봄교육/온동네 초등돌봄교육센터/방과후학교
대 상	초등 1~3학년/최대인원 20명
준 비 물	방귀쟁이 며느리 도안, 그리기 도구, 풍선, 테이프
소요시간	50분　　단 가　500원
활동목표	① 상황에 따라 단점도 장점으로 바뀌는 과정을 이해할 수 있다. ② 옛이야기 속, 희화화된 표현의 의미를 생각해 볼 수 있다.

방귀쟁이 며느리　　　**도서정보** 신세정 글, 그림　　**출판사** 사계절

동네에 소문이 자자할 정도로 얼굴이 고운 아가씨에게는 비밀이 하나 있었어요. 사흘마다 한 번씩 시원하게 방귀를 뀐다는 것이지요. 하지만 이웃 마을 부잣집으로 시집 간 아가씨는 방귀를 참느라 얼굴이 누렇게 변했어요. 결국 시부모님께 사실대로 이야기하고 방귀를 뀌는데 이를 어쩌나. 시어머니는 문고리 잡고 펄럭펄럭, 시아버지는 가마솥 잡고 날아가 버렸답니다. 시아버지가 보자 하니, 이러다가는 방귀바람에 전 재산을 잃게 될 것 같아 며느리를 친정으로 데려다 주는데요. 며느리의 대단한 방귀가 꼭 필요한 곳은 없을까요? 함께 이야기해 보아요.

도입
5분

* **인사 나누기**
* **안 좋은 것인 줄 알았는데 알고 보니 좋았던 일들에는 무엇이 있을까요?**

전개활동1
15분

활동 1-1. 그림책 읽기(읽기 전 발문/읽기 중 발문)
* **(전) 표지질문**　그림을 보고 어떤 며느리일까 어울리는 제목을 지어보아요.
　　　　　　　　그림책의 내용을 상상해 보아요. 여인은 무엇을 입고 있나요?
　　　　　　　　여인이 머리를 늘어뜨리지 않고 올림머리를 한 이유는 무엇일까요?
* **(중)** 며느리가 처음 방귀를 뀌었을 때 어떤 일이 생겼나요?
* **(중)** 며느리는 왜 가족들 앞에서 방귀를 참아야 했을까요?
* **(중)** 친정으로 다시 돌아가야 하는 며느리의 마음은 어땠을까요?

활동 1-2. 읽은 후 이야기 나누기
* **(후)** 내가 만약 방귀쟁이 며느리 같은 방귀를 뀐다면? (워크지)
　　 - 방귀 한 방으로 날려 버리거나 해결하고 싶은 일이 있나요?
* **(후)** 방귀타령 전래동요 들어보기

전개활동2
30분

활동 2-1. 활동명: 풍선 방귀쟁이 며느리(자리 정리 및 활동 준비)
* 도화지의 방귀쟁이 며느리 도안 색칠하기
* 방귀쟁이 며느리 도안의 뒷면에 풍선을 붙인다.
* 완성한 놀잇감 풍선을 불었다가 바람이 빠지면서 내는 소리로 다양한 방귀 소리를 만들어본다.

활동 2-2. 자리 정돈 및 생각 정리
* 자리 정리하기
* 활동 후 소감 나누기

기타
영상링크 외

* **방귀쟁이 며느리 도안 (두꺼운 도화지에 붙여 사용)**
* **풍선의 특성을 활용한 게임으로 확장할 수 있어요.**
　(방귀 며느리 멀리 보내기: 풍선 멀리 날려 보내기)
* **전래동요 방귀 타령 참고**
　https://www.youtube.com/watch?v=mDr9pjRWFQk

방귀타령

※ 수업용 PPT와 워크지는 QR코드를 활용하세요.

① 방귀쟁이 며느리

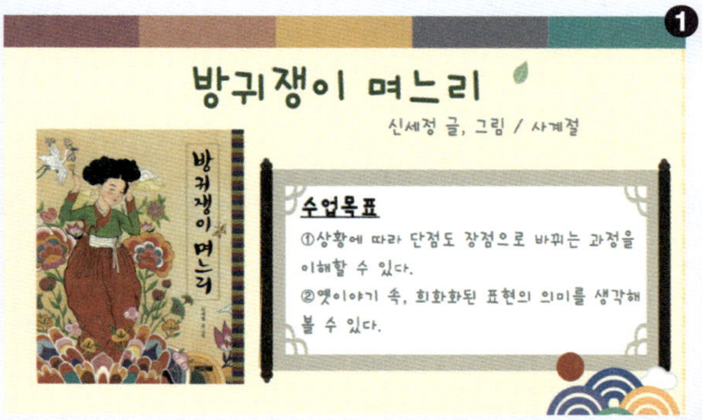

신세정 글, 그림 / 사계절

수업목표
①상황에 따라 단점도 장점으로 바뀌는 과정을 이해할 수 있다.
②옛이야기 속, 희화화된 표현의 의미를 생각해 볼 수 있다.

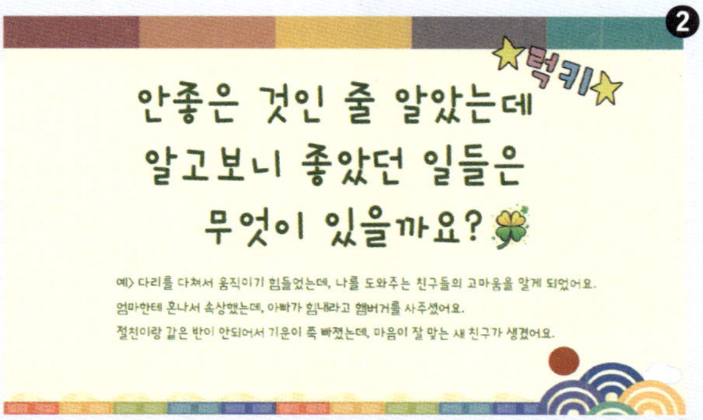

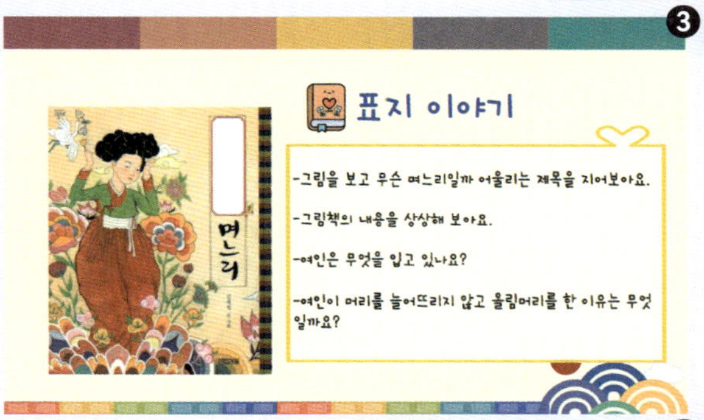

② 안좋은 것인 줄 알았는데 알고보니 좋았던 일들은 무엇이 있을까요?

예) 다리를 다쳐서 움직이기 힘들었는데, 나를 도와주는 친구들의 고마움을 알게 되었어요.
엄마한테 혼나서 속상했는데, 아빠가 힘내라고 햄버거를 사주셨어요.
절친이랑 같은 반이 안되어서 기운이 쭉 빠졌는데, 마음이 잘 맞는 새 친구가 생겼어요.

③ 표지 이야기

-그림을 보고 무슨 며느리일까 어울리는 제목을 지어보아요.

-그림책의 내용을 상상해 보아요.

-여인은 무엇을 입고 있나요?

-여인이 머리를 늘어뜨리지 않고 올림머리를 한 이유는 무엇일까요?

⑧ 며느리는 그동안 방귀 뀌는 것을 비밀로 해왔는데, 비단장수 놋그릇 장수앞에서 방귀를 뀐 이유는 무엇인가요?

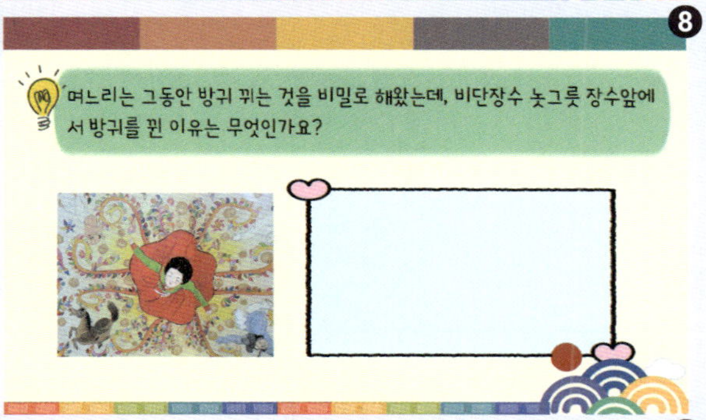

⑨ 비단이랑 놋그릇을 들고 다시 시댁으로 돌아온 며느리는 어떻게 되었을까요? (며느리의 상황을 잘 이해하고, 이야기해 보아요.)

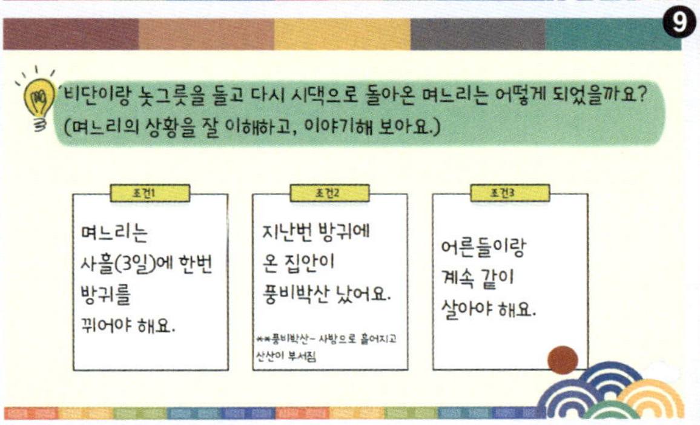

조건1	조건2	조건3
며느리는 사흘(3일)에 한번 방귀를 뀌어야 해요.	지난번 방귀에 온 집안이 풍비박산 났어요. **풍비박산– 사방으로 흩어지고 산산이 부서짐	어른들이랑 계속 같이 살아야 해요.

⑩ 4. 동화 속 방귀쟁이 며느리 처럼 방귀를 뀌게 된다면, 방귀 한방으로 날려 버리고 싶은 것은 무엇인가요?

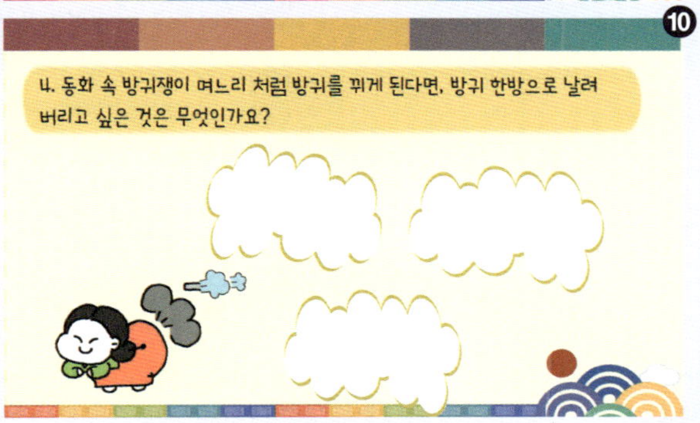

❶ 수업 목표와 함께 민담의 재미를 알 수 있도록 합니다. 구비문학은 이야기의 세부 내용이 달라질 수 있음을 학생들에게 알려주는 것이 필요합니다. 우리 옛이야기에 방귀쟁이 이야기가 많지만 그 내용이 조금씩 다르다는 점을 정보로 제시할 수 있습니다.

❷ 학생의 경험을 이야기하는 방식으로 가볍게 활동하면 됩니다.

❸ 책을 읽기 전, 표지 활동을 통해 이야기를 추리하도록 합니다. 학생이 표지의 여성이 누구인지 추측하도록 합니다.

❽ 며느리 행동의 이유를 뒤에 나오는 이야기를 토대로 추론하는 것입니다. 따라서 학생들이 논리적인 사고력을 발휘하도록 수업을 진행합니다.

❾ 활동 시 제시된 조건 3가지를 효과적으로 적용하는 것이 중요합니다.

❿ 워크지 ④번은 학생의 개인적 의견이 솔직하게 제시되도록 수업을 진행합니다.

39 달밤 수영장

기 관 명	초등돌봄교육/온동네 초등돌봄교육센터/방과후학교
대　　상	초등 1~3학년/최대인원 20명
준 비 물	동물 손 선풍기 DIY
소요시간	**50분**　단　가　2,400원
활동목표	① 여름 그림책을 통해 여름밤의 아름다움과 시원한 물놀이의 즐거움을 간접적으로 느껴본다. ② 무더위에 지친 동물 친구들을 생각하는 고양이의 마음을 헤아려본다.

달밤 수영장　　　　　　**도서정보** 간장 글, 그림　**출판사** 보랏빛소어린이

가만히 있어도 땀이 뻘뻘 나는 무더운 여름날, 동물들도 자신만의 방법으로 더위를 피하기 위해 애를 씁니다. 그런 동물들에게 날아온 종이비행기 하나. '달밤 수영장으로 초대합니다.' 동물 친구들은 고양이가 보낸 초대장 약도대로 초록지붕 집에 도착하게 됩니다. 동물들이 만난 한여름의 밤의 달밤 수영장은 어떤 모습일까요? 함께 이야기 나누어 보아요.

도입
5분

* **인사 나누기**
* **여름을 시원하게 보내는 나만의 방법이 있나요?**

전개활동1
15분

활동 1-1. 그림책 읽기(읽기 전 발문/읽기 중 발문)

* **(전) 표지질문**　이곳은 어디일까요? 동물들은 무엇을 하고 있나요?
　　　　　　　　　　어떤 이야기가 펼쳐질까요?
* **(중)** '달밤 수영장'은 어떤 수영장일까요?
* **(중)** 수영장에 초대받기 전 4마리의 동물들은 어떻게 더위를 이겨내고 있었나요?
* **(중)** 동물들이 집을 빠져나온 방법은 무엇인가요?
* **(중)** 고양이는 왜 다른 동물 친구들을 달밤 수영장에 초대했을까요?

활동 1-2. 읽은 후 이야기 나누기

* **(후)** 우리 친구들도 여름 수영장 초대장을 만들어 보아요. <약도 그려보기>

전개활동2
30분

활동 2-1. 활동명: 여름 손 선풍기 만들기(자리 정리 및 활동 준비)

* 건전지가 들어가지 않는 손 선풍기를 소개한다.
* 재료의 동물 모양 EVA 조각을 선풍기에 붙여 완성한다.
* 손 선풍기를 작동해 본다.

활동 2-2. 자리 정돈 및 생각 정리

* 자리 정리하기
* 활동 후 소감 나누기

<만들기 참고 자료>

기타
영상링크 외

* **만들기 활동 후 완성한 손 선풍기를 활용해 게임으로 확장할 수 있어요.**
　(친구 얼굴에 붙은 휴지 떼어내기, 종이컵 굴려 반환점 돌아오기 등)
* **<참고> 동물 EVA 손 선풍기 만들기**
　https://www.youtube.com/watch?v=fzPVoQdYzrQ

동물 EVA 손선풍기

※ 수업용 PPT와 워크지는 QR코드를 활용하세요.

❶

달밤 수영장

간장 글, 그림 / 보라빛소어린이

수업목표
①여름 그림책을 통해 여름밤의 아름다움과 시원한 물놀이의 즐거움을 간접적으로 느껴본다.
②무더위에 지친 동물 친구들을 생각하는 고양이의 마음을 헤아려본다.

❷

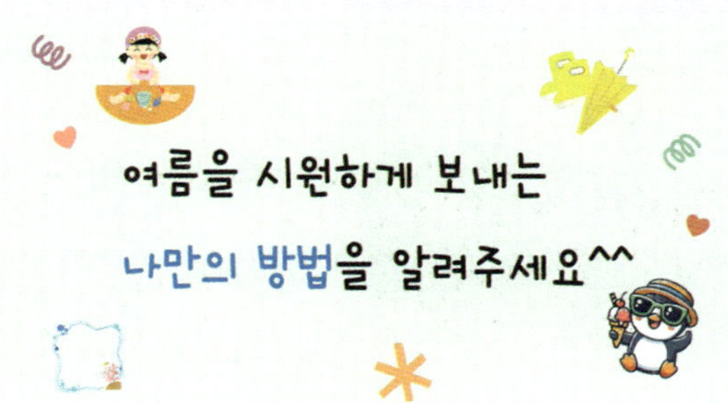

📖 표지 이야기

-달밤 수영장의 모습이 어떤가요?
-종이비행기 안에는 누가 타고 있나요?
-수영장을 잡고 있는 손은 누구일까요?
-이 책은 어떤 내용일까요?

❸

❻

2. 〈달밤 수영장〉을 꼼꼼이 읽었나요? 주어진 문제에 답을 적어 보아요.

2-1) 달밤 수영장은 어떻게 만들어졌나요?

2-2) 수영장에 초대받기 전에 네 명의 동물들은 어떻게 더위를 이겨내고 있었나요?

2-3) 고양이는 어떤 동물들을 초대했나요?

2-4) 동물들이 집을 빠져나온 방법은 무엇인가요?

❼

3. 고양이는 왜 다른 동물 친구들을 달밤 수영장에 초대했을까요?

❽

4. 우리 친구들도 여름 수영장 초대장을 만들어 보아요. 약도도 있어야겠죠?

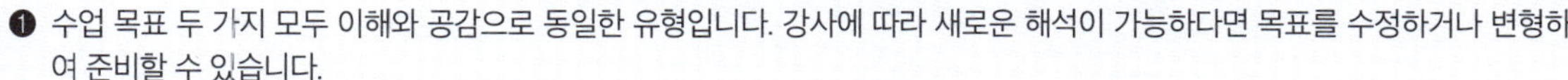

❶ 수업 목표 두 가지 모두 이해와 공감으로 동일한 유형입니다. 강사에 따라 새로운 해석이 가능하다면 목표를 수정하거나 변형하여 준비할 수 있습니다.

★ 대상 도서는 계절감이 강하므로 수업 계획 시, 여름에 맞추어 준비하면 더 효과적입니다.

❷ 도입에서 개인적 경험을 통해 무더위와 열대야를 보내는 현명한 방법을 학생들로부터 이끌어내도록 합니다.

❸ 표지 활동은 상상력이 발휘될 수 있도록 합니다. 종이비행기를 탄 등장인물을 찾는 등의 방식으로 수업을 진행합니다.

❻ 워크지 ②번은 내용을 확인하기 위한 문제인데 문제 풀이 활동을 통해 동물들이 더위를 피하는 방법이나 고양이의 마음 등을 살필 수 있도록 하는 등, 내용을 심화할 수 있습니다.

❼ 워크지 ③번은 친구들을 배려하는 고양이의 마음을 학생들이 찾아낼 수 있도록 합니다.

❽ 워크지 ④번은 책의 내용을 바탕으로 학생들이 창의적으로 만들어야 합니다. 만약 어려움을 느끼는 학생이 있다면 다양한 형식의 초대장을 보여주거나 초대장의 주제를 바꾸는 방식으로 변형할 수 있습니다.

40

행복한 버스

기 관 명	초등돌봄교육/온동네 초등돌봄교육센터/방과후학교
대 상	초등 1~3학년/최대인원 20명
준 비 물	필기도구
소요시간	50분　　　단　가
활동목표	① 해외에 수출된 낡은 버스가 느끼는 감정들에 공감할 수 있다. ② 낡은 물건의 쓰임에 의미를 찾을 수 있다.

행복한 버스

도서정보 우리아 글, 이여희 그림　**출판사** 머스트비

캄캄한 배 안에 버스들이 모여 있습니다. 사람들을 태우고 시내를 누비던 버스들이 나이를 먹자 몽골로 팔려가는 중이지요. 낡은 해운대 버스는 배에 실린 채 높은 파도를 넘어 몽골에 도착합니다. 잠시 시동이 걸리지 않는 위기도 있었으나 잘 넘기고 승객들을 태웁니다. 한국 손님을 만난 반가운 시간도 있었지만, 해운대 버스는 그만 사막 한가운데서 시동이 꺼져 버리고 말았습니다. 승객과 기사는 멈춰버린 해운대 버스를 버려둔 채 다른 버스에 올라타 멀어져 갑니다. 추운 사막의 겨울밤, 눈까지 내리고 이제 버스로서의 삶이 끝이라고 생각한 순간 새로운 손님들이 올라탔습니다. 그 손님들은 누구일까요? 함께 이야기 나누어 보아요.

도입
5분

* **인사 나누기**
* **내가 타본 교통수단에 대해 이야기 나누기**

전개활동1
15분

활동 1-1. 그림책 읽기(읽기 전 발문/읽기 중 발문)
* **(전) 표지질문**　버스는 지금 어디에 있을까요? 사람들의 표정은 어떤가요?
　　　　　　　　　　사람들의 옷차림을 보며 어떤 계절임을 짐작할 수 있나요?
* **(중)** 배를 타고 떠난 해운대 버스는 어느 나라에 도착했나요?
* **(중)** 해운대 버스에게 어떤 위기가 생겼나요?
* **(중)** 버스들이 활활 타오르는 용광로에 던져질 때, 어떤 생각이 들까요?
* **(중)** 모래 위를 굴러가는 것이 어려운 버스는 낙타를 보며 무슨 생각을 했을까요?

활동 1-2. 읽은 후 이야기 나누기
* **(후)** 해운대 버스는 한국에서 어떤 기억들을 가지고 있나요?
* **(후)** 혼자 남겨진 해운대 버스에게 찾아온 친구들은 누구인가요?
* **(후)** 나이가 많은 버스가 한국에서 몽골까지 팔려가는 것에 대해 어떻게 생각하나요?

전개활동2
30분

활동 2-1. 활동명: 워크지 활동 - 감정 어휘력 키우기
* '행복하다'와 '기쁘다'는 무엇이 다른지 알아보기
* 상황을 주며 초조하다, 행복하다, 기쁘다, 걱정하다, 자랑스럽다, 힘내다 단어와 연결하기

활동 2-2. 주제 탐색하기
* 우리나라의 낡은 버스는 왜 해외에 수출이 될까요?

활동 2-3. 자리 정돈 및 생각 정리

기타
영상링크 외

* **우리나라 중고차 수출 뉴스**
  https://www.youtube.com/watch?v=Pgr_SNPCRSM

우리나라 중고차 수출

※ 수업용 PPT와 워크지는 QR코드를 활용하세요.

①

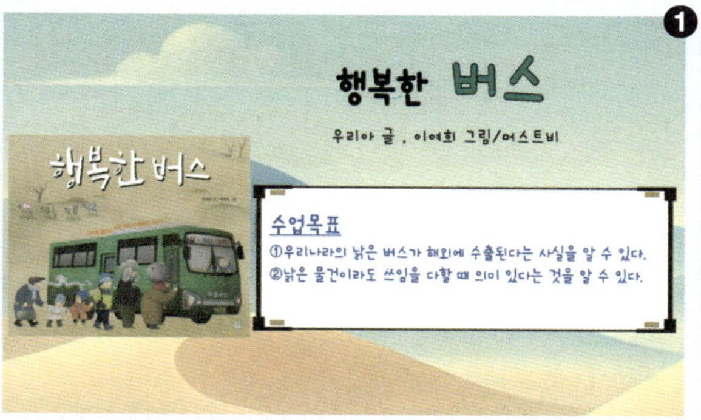

행복한 버스

우리아 글 , 이여희 그림/머스트비

수업목표
①우리나라의 낡은 버스가 해외에 수출된다는 사실을 알 수 있다.
②낡은 물건이라도 쓰임을 다할 때 의미 있다는 것을 알 수 있다.

②

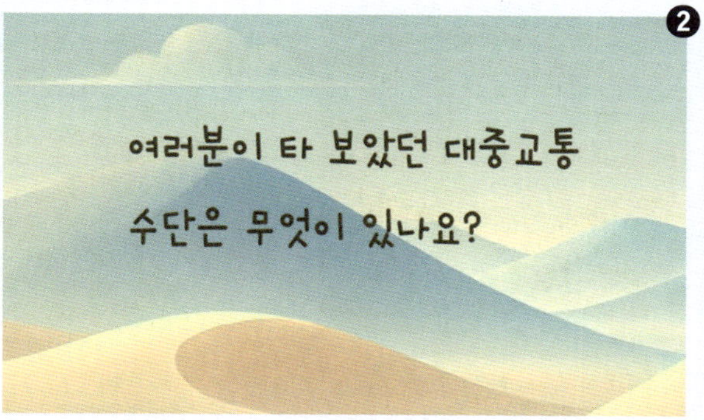

여러분이 타 보았던 대중교통 수단은 무엇이 있나요?

③

📖 표지 이야기

-이 책의 제목은 왜 행복한 버스 일까요?

-버스가 서 있는 곳은 어디인 것 같나요?

-등장 인물의 옷차림은 어떤가요?

-등장 인물의 표정은 어떤가요?

-그림을 보고 어떤 이야기일지 상상해 보아요.

⑥

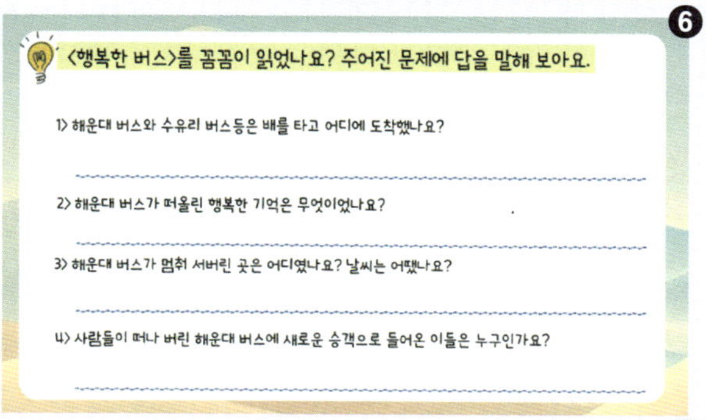

〈행복한 버스〉를 꼼꼼이 읽었나요? 주어진 문제에 답을 말해 보아요.

1) 해운대 버스와 수유리 버스등은 배를 타고 어디에 도착했나요?

2) 해운대 버스가 떠올린 행복한 기억은 무엇이었나요?

3) 해운대 버스가 멈춰 서버린 곳은 어디였나요? 날씨는 어땠나요?

4) 사람들이 떠나 버린 해운대 버스에 새로운 승객으로 들어온 이들은 누구인가요?

⑨

낡은 버스는 무조건 다 버려질까요?

⑪

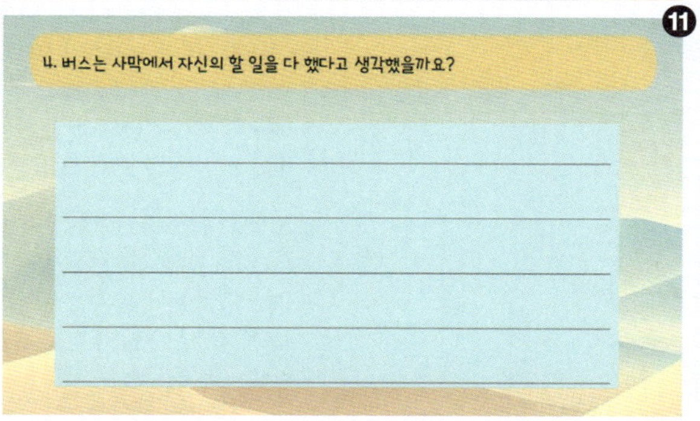

4. 버스는 사막에서 자신의 할 일을 다 했다고 생각했을까요?

---

① 대상도서는 다양한 주제로 읽힐 수 있습니다. 국가 간의 교역이나 환경문제를 이끌어낼 수도 있고 이타적인 행위로 읽을 수도 있습니다. 학급의 성향에 따라 가장 적합한 부분에 초점을 두어 수업을 진행하면 됩니다.

② 다양한 대중교통 수단에 대해 이해하도록 합니다. 수업 진행을 위해 〈버스〉로 제한해 다양한 버스의 유형이나 기능을 알아볼 수도 있습니다.

③ 표지 활동을 통해 학생들이 몽골로 가기 전의 버스와 버스를 이용하는 사람들의 모습에서 다양한 정보를 찾도록 합니다.

⑥ 내용 이해를 묻는 활동입니다. 학생들이 책에서 찾은 내용의 정확도를 확인하도록 합니다. ②번 워크지도 같은 활동입니다.

⑨ 내용을 읽은 학생들이 자신의 생각을 표현하도록 하는 활동입니다. 학급의 상황에 따라 단순히 학생들의 의견을 묻는 활동으로 이끌 수도 있고, 자원 활용이나 국가 간의 교역으로 확장할 수도 있습니다.

⑪ 워크지 ④번은 내용 이해와 함께 등장인물의 생각을 찾아내는 활동입니다. 또한 타인의 감정에 공감할 수 있는 활동이므로 필요한 경우 활동을 더 확장할 수도 있습니다.

41

곤충 호텔

기 관 명	초등돌봄교육/온동네 초등돌봄교육센터/방과후학교
대 상	초등 1~3학년/최대인원 20명
준 비 물	곤충호텔 만들기 도안, 가위, 풀, 색연필 등
소요시간	50분　　단 가
활동목표	① 곤충들의 한살이 과정을 알 수 있다. ② 자연 속에서 서로 배려하며 함께 살아가는 곤충들의 모습을 배울 수 있다.

곤충 호텔　　　　**도서정보** 한라경 글, 무운 그림　**출판사** 소원나무

"이제 가을이 끝나려나 봐요." 겨울의 차가운 바람이 도토리 나무 열매를 떨어뜨리면 무당벌레 무무와 할머니 다다는 곤충 호텔 청소를 시작합니다. 곧 이곳에 겨울나기를 할 곤충 손님들이 오시거든요. 하늘소 애벌레들은 상수리나무 침대를 먹고 깊은 잠에 빠져듭니다. 빨갛게 물든 단풍나무방에는 번데기 손님들이 포근한 듯 누워 있고요. 알을 가득 품은 사마귀는 신갈나무방에서 아기들을 만날 준비를 하고 있어요. '겨울은 누군가를 키워내는 시간'이라는 다다 할머니의 말처럼 곤충 호텔은 자장가 소리만 고요히 긴 밤을 시작합니다. 민들레가 피어날 때쯤 햇살이 빛나는 아침에 깨어난 곤충들은 어떤 모습일까요? 함께 이야기 나누어 보아요.

도입 10분	**＊ 인사 나누기** **＊ 곤충들은 겨울에 어떻게 지낼까요?** **＊ 곤충 이름 맞추기 퀴즈**
전개활동1 20분	**활동 1-1. 그림책 읽기(읽기 전 발문/읽기 중 발문)** ＊ **(전) 표지질문**　곤충 호텔은 어디에 있을까요? 곤충 호텔은 무엇으로 만들어졌을까요? 　　　　　　　　　　곤충들은 무엇을 하고 있나요? 곤충 호텔에는 어떤 손님들이 올까요?) ＊ **(중)** 무무가 기대한 곤충 손님은 누구였나요? ＊ **(중)** 봄이 오면 곤충 호텔 손님들에게 어떤 변화가 있나요? **활동 1-2. 읽은 후 이야기 나누기** ＊ **(후)** 자연 속에서 살고 있는 곤충들에게 곤충 호텔은 왜 필요한가요? ＊ **(후)** 우리 동네 곤충 호텔은 어디에 있을까요? ＊ **(후)** 우리 친구들의 겨울 계획은 무엇인가요? ＊ **(후)** 우리 친구들은 어떤 호텔을 만들고 싶나요?
전개활동2 20분	**활동 2-1. 활동명: 곤충 호텔 만들기, 무당벌레 돌림판(자리 정리 및 활동 준비)** ＊ 곤충 호텔 도안과 곤충 캐릭터 도안을 모두 색칠한다. ＊ 점선을 따라 접은 후 풀칠한다. ＊ 상자 모양으로 붙인다. **활동 2-2. 자리 정돈 및 생각 정리** ＊ 곤충 호텔의 방은 무엇으로 만들어졌나요? ＊ 자신이 만들 수 있는 호텔이 있다면 어떻게 만들고 싶나요? ＊ 사용한 색연필, 사인펜, 가위 등을 정리한다.
기타 영상링크 외	**＊ 다양한 건축물 사진 자료**

※ 수업용 PPT와 워크지는 QR코드를 활용하세요.　　※ 만들기 영상 QR　

❶
곤충 호텔
한라경 글, 무운 그림 / 소원나무

<u>수업목표</u>

①곤충들의 한살이 과정을 알 수 있다.
②자연 속에서 서로 배려하며 함께 살아가는 곤충들의 모습을 배울 수 있다.

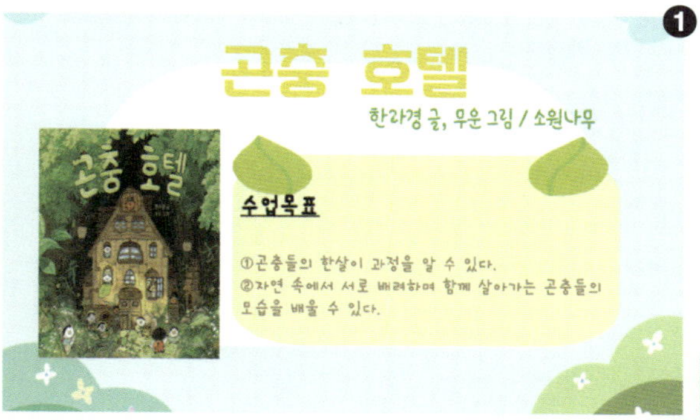

❷
곤충들은 겨울에 어떻게 지낼까요?

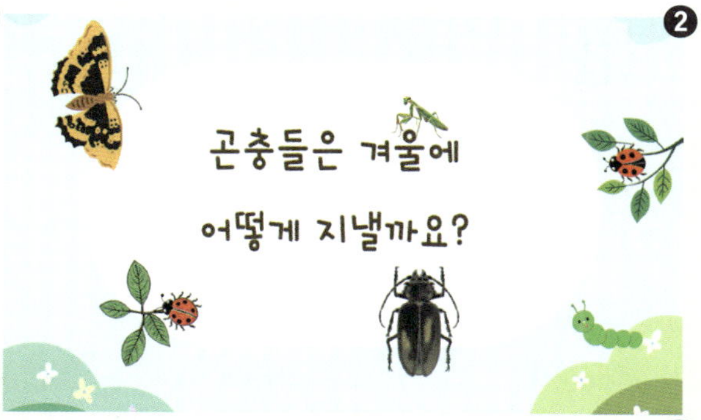

❺
📖 표지 이야기

- 곤충 호텔은 어디에 있을까요?
- 곤충 호텔은 무엇으로 만들어졌을까요?
- 곤충들은 무엇을 하고 있나요?
- 곤충 호텔에는 어떤 손님들이 올까요?

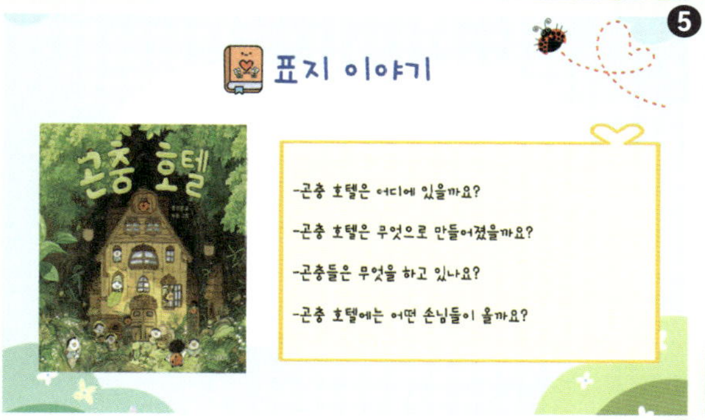

❿
3. 자연 속에서 살고 있는 곤충들에게 곤충 호텔은 왜 필요한가요?

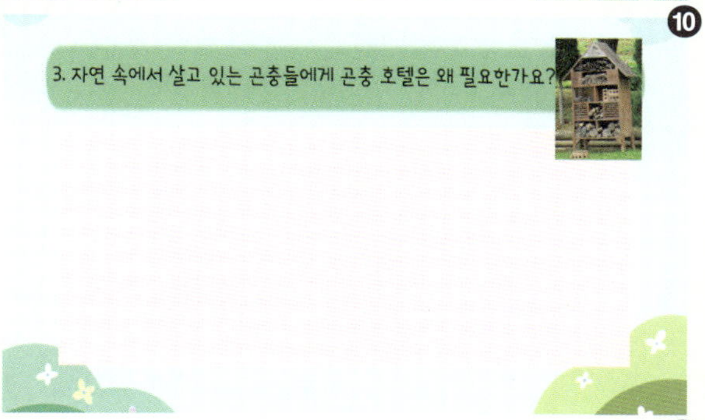

⓬
5. 우리 친구들의 겨울 계획은 무엇인가요?

나의 목표

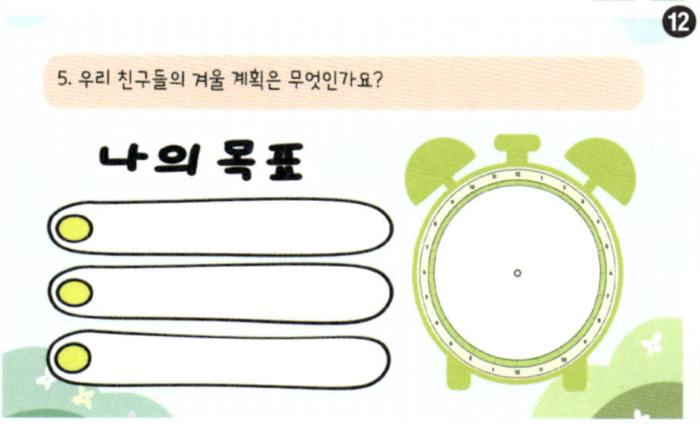

⓭
우리 친구들이 호텔을 만든다면 어떤 호텔을 만들고 싶나요?

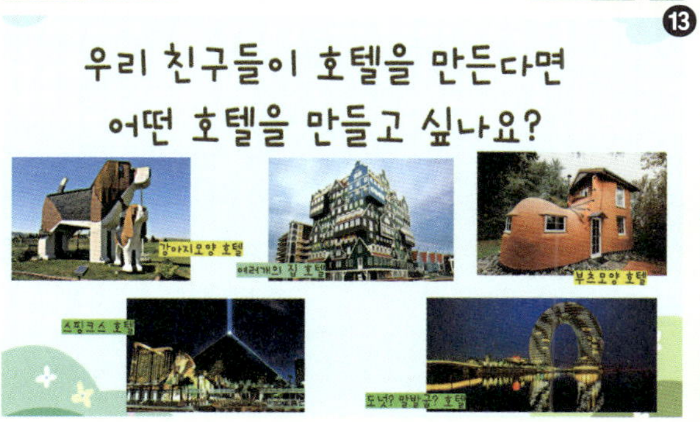

❶ 학생이 곤충의 겨울나기에 대한 지식을 습득하고 책의 내용을 이해한 후, 자신의 상황에 적용하여 창의적 사고력을 발휘할 수 있도록 수업을 준비합니다.

❷ 도입은 답이 정해져 있지 않으니 학생들이 자유롭게 답하도록 유도합니다. 실제 답을 알고 싶어 하는 학생이 있을 수도 있으니 간단히 자료를 제시하는 것도 좋습니다.

❺ 표지는 나무로 지어진 호텔에 다양한 곤충들이 함께 그려져 있으므로 그림 속의 곤충들을 찾아 줄거리를 예측하는 활동을 수행할 수 있습니다.

❿ 워크지 ③번은 도입과 연관됩니다. 도입에서는 정답 유무와 상관없이 자유롭게 답하도록 했다면, 여기서는 도입 활동을 상기시킨 후, 답을 제시하도록 이끌어야 합니다.

⓬ 워크지 ⑤번은 학생이 버킷리스트나 생활계획표를 만드는 것인데 세부 주제는 변형할 수 있습니다.

⓭ 학생들이 창의적인 사고를 할 수 있도록 합니다. 일반적인 호텔, 테마 호텔, 특이한 호텔의 예를 강사가 제시하고 학생이 선택하도록 할 수도 있습니다.

42 할머니의 감기약

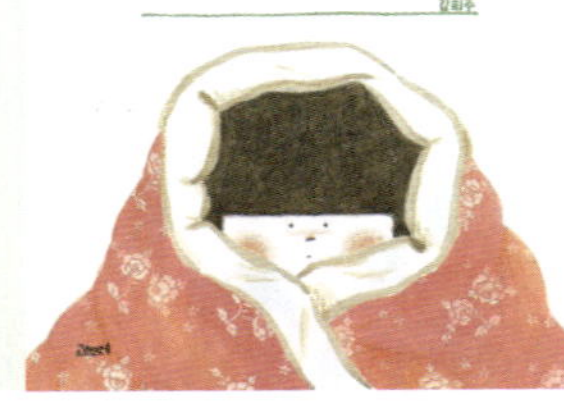

기 관 명	초등돌봄교육/온동네 초등돌봄교육센터/방과후학교
대 상	초등 1~3학년/최대인원 20명
준 비 물	감기약 봉투 인쇄물, 가위, 풀, 색연필 등
소요시간	50분 단 가
활동목표	① 엄마를 기다리는 아이의 마음에 공감할 수 있다. ② 할머니의 보살핌과 사랑에 감사하는 마음을 가질 수 있다.

할머니의 감기약   **도서정보** 김희주 글, 그림   **출판사** 고래뱃속

1초라도 빨리 보고 싶은 엄마가 오는 날, 담이는 학교를 마치자마자 집으로 달려갑니다. 하지만 엄마는 오늘도 바쁜지 늦는다고 전화가 왔네요. 담이는 속상한 마음에 목도리도 두르지 않고 집을 나섰다가 콧물이 훌쩍, 감기에 걸렸습니다. 할머니는 달그락달그락 주전자에 물을 끓여 맵고 달큰한 생강차를 만들어 주셨지요. 담이는 몸이 녹아내리며 사라락 잠이 듭니다. 할머니의 감기약을 먹고 담이의 감기가 똑 떨어졌을까요? 함께 이야기 나누어 보아요.

도입
5분

* **인사 나누기**
* **감기에 걸렸다가 어떻게 나았는지 이야기해 보아요.**

전개활동1
15분

활동 1-1. 그림책 읽기(읽기 전 발문/읽기 중 발문)
* **(전) 표지질문**   아이는 왜 이불 속에 포옥~ 들어가 있을까요?
　　　　　　　　지금 아이의 표정은 어떤가요?
　　　　　　　　할머니의 감기약은 무엇일까요?
　　　　　　　　지금 아이에게 가장 필요한 사람은 누구일까요?
* **(중)** 엄마가 오지 못한다는 것을 알았을 때, 담기는 어떤 마음이었을까요?
* **(중)** 엄마와 만난 담이의 이야기를 상상해 보아요 (4컷 만화 그리기)

활동 1-2. 읽은 후 이야기 나누기
* **(후)** '담이의 생강차'처럼 우리친구들의 마음이 따뜻해지는 음식을 소개해 주세요.
* **(후)** 엄마 손은 약손~ 이라는 노래를 들어보았나요?
　　　- 함께 노래 들어보기

전개활동2
30분

활동 2-1. 활동명: 나만의 감기약 만들기(자리 정리 및 활동 준비)
* 나만의 감기약 봉투를 만들어본다.
* 감기약 모양을 디자인하여 색칠한다.

활동 2-2. 자리 정돈 및 생각 정리
* 담이를 위해 약을 만들어주는 할머니처럼 누구에게 약을 만들어주고 싶나요?
* 사용한 색연필, 사인펜, 가위 등을 정리한다.

기타
영상링크 외

* **'엄마 손은 약손' 음원자료**

엄마 손은 약손

※ 수업용 PPT와 워크지는 QR코드를 활용하세요.　　　※ 만들기 영상 QR

❶

❷

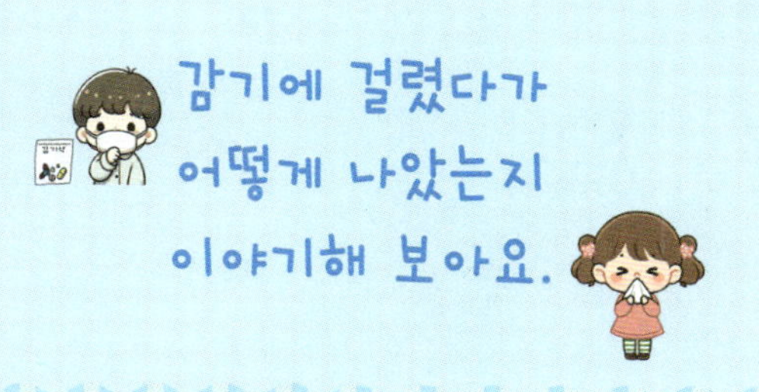

❼

2. 엄마가 오지 못한다는 것을 알았을 때, 담이는 어떤 마음이었을까요?

❽

3. 그림책의 마지막 장면은 엄마의 신발이 놓여있는 현관입니다. 엄마를 만난 담이의 이야기를 4컷으로 표현해 보아요.

❾

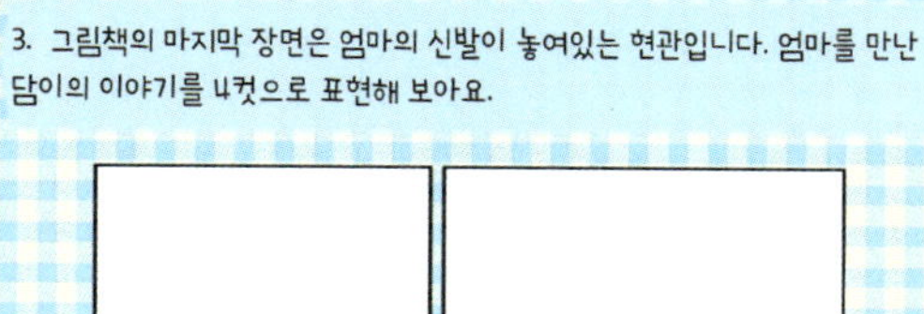

감기가 금방 낫는 약을 만든다면

어떤 재료를 사용하는지

레시피를 알려주세요.

❿

4. '할머니의 생강차' 처럼 우리 친구들의 마음이 따뜻해지는 음식을 소개해 주세요.

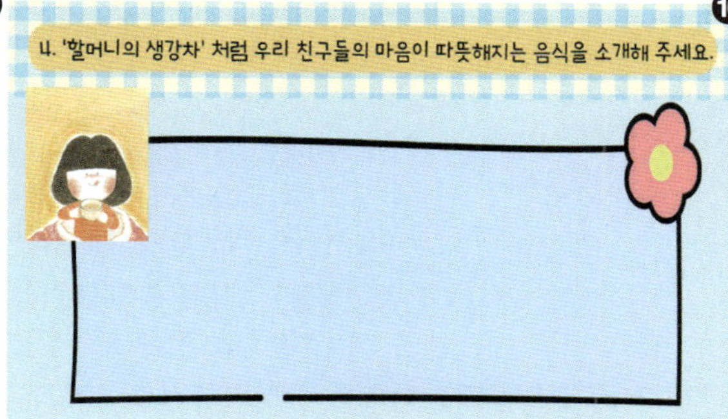

❶ 수업목표처럼 감기에 걸린 보편적 경험을 통해 등장인물이 엄마를 기다리는 마음에 공감하고 할머니의 보살핌에 대해 감사함을 깨닫는 과정을 거쳐 새롭게 감기약을 만드는 과정이 매끄럽게 진행될 수 있도록 합니다.

❷ 보편적인 경험을 통해 대상 도서에 대한 흥미를 유발하고 이후 학생이 책읽기에 몰입할 수 있도록 하는 활동이니 자유롭게 답하도록 합니다.

❼ 워크지 ②번은 학생이 등장인물에 공감할 수 있도록 표현에 제한을 두지 않습니다.

❽ 워크지 ③번은 책에 수록된 이후 상황을 표현하도록 한 것으로, 그림이나 글로 표현하되 학생이 더 편한 방식으로 제시하도록 합니다.

❾ 창의적 활동이 가능하도록 유도합니다. 창안 활동이 중시되는 수업이라면 워크지 ④번 뒤로 순서를 변경할 수도 있습니다.

❿ 워크지 ④번은 학생의 경험에 기반해 표현할 수 있게 하고, 이유도 제시하도록 합니다.

43

윷놀이 이야기

기 관 명	초등돌봄교육/온동네 초등돌봄교육센터/방과후학교
대　　상	초등 1~3학년/최대인원 20명
준 비 물	윷, 윷판
소요시간	50분　　　단　　가
활동목표	① 우리나라 전통놀이에 대해 알 수 있다. ② 윷놀이에서 '도개걸윷모'의 역할을 배울 수 있다.

윷놀이 이야기　　　　**도서정보** 이은화 글, 한유민 그림　　**출판사** 한림출판사

전통놀이인 윷놀이를 알고 있나요? 돼지는 새해 첫날, 부모님께 세배하고 우물가에서 친구들을 만났어요. 마을 어른들에게 새해 인사를 같이 드리기로 했거든요. 어른들에게 받은 사과를 더 많이 먹고 싶은 동물들은 달리기 경주를 해서 빠른 순서대로 사과를 많이 가져가기로 했어요. 말, 소, 양, 개, 돼지 순서로 골인했고, 약속대로 사과를 나누었답니다. 동물들은 즐거운 시간을 기억하기 위해 윷놀이를 만들었어요. 나무로 만든 윷가락을 던져서 도개걸윷모에 맞추어 말을 움직이는 놀이랍니다. 이번 명절에는 가족들과 어떤 전통놀이를 하면 좋을지 이야기 나누어 볼까요?

도입
5분

* **인사 나누기**
* **친구, 가족들과 해본 전통놀이 이야기 나누기**

전개활동1
15분

활동 1-1. 그림책 읽기(읽기 전 발문/읽기 중 발문)
* **(전) 표지질문**　어떤 동물들이 나오나요?
　　　　　　　　　이 동물들의 특징은 무엇인가요?
　　　　　　　　　동물들은 무엇을 하고 있나요?
　　　　　　　　　동물들의 표정은 어떤가요?
* **(중)** 윷놀이 이야기의 동물 5마리는 무엇일까요?
* **(중)** '윷놀이'의 유래를 알아보아요.
* **(중)** 우리나라 전통놀이에 대해서 알아보아요.

활동 1-2. 읽은 후 이야기 나누기
* **(후)** 이번 명절에 우리 친구들이 가족과 함께 하고 싶은 전통놀이는 무엇인가요?

전개활동2
30분

활동 2-1. 활동명: 윷놀이 해 보기(자리 정리 및 활동 준비)
* 팀을 나눈 후 팀명을 정한다.
* 순서를 정해 둘러앉아 윷놀이 한다.

활동 2-2. 자리 정돈 및 생각 정리
* 윷놀이 이야기를 듣고 윷놀이를 하니 윷놀이가 더 재미있었나요?
* 승리한 팀에게 박수를 쳐주며 주변 정리를 한다

기타
영상링크 외

※ 수업용 PPT와 워크지는 QR코드를 활용하세요.

① 슬라이드

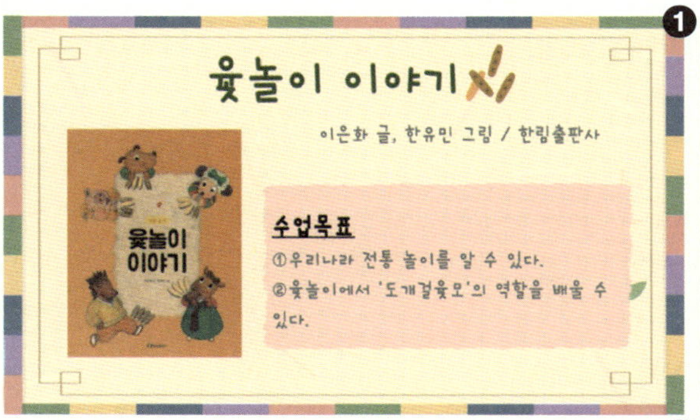

윷놀이 이야기

이은화 글, 한유민 그림 / 한림출판사

수업목표
① 우리나라 전통 놀이를 알 수 있다.
② 윷놀이에서 '도개걸윷모'의 역할을 배울 수 있다.

③ 슬라이드

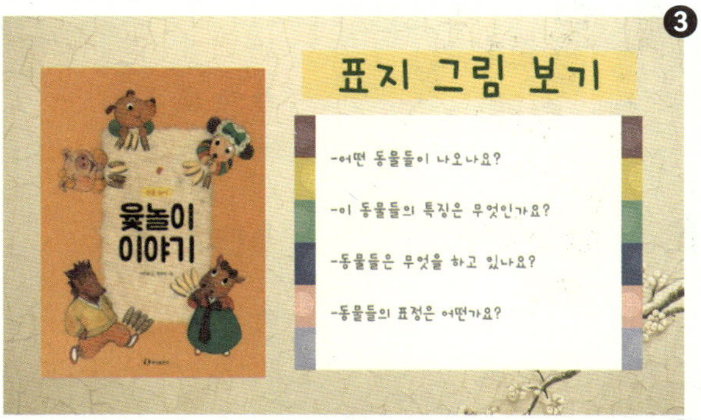

표지 그림 보기

- 어떤 동물들이 나오나요?
- 이 동물들의 특징은 무엇인가요?
- 동물들은 무엇을 하고 있나요?
- 동물들의 표정은 어떤가요?

⑥ 워크지

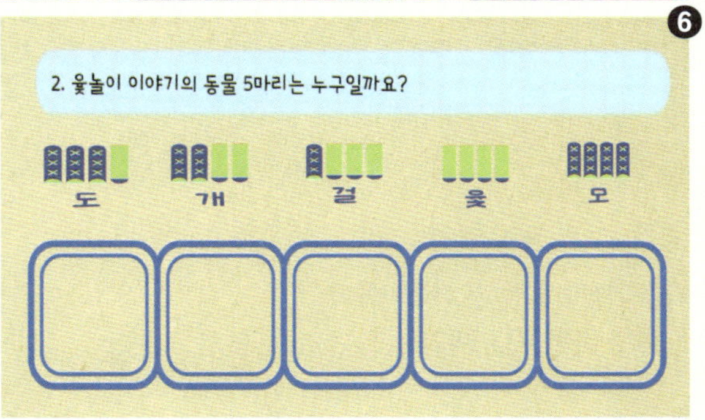

2. 윷놀이 이야기의 동물 5마리는 누구일까요?

도	개	걸	윷	모

⑨ 슬라이드

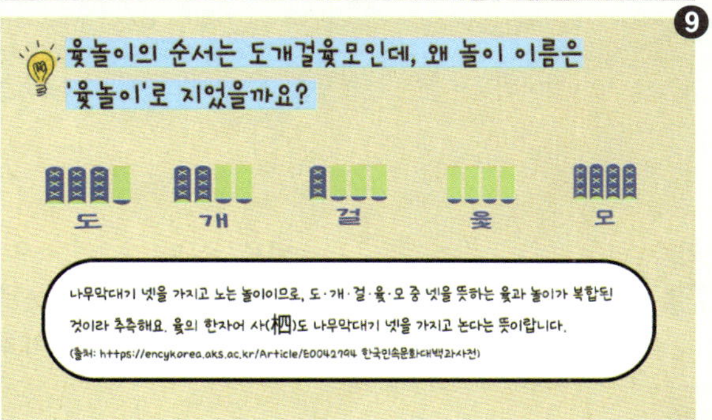

윷놀이의 순서는 도개걸윷모인데, 왜 놀이 이름은 '윷놀이'로 지었을까요?

도	개	걸	윷	모

나무막대기 넷을 가지고 노는 놀이이므로, 도·개·걸·윷·모 중 넷을 뜻하는 윷과 놀이가 복합된 것이라 추측해요. 윷의 한자어 사(柶)도 나무막대기 넷을 가지고 논다는 뜻이랍니다.
(출처: https://encykorea.aks.ac.kr/Article/E0042794, 한국민족문화대백과사전)

⑩ 워크지

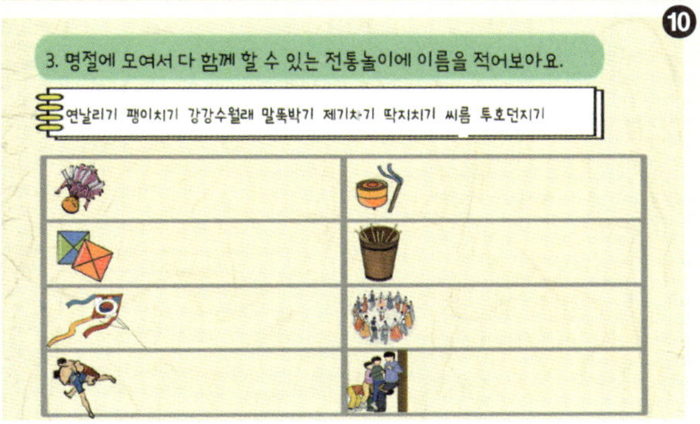

3. 명절에 모여서 다 함께 할 수 있는 전통놀이에 이름을 적어보아요.

연날리기 팽이치기 강강수월래 말뚝박기 제기차기 딱지치기 씨름 투호던지기

⑪ 워크지

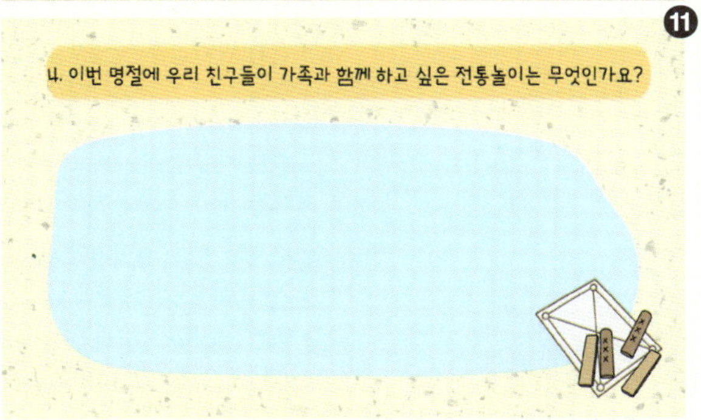

4. 이번 명절에 우리 친구들이 가족과 함께 하고 싶은 전통놀이는 무엇인가요?

---

① 수업 목표에서 볼 수 있듯이 지식과 정보 습득을 위한 도서입니다. 전통문화에 대한 지식을 습득하는 것에 무게를 두면서도 윷놀이 경험을 통해 전통놀이를 익히고 재미를 느끼게 유도합니다.

③ 표지 그림을 통해 윷놀이가 동물들의 행동에서 유래했다는 등의 정보를 유추할 수 있도록 합니다.

⑥ 워크지 ②번은 책 내용의 확인이므로 표를 채워 답을 제시할 수 있도록 합니다.

⑨ 동물의 보폭과 윷놀이의 점수가 연관된다는 점을 학생들이 알 수 있게 합니다. ⑧번 슬라이드와 연계해 활동할 수 있습니다.

⑩ 워크지 ③번은 전통놀이의 이름을 익히는 것으로 정보 확인에 무게를 두고 수업을 운영합니다.

⑪ 워크지 ④번은 도입과 연관해 경험에서 이끌어내거나 수업에서 배운 정보(워크지 ③번)를 이용하도록 합니다.

44

돌려줘요, 스마트폰

기 관 명	초등돌봄교육/온동네 초등돌봄교육센터/방과후학교
대 상	초등 1~3학년/최대인원 20명
준 비 물	필기도구
소요시간	50분　　단　가　1,000원
활동목표	① 크리스마스, 산타 할아버지, 선물의 의미에 대해 이야기할 수 있다. ② 스마트폰보다 재미있는 놀이가 많다는 것을 알 수 있다.

돌려줘요, 스마트폰　　　　**도서정보** 최명숙 글, 그림　**출판사** 고래뱃속

크리스마스예요. 아이들은 산타 할아버지에게 선물을 받기 위해 편지를 보냈고, 산타 할아버지와 요정들은 아이들의 소원인 스마트폰을 선물했지요. 스마트폰은 언제 어디서든 게임기가 되고 텔레비전이 되었어요. 아이들은 더 이상 친구와 놀지 않았고 아침부터 밤까지 스마트폰만 보았어요. 산타 할아버지는 이런 모습을 보고 부랴부랴 다시 아이들 곁으로 내려왔는데요. 아이들에게는 어떤 일이 생겼을까요?

도입
5분

* 인사 나누기
* 크리스마스에 받은 선물 중 가장 기억에 남는 것 이야기하기
* 스마트폰으로 가장 많이 하는 것은 무엇인지 이야기하기

전개활동1
15분

활동 1-1. 그림책 읽기(읽기 전 발문/읽기 중 발문)
* **(전)** 표지질문　(그림 보기/상황 유추/앞뒤 표지 비교/내용 상상하기)
* **(중)** 산타 할아버지에게 왜 편지를 보냈을까요?
* **(중)** 크리스마스 선물로 스마트폰을 받고 싶은 이유는 무엇일까요?
* **(중)** 산타 할아버지는 어떤 아이에게 선물을 주나요?
* **(중)** 산타 공장의 산타 요정들은 어떻게 선물을 만들까요?

활동 1-2. 읽은 후 이야기 나누기
* **(후)** 산타 할아버지에게 스마트폰을 돌려받기 위해 아이들은 어떻게 하였나요?
* **(후)** 아이들이 산타 마을에 도착했다면 이야기는 어떻게 달라졌을까요?
* **(후)** 선택 논제 : 선물을 잘못 사용해서 다시 가져가는 것에 대해 어떻게 생각하요? (찬성/반대)

전개활동2
30분

활동 2-1. 활동명: 겨울 놀이 소개하기(자리 정리 및 활동 준비)
* 워크지에 있는 그림 카드 중 하나를 뽑아요.
* 그림 카드에 놀이 이름, 놀이 재료, 놀이 방법, 놀이 장소 등을 정리해요.
* 서로 돌아가며 자신이 뽑은 그림 카드를 소개해 보아요.

활동 2-2. 자리 정돈 및 생각 정리
* 스마트폰이 있을 때의 장단점을 생각해 보아요.

기타
영상링크 외

* **초등 1학년 100명 중 7명은 스마트폰 '과의존'** (2023.08.24/12MBC뉴스)
  https://www.youtube.com/watch?v=5ieoVELPzr8

스마트폰 과의존

※ 수업용 PPT와 워크지는 QR코드를 활용하세요.

❶

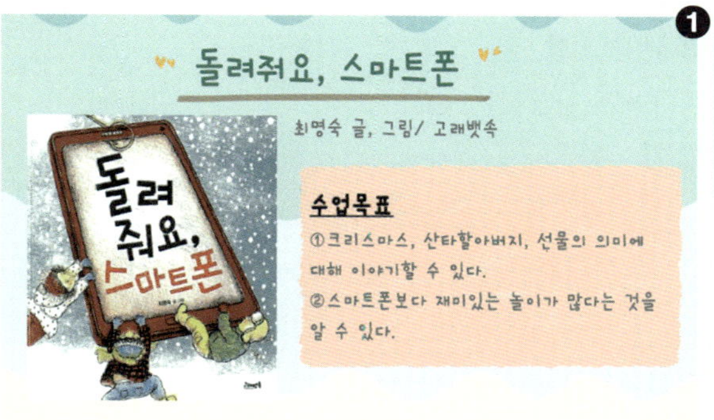

돌려줘요, 스마트폰

최명숙 글, 그림/ 고래뱃속

수업목표
①크리스마스, 산타할아버지, 선물의 의미에 대해 이야기할 수 있다.
②스마트폰보다 재미있는 놀이가 많다는 것을 알 수 있다.

❷

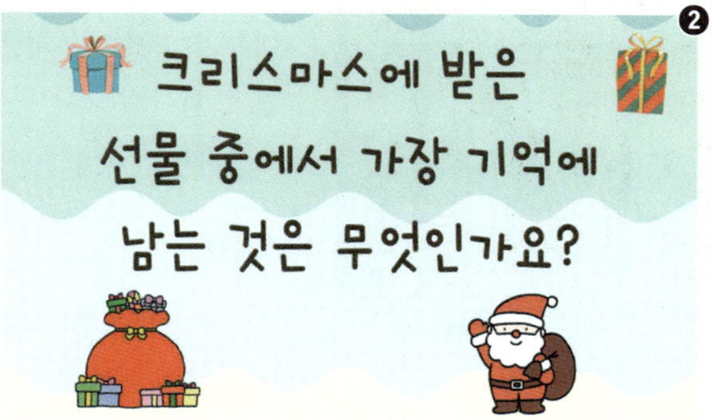

🎁 크리스마스에 받은 선물 중에서 가장 기억에 남는 것은 무엇인가요? 🎁

❸

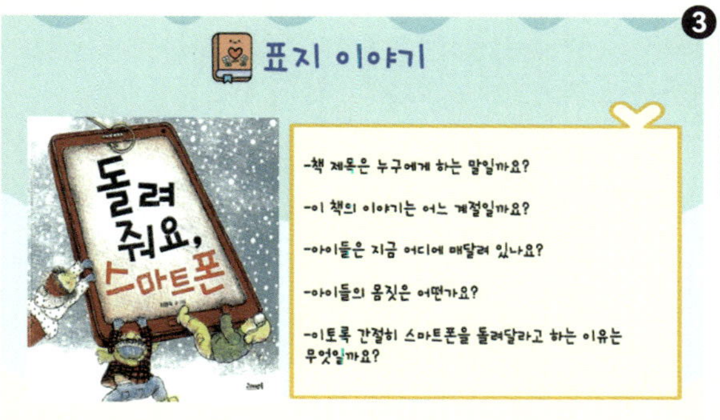

📖 표지 이야기

- 책 제목은 누구에게 하는 말일까요?

- 이 책의 이야기는 어느 계절일까요?

- 아이들은 지금 어디에 매달려 있나요?

- 아이들의 몸짓은 어떤가요?

- 이토록 간절히 스마트폰을 돌려달라고 하는 이유는 무엇일까요?

❻

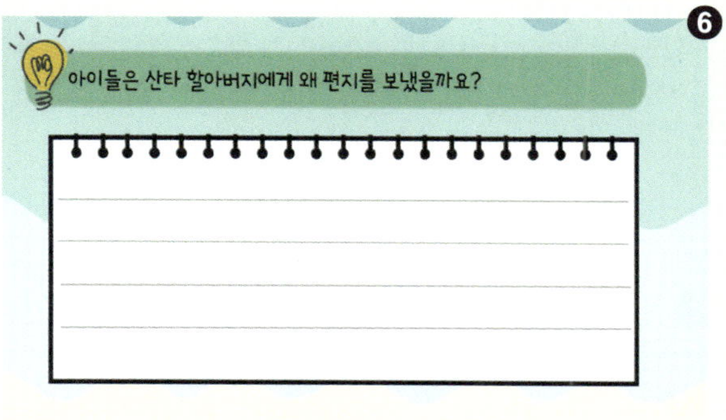

💡 아이들은 산타 할아버지에게 왜 편지를 보냈을까요?

⓫

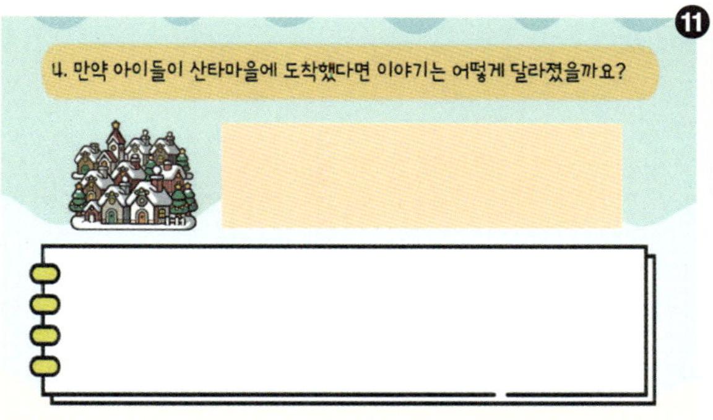

ㄴ. 만약 아이들이 산타마을에 도착했다면 이야기는 어떻게 달라졌을까요?

⓭

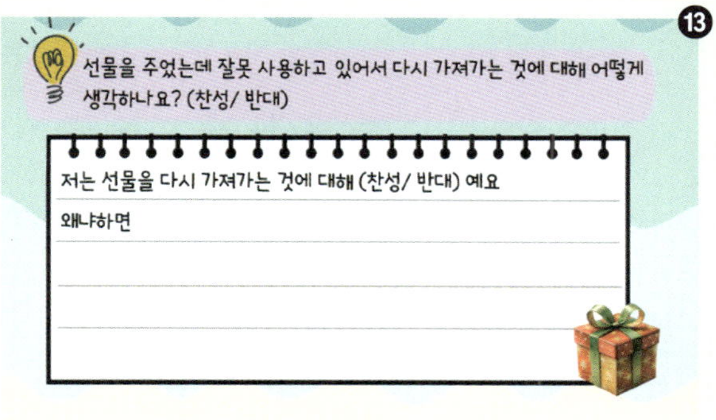

💡 선물을 주었는데 잘못 사용하고 있어서 다시 가져가는 것에 대해 어떻게 생각하나요? (찬성/ 반대)

저는 선물을 다시 가져가는 것에 대해 (찬성/ 반대) 예요
왜냐하면

---

❶ 대상도서는 디지털 기기에 대한 의존성이라는 부분이 〈스마트맨〉과 연관되고, 소재적인 면에서는 〈산타 할아버지는 알고 계신 대!〉와 유사합니다. 다른 책과 연관 없이 수업을 진행하고자 한다면 수업목표 ②번의 '스마트폰보다 재미있는 놀이 찾기'에 집중해 수업을 구성하는 것이 좋습니다.

❷ 도입 활동을 통해 책에 대한 관심을 끌어올리기 위해 크리스마스에 받은 선물에 대한 활동을 진행할 수 있습니다. 이 활동은 강사의 재량에 따라 선물의 의미를 묻거나 자신이 준 선물에 대해 이야기하는 등의 방식으로 변형할 수 있습니다.

❸ 표지 그림을 보고 학생들이 추리하는 것에 초점을 맞추었습니다. 학생들의 다양한 대답을 이끌어내는 것이 중요합니다.

❻ 내용 확인과 함께 학생들이 등장인물의 의도를 찾아내도록 합니다.

⓫ 워크지 ④번은 워크지 ③번과 연계해 진행할 수 있습니다. 워크지 ③번이 책의 내용을 확인하는 활동이라면 워크지 ④번은 그 다음 단계를 상상하도록 하는 활동이므로 함께 진행하는 것도 좋습니다.

⓭ 학생들을 찬성과 반대 팀으로 나누어 토론을 진행할 수도 있습니다. 학생들이 논리적으로 자신의 생각을 뒷받침할 수 있는지 확인하고 자신의 견해를 제시하는 방법을 익히도록 유도합니다.

45

세종대왕을 찾아라

기 관 명	초등돌봄교육/온동네 초등돌봄교육센터/방과후학교
대 상	초등 1~3학년/최대인원 20명
준 비 물	종이, 표지용 색종이, 바늘, 실, 풀, 가위, 펀치
소요시간	50분 단 가 1,000원
활동목표	① 그림을 통해 조선시대 생활상을 알 수 있다. ② 세종이 살았던 시대의 궁궐의 모습과 과거제도에 대해 배울 수 있다.

세종대왕을 찾아라

도서정보 김진 글, 정지윤 그림   **출판사** 천개의바람

세종대왕이 사라졌습니다. 신하들은 임금님을 찾기 위해 궁궐 이곳 저곳을 찾아봅니다. 오늘은 나라의 인재를 뽑는 과거 시험을 보는 날인데, 임금님이 안 계시면 시험 문제를 낼 사람이 없거든요. 혹시 백성들을 살피러 가셨나 생각이 들어 궁궐 밖 사대문을 모두 돌아다녀도 임금님은 보이지 않네요. 곧 과거 시험이 시작될 텐데, 신하들은 임금님을 찾을 수 있을까요? 임금님은 도대체 왜 사라졌을까요? 함께 이야기 나누어 보아요.

도입
5분

＊ **인사 나누기**
＊ **세종대왕에 대해서 알아보아요.**

전개활동1
15분

활동 1-1. 그림책 읽기(읽기 전 발문/읽기 중 발문)
＊ **(전) 표지질문**   그림자로 보이는 사람은 누구일까요?
　　　　　　　　　한복을 입은 사람들은 무엇을 하고 있는 것일까요?
　　　　　　　　　'세종대왕'을 왜 찾고 있을까요? 이 책은 어떤 내용일까요?
＊ **(중)** 근정전은 어디에 있는 걸까요?
＊ **(중)** 수라간은 무엇을 하는 곳인가요?

활동 1-2. 읽은 후 이야기 나누기
＊ **(후)** 세종대왕은 왜 신하들을 피해 계속 숨었을까요?
＊ **(후)** 내가 만약 왕이라면 백성들을 위해 어떤 일을 하고 싶나요?

전개활동2
30분

활동 2-1. 활동명: 오공안정침법 노트 만들기(자리 정리 및 활동 준비)
＊ 종이를 잘 접어 속지를 만들고, 원하는 색의 표지를 속지에 맞게 자른다.
＊ 속지와 표지를 잘 맞춰 구멍을 5개 뚫는다.
＊ 오공안정침법 노트를 완성한다.

활동 2-2. 자리 정돈 및 생각 정리
＊ 책을 좋아하셨던 세종대왕처럼 친구들은 어떤 책을 좋아하나요?
＊ 사용한 가위 등을 정리한다.

기타
영상링크 외

※ 수업용 PPT와 워크지는 QR코드를 활용하세요.　　※ 만들기 영상 QR

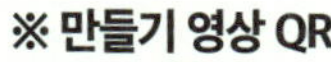

❶

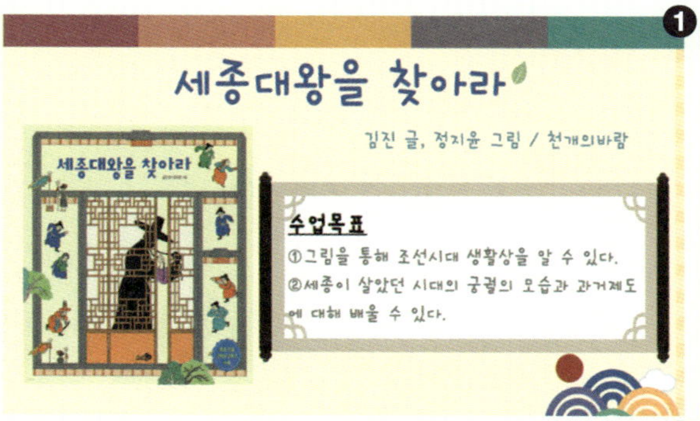

세종대왕을 찾아라

김진 글, 정지윤 그림 / 천개의바람

수업목표
① 그림을 통해 조선시대 생활상을 알 수 있다.
② 세종이 살았던 시대의 궁궐의 모습과 과거제도에 대해 배울 수 있다.

❸

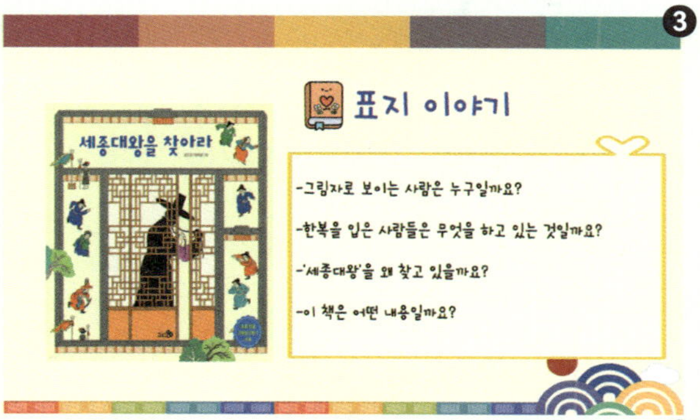

📖 표지 이야기

- 그림자로 보이는 사람은 누구일까요?

- 한복을 입은 사람들은 무엇을 하고 있는 것일까요?

- '세종대왕'을 왜 찾고 있을까요?

- 이 책은 어떤 내용일까요?

❻

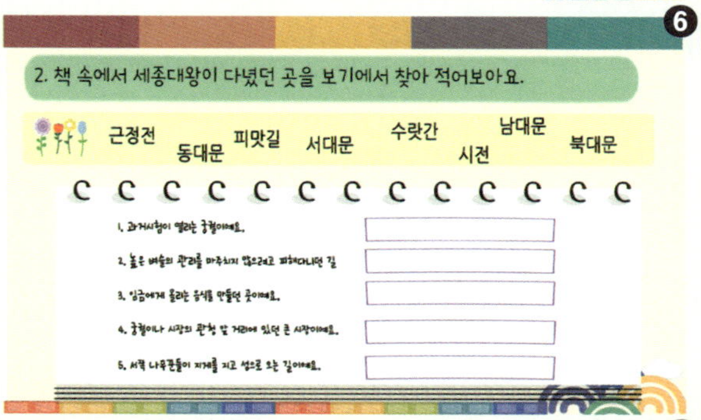

2. 책 속에서 세종대왕이 다녔던 곳을 보기에서 찾아 적어보아요.

근정전	동대문	피맛길	서대문	수랏간	시젼	남대문	북대문

1. 과거시험이 열리는 궁궐이에요.
2. 높은 벼슬의 관리를 마주치지 않으려고 피해다니던 길
3. 임금에게 올리는 음식을 만들던 곳이에요.
4. 궁궐이나 시장의 관청 앞 거리에 있던 큰 시장이에요.
5. 서적 나부꾼들이 지게를 지고 성으로 오는 길이에요.

❽

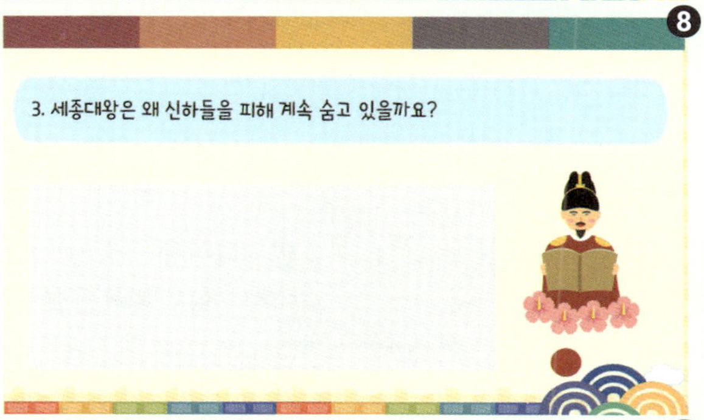

3. 세종대왕은 왜 신하들을 피해 계속 숨고 있을까요?

❾

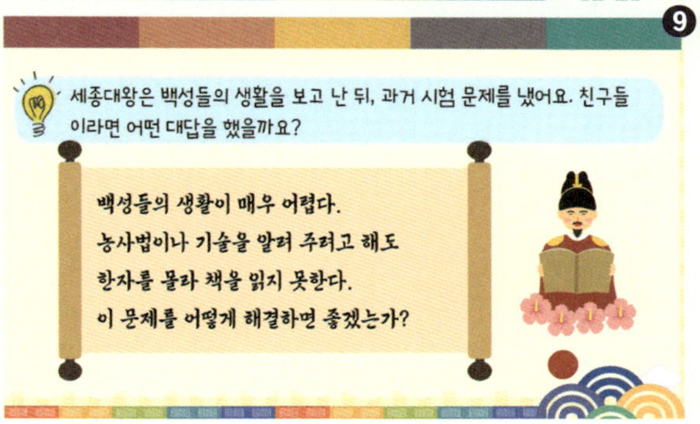

세종대왕은 백성들의 생활을 보고 난 뒤, 과거 시험 문제를 냈어요. 친구들이라면 어떤 대답을 했을까요?

> 백성들의 생활이 매우 어렵다.
> 농사법이나 기술을 알려 주려고 해도
> 한자를 몰라 책을 읽지 못한다.
> 이 문제를 어떻게 해결하면 좋겠는가?

❿

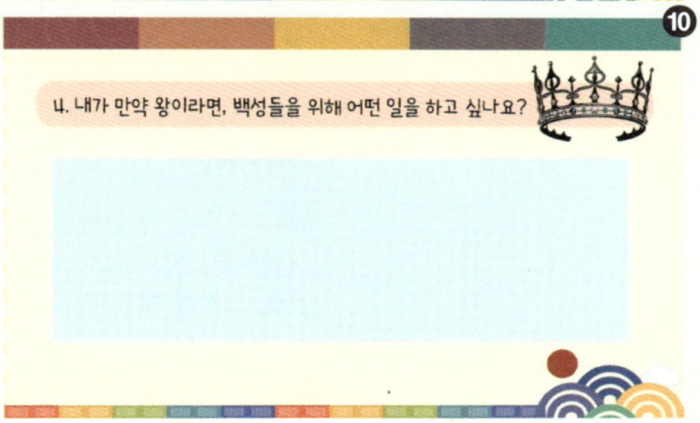

4. 내가 만약 왕이라면, 백성들을 위해 어떤 일을 하고 싶나요?

---

❶ 대상 도서는 <책벌레 이도>와 동일 인물인 세종대왕을 다루고 있습니다. 소재는 같으나 줄거리와 주제는 다르므로 수업을 구성할 때 유의합니다. <책벌레 이도>와 달리 성인 세종의 민생을 위한 행보에 무게를 두어야 합니다.

❸ 표지는 물론 이 책의 삽화 대부분은 숨은그림찾기처럼 구성되어서 학생의 흥미를 유발할 수 있습니다.

❻ 워크지 ②번은 책 내용을 확인하면서 조선시대의 생활상을 배울 수 있습니다. 현재의 모습과 비교하는 등의 활동도 가능합니다.

❽ 워크지 ③번은 책 전체의 주제를 이해해야 답할 수 있으므로 책읽기 활동 중에 미리 주요한 내용을 확인하도록 하는 것이 좋습니다.

❾ 뒤에 나오는 워크지 ④번과 연계해 책 내용을 이해하고 숙지한 후, 자기화하는 활동입니다.

❿ 워크지 ④번은 ❾번을 조금 더 체계화하여 답하도록 구성된 활동이므로 학생들이 자신의 답에 논리적 근거를 제시할 수 있게 합니다.

46 쿠키 한 입의 사랑 수업

기 관 명	초등돌봄교육/온동네 초등돌봄교육센터/방과후학교
대　　상	초등 1~3학년/최대인원 20명
준 비 물	쿠키 모양이 그려진 종이, 두꺼운 종이, 가위, 풀
소요시간	50분　　단　　가　200원
활동목표	① 나의 마음을 표현하는 말을 알 수 있다. ② 다른 사람과 소통하는 방식을 배울 수 있다.

쿠키 한 입의 사랑 수업　　　**도서정보**　에이미 크루즈 로젠탈 글, 제인 다이어·브룩 다이어 그림　　**출판사**　책읽는곰

주방에서는 맛있는 쿠키가 만들어지고 있어요. 엄마는 두 팔을 활짝 벌려 나를 안아주며 '쿠키처럼 달콤한 우리 아가'라고 불러주고, 사랑의 마음을 한껏 전해주지요. 쿠키를 나누며 우애와 다정을 배우고, 만드는 과정을 통해서 위로와 용서도 알게 되지요. 괴로움, 너그러움, 행복한 감정을 알아갈 때도 쿠키 하나로부터 시작된답니다. 우리 친구들은 오늘 쿠키로부터 무엇을 배웠나요? 함께 이야기해 보아요.

도입
5분

＊ **인사 나누기**
＊ **내가 직접 만들어 본 음식을 소개해 보세요.**

전개활동1
15분

활동 1-1. 그림책 읽기(읽기 전 발문/읽기 중 발문)
＊ **(전) 표지질문**　그림 속 두 사람은 어떤 사이일까요? 무엇을 먹고 있나요?
　　　　　　　　　두 사람의 표정은 어떤가요? 생쥐들은 무엇을 하고 있나요?
　　　　　　　　　쿠키 한 입에서 느낄 수 있는 감정은 무엇일까요?
＊ **(중)** 다양한 감정들을 나타내는 표현들을 나만의 문장으로 설명해 보아요.
＊ **(중)** 부모님의 사랑을 느끼는 때는 언제인가요?

활동 1-2. 읽은 후 이야기 나누기
＊ **(후)** 감탄, 짝사랑, 사랑은 어떤 뜻이라고 생각하나요?
＊ **(후)** 내가 쿠키를 만든다면 어떤 쿠키를 만들고 싶나요?

전개활동2
30분

활동 2-1. 활동명: 쿠키 그림 맞추기 게임(자리 정리 및 활동 준비)
＊ 여러 가지 쿠키 모양이 있는 종이를 자른다.
＊ 5명씩 나누어 앉는다.
＊ 카드를 뒤집어 카드 순서에 맞게 먼저 맞추는 게임

활동 2-2. 자리 정돈 및 생각 정리
＊ 어떤 종류의 쿠키를 좋아하는지 이야기를 나눈다.
＊ 사용한 가위 등을 정리한다.

기타
영상링크 외

※ 수업용 PPT와 워크지는 QR코드를 활용하세요.   ※ 만들기 영상 QR

❶

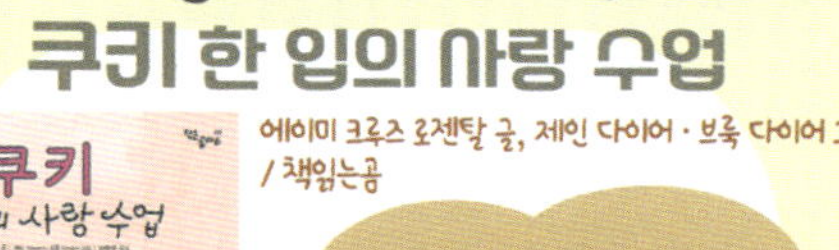

❷

내가 직접 만들어 본 음식을 소개해 주세요.

❸

❻

2. 다양한 감정들은 예를 들어 설명해주면 더 잘 이해할 수 있어요. 우리도 책에 나타난 표현들을 나만의 문장으로 설명해볼까요?

감탄한다는 건 이런 거야. "진짜 맛있는 냄새가 나요! 아아, 얼른 먹고 싶어요!"

2-1〉 사랑이 담긴 말이란 이런 거야.

2-2〉 마음이 잘 통한다는 건 이런 거야.

2-3〉 믿음직하다는 건 이런 거야.

❼

3. 〈감탄, 짝사랑, 사랑〉 은 어떤 뜻이라고 생각하나요?

❽

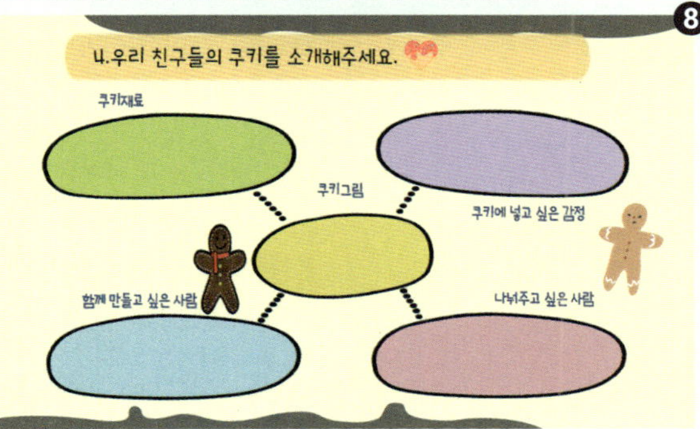

❶ 소재와 주제는 <데이지와 감정 드래곤>, <일곱 빛깔 내 감정의 책>과 유사하고, 활동은 <내가 가장 듣고 싶은 말>과 비슷하므로 수업 구성 시 유의합니다.

❷ 도입으로 만들어 본 음식이 없다면 만들고 싶은 음식으로 변경할 수 있습니다.

❸ 표지 그림을 보며 두 사람의 관계나 감정 등에 대해 학생들이 자유롭게 표현하도록 합니다.

❻ 워크지 ②번은 책의 문장을 이용해 창의적으로 표현하는 활동입니다. 워크지에 제시된 것 외에 학급 상황에 따라 변경하거나 추가해 수행할 수 있습니다.

❼ 워크지 ③번도 학습 여건에 따라 다른 예를 추가해 활동할 수 있습니다.

❽ 워크지 ④번은 자신의 감정을 넣은 쿠키를 만드는 활동을 계획하는 것으로 학생들이 제한 없이 다양하게 표현할 수 있도록 진행합니다.

47

괴물이 오면

기 관 명	초등돌봄교육/온동네 초등돌봄교육센터/방과후학교
대 상	초등 1~3학년/최대인원 20명
준 비 물	필기도구
소요시간	50분 　　단 　가
활동목표	① 괴물에 대한 다양한 상상력을 표현할 수 있다. ② 보이지 않는 두려움을 직접 그림이나 글로 표현해 직면함으로써, 내 마음을 다독일 수 있다.

괴물이 오면

도서정보 안정은 글, 그림　　**출판사** 이야기꽃

캄캄한 밤에 잠자리에 들 때면, 엄마가 곁에 있는데도 무서움이 생겨요. 엄마가 잠든 사이에 괴물이 나를 잡아갈까 봐 걱정이지요. 그런데 괴물은 어떻게 생겼는지, 어디에서 무엇을 타고 오는지 도란도란 이야기하다 보니 궁금한 점이 많이 생겼어요. 그리고 괴물이 여기까지 오는 것도 무척 힘들 것 같은데요. 아이는 괴물을 만나면 어떤 이야기를 해주고 싶을까요?

도입
5분

* **인사 나누기**
* **내가 읽고 싶은 괴물이 나오는 그림책 제목 말하기**
   (괴물들이 사는 궁궐, 괴물들이 사는 나라, 나쁜 말 먹는 괴물, 진짜 진짜 재밌는 괴물 그림책, 소리 괴물, 장난감 먹는 괴물, 별을 삼킨 괴물, 걱정 괴물이 뭐래?, 김치 괴물, 괴물이 나타났다, 냉장고 먹는 괴물, 우리 집에는 괴물이 우글우글, 심술쟁이 붉은 괴물, 해치와 괴물 사형제)

전개활동1
20분

활동 1-1. 그림책 읽기(읽기 전 발문/읽기 중 발문)
* **(전)** 표지질문　(그림 보기/상황 유추/앞뒤 표지 비교/내용 상상하기)
* **(중)** 함께 책을 읽으며 발문하기
   (아이는 왜 캄캄한 밤에 괴물이 나올 것 같다고 생각했을까요?/친구들이 생각한 괴물의 모습은 어떤가요?/괴물이 우리집에 오는 다른 방법을 이야기해 보아요.)

활동 1-2. 읽은 후 이야기 나누기
* **(후)** 괴물은 크고 힘도 센데 왜 집에 오는 길이 힘든 걸까요?
* **(후)** 친구들은 괴물을 만나면 어떤 이야기를 해주고 싶나요?
* **(후)** 괴물에 대한 이야기를 나눈 후, 아이의 마음은 어떻게 달라졌나요?

전개활동2
25분

활동 2-1. 활동명: 괴물판 만들기
* 정사각형 종이를 9칸 종이 접기(가로 3등분, 세로 3등분)
* 가운데 세로 부분 남겨두고, 양쪽 가로 두 줄 남기기
* 머리/몸통/다리 그림 그리고, 접었다 폈다 하며 새로운 모습 남기기

활동 2-2. 활동명: 괴물 콜라주(자리 정리 및 활동 준비)
* 내가 생각하는 괴물의 모습을 콜라주로 표현해 보아요.

활동 2-3. 아이와 괴물의 꿈을 그려보아요.
* 마지막 장면에서 아이와 괴물이 꾸고 있는 꿈을 그려 보아요.

기타
영상링크 외

* **괴물판 만들기 활동 참고 영상/상상 속의 괴물 그리기**
   https://www.youtube.com/watch?v=q1AYS3SGb-M

괴물판 만들기

※ 수업용 PPT와 워크지는 QR코드를 활용하세요.

❶

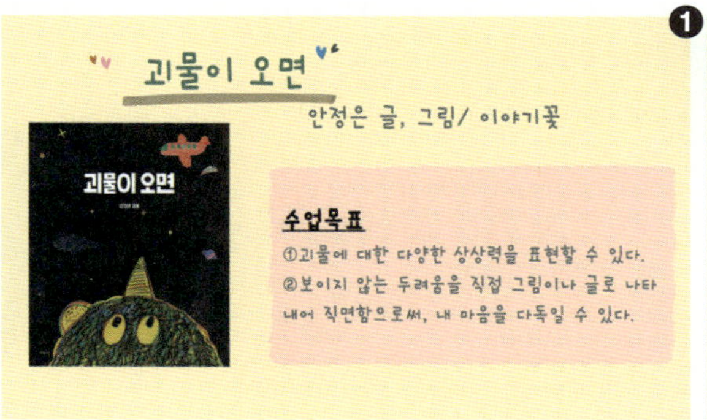

괴물이 오면

안정은 글, 그림/ 이야기꽃

수업목표
①괴물에 대한 다양한 상상력을 표현할 수 있다.
②보이지 않는 두려움을 직접 그림이나 글로 나타내어 직면함으로써, 내 마음을 다독일 수 있다.

❷

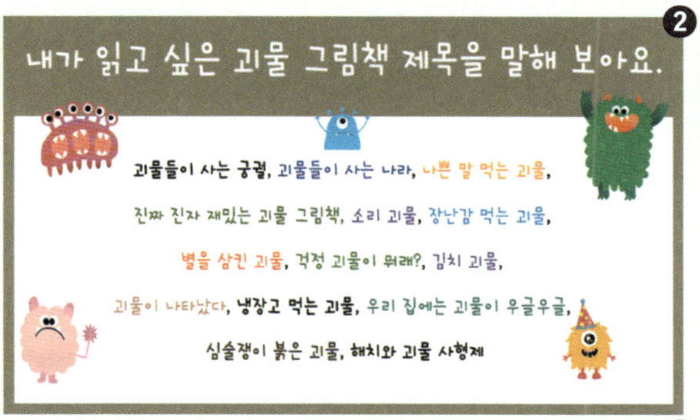

내가 읽고 싶은 괴물 그림책 제목을 말해 보아요.

괴물들이 사는 궁궐, 괴물들이 사는 나라, 나쁜 말 먹는 괴물,

진짜 진짜 재밌는 괴물 그림책, 소리 괴물, 장난감 먹는 괴물,

별을 삼킨 괴물, 걱정 괴물이 뭐래?, 김치 괴물,

괴물이 나타났다, 냉장고 먹는 괴물, 우리 집에는 괴물이 우글우글,

심술쟁이 붉은 괴물, 해치와 괴물 사형제

❸

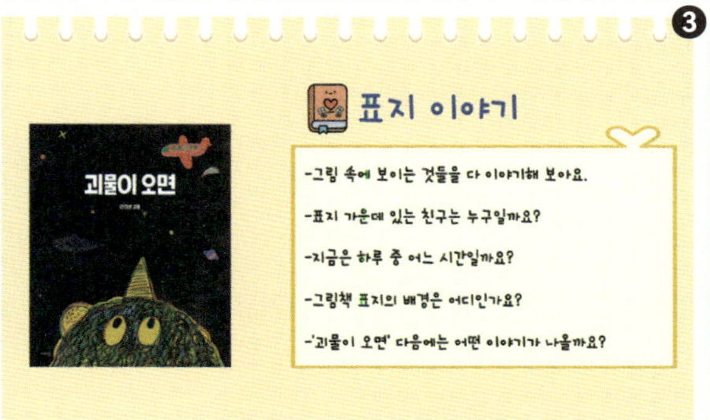

📖 표지 이야기

- 그림 속에 보이는 것들을 다 이야기해 보아요.
- 표지 가운데 있는 친구는 누구일까요?
- 지금은 하루 중 어느 시간일까요?
- 그림책 표지의 배경은 어디인가요?
- '괴물이 오면' 다음에는 어떤 이야기가 나올까요?

❽

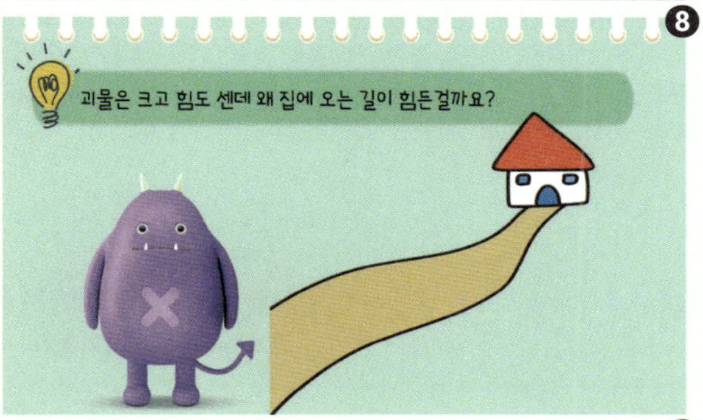

괴물은 크고 힘도 센데 왜 집에 오는 길이 힘든걸까요?

❾

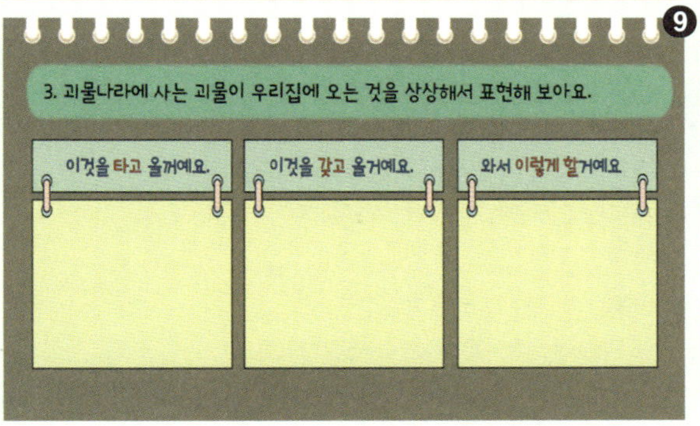

3. 괴물나라에 사는 괴물이 우리집에 오는 것을 상상해서 표현해 보아요.

이것을 타고 올꺼예요.	이것을 갖고 올거예요.	와서 이렇게 할거예요

⓫

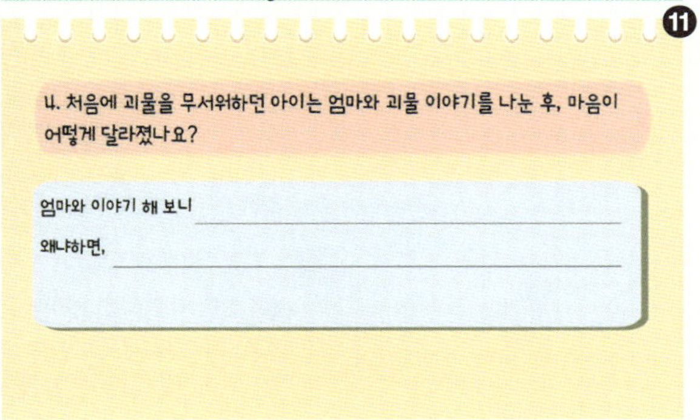

ㄴ. 처음에 괴물을 무서워하던 아이는 엄마와 괴물 이야기를 나눈 후, 마음이 어떻게 달라졌나요?

엄마와 이야기 해 보니 ______________

왜냐하면, ______________

❶ 대상도서는 어린이들이 지닌 근원적인 두려움과 그보다 큰 상상력을 보여주는 책입니다. 어린이들이 자신의 두려움을 그림이나 글로 실체화하고 그것을 상상력을 통해 풀어낼 수 있도록 수업을 운영하는 것이 좋습니다.

❷ 제시된 내용 중에서 찾는 것도 가능하고 학생들이 스스로 만들어내도록 활동을 구성할 수도 있습니다.

❸ 표지 활동을 통해 그림 속 이야기를 구성하도록 유도합니다.

❽ 내용의 확인과 함께 학생들이 상상력을 발휘해서 괴물의 약점을 찾도록 할 수 있습니다.

❾ 워크지 ③번은 학생들이 자유롭게 표현할 수 있도록 합니다. 그 과정에서 다소 엉뚱한 답이 나오더라도 수용하거나 다른 학생들과 함께 조율할 수 있도록 이끌어야 합니다.

⓫ 워크지 ④번은 내용 확인과 함께 등장인물을 이해할 수 있는 활동입니다. 학생들이 대상도서의 내용과 다소 다른 답을 하더라도 유연하게 대처하는 것이 좋습니다.

48

일곱 빛깔 내 감정의 책

기 관 명	초등돌봄교육/온동네 초등돌봄교육센터/방과후학교
대　　상	초등 1~3학년/최대인원 20명
준 비 물	종이컵, 탁구공
소요시간	50분　　단　가　500원
활동목표	① 감정에 관한 단어를 찾고, 올바르게 다루는 방법을 알 수 있다. ② 나의 감정을 색으로 표현할 수 있다.

일곱 빛깔 내 감정의 책　　　　**도서정보**　스테파니 쿠튀리에 글, 모렌 푸아뇨넥 그림　　**출판사**　청어람미디어

시몬느의 하루에 일곱 빛깔 감정 몬스터들이 등장합니다. 집에서도 학교에서도 맘에 안 드는 일투성인 화딱지 괴물, 늑대 이야기를 듣고 난 뒤 밤에 나타나는 겁쟁이 꼬마, 자전거 타기를 스스로 해낸 시몬느에게 나타난 내가 해냈다 몬스터, 언니 옷만 사주는 엄마에게 속상한 마음이 들게 하는 샘쟁이 악당이지요. 하지만 시몬느는 이런 감정들을 잘 다독여 자신에게 좋은 방향으로 이끌 수 있어요. 알록달록한 감정들은 언제나 나타나니까요. 우리 친구들에게는 어떤 감정 몬스터들이 있나요? 함께 이야기 나누어보아요.

도입 5분	✳ **인사 나누기** ✳ **오늘 나의 하루를 색으로 표현한다면 어떤 색으로 표현하고 싶은가요?** 　**그 이유는 무엇인가요?**
전개활동1 15분	**활동 1-1. 그림책 읽기(읽기 전 발문/읽기 중 발문)** ✳ **(전) 표지질문**　이 책은 무엇에 관한 이야기일까요? 　　　　　　　　아이는 무엇을 하고 있나요? 　　　　　　　　그림 속 캐릭터들의 생김새는 어떤가요? 　　　　　　　　일곱 감정들의 색깔과 이름이 잘 어울린다고 생각하나요? ✳ **(중)** 일곱 빛깔 몬스터의 이름을 보고 어떤 감정인지 이야기해 보아요. **활동 1-2. 읽은 후 이야기 나누기** ✳ **(후)** 화딱지 괴물이 찾아왔을 때, 여러분은 어떻게 화를 푸나요? ✳ **(후)** 일곱 명의 감정 몬스터 중 가장 마음에 드는 캐릭터는 누구인가요? ✳ **(후)** 우리 친구들에게 가장 자주 나타나는 감정 몬스터를 소개해 보세요.
전개활동2 30분	**활동 2-1. 활동명: 감정 공 잡기(자리 정리 및 활동 준비)** ✳ 셋씩 짝을 이룬다. ✳ 한 명은 감정 공 5개를 굴려주며 5개의 감정 중 하나를 이야기한다. ✳ 종이컵을 잡은 두 명의 친구는 감정 이름을 듣고 그에 해당하는 감정 공을 종이컵으로 잡는다. **활동 2-2. 자리 정돈 및 생각 정리** ✳ 감정 몬스터가 있다면 어떤 감정 몬스터를 만나고 싶나요? ✳ 나에게서 없애고 싶은 감정 몬스터는 무엇인가요?
기타 영상링크 외	

※ 수업용 PPT와 워크지는 QR코드를 활용하세요.　　　※ 만들기 영상 QR

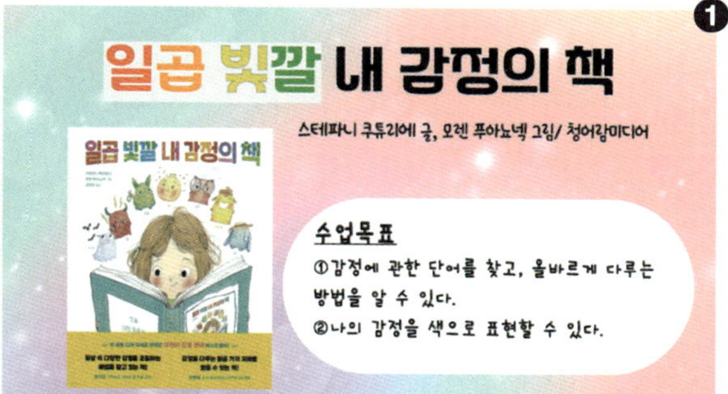

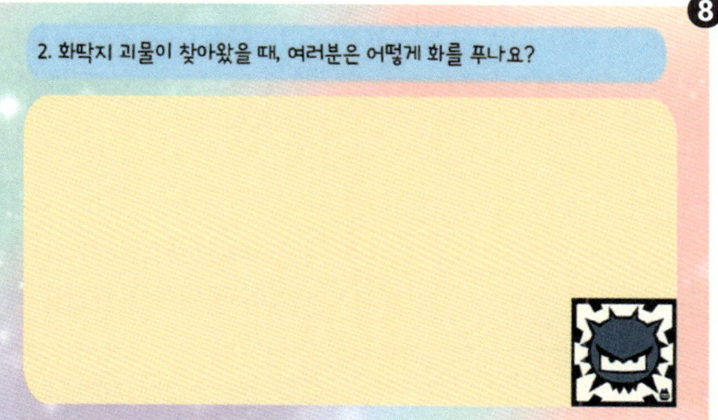

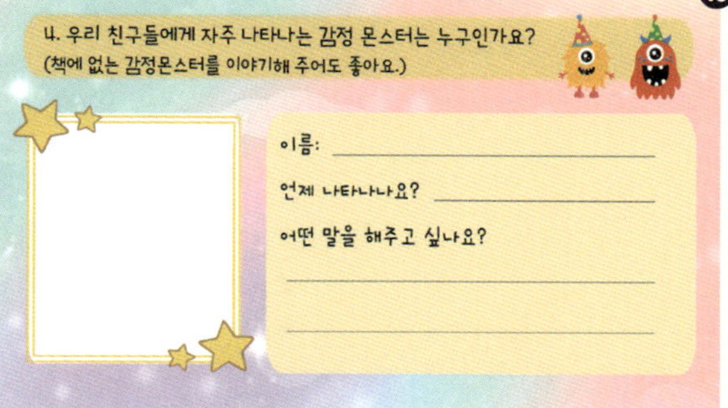

❶ <데이지와 감정 드래곤>, <쿠키 한 입의 사랑 수업>과 소재적인 면에서 매우 유사합니다. 수업 구성 시 이 점을 고려합니다.

❷ 번호로 제시된 색을 고르되 느낌과 이유를 명확히 표현하도록 합니다.

❻ 책 표지를 이용해 활동해도 됩니다. 또는 애니메이션 <인사이드 아웃>의 캐릭터와 유사하므로 비교하고 대조하는 방식으로 학생의 이해를 유도할 수 있습니다.

❽ 워크지 ②번의 경우 <내가 가장 듣고 싶은 말>의 활동과 매우 유사하므로 수업 구성 시 고려합니다. 또 쓰기 활동을 진행하기 위해서는 말하기 활동을 먼저 하는 것이 효과적입니다.

❾ 워크지 ③번 활동은 이유를 밝히도록 하고 학생의 감정 표현이나 감정 처리에 대해서도 말할 수 있게 진행합니다.

❿ 워크지 ④번 활동 시 학생별로 살피는 것이 필요합니다. 혹은 학생에게 자주 찾아오는 감정이 책에 등장하지 않는다면 새로운 몬스터를 찾도록 도와줍니다.

49

안녕, 나의 고래

기 관 명	초등돌봄교육/온동네 초등돌봄교육센터/방과후학교
대 상	초등 1~3학년/최대인원 20명
준 비 물	색지, 빨대, 플라스틱 돔, 스티로폼 공
소요시간	50분　　단　가　1,000원
활동목표	① 아기 고래를 지켜주고 싶은 엄마의 모성애를 느낄 수 있다. ② 해양생태계의 오염으로 힘들어하는 바다생물들을 생각해 볼 수 있다.

안녕, 나의 고래　　　　　**도서정보** 장은혜 글, 그림　**출판사** 크레용하우스

푸른 바다에 엄마고래 한 마리가 아기를 만날 준비를 하고 있어요. 갓 태어난 아기고래를 보며 벅찬 감동을 느낀 엄마고래는, 아름다운 바다에서 이 아기를 지켜주겠노라 다짐하지요. 그러나 바닷속 여행길에서 끈적끈적한 검은 그림자를 만나게 되고, 아기고래가 그 안에 갇혀 버리고 마는데요. 엄마고래는 위험에 빠진 아기고래에게 달려가며 처음 아기고래를 만났던 순간을 떠올립니다. 눈을 다시 떴을 때, 이들에게 보이는 바다는 어떤 모습일까요? 함께 이야기 나누어 보아요.

도입
5분

＊ **인사 나누기**
＊ **엄마의 사랑을 느꼈을 때 이야기 나누기**

전개활동1
15분

활동 1-1. 그림책 읽기(읽기 전 발문/읽기 중 발문)
＊ **(전) 표지질문**　이곳은 어디일까요?
　　　　　　　　　그림 속 고래 두 마리는 어떤 사이일까요?
　　　　　　　　　지금 바다는 어떤 빛깔인가요?
　　　　　　　　　고래에게 '안녕' 하고 인사한 이유는 무엇일까요?
＊ **(중)** 엄마고래와 아기고래를 덮친 검은 그림자는 무엇이었나요?
＊ **(중)** 엄마고래가 아기고래를 따라 검은 그림자 속으로 들어간 이유는 무엇일까요?

활동 1-2. 읽은 후 이야기 나누기
＊ **(후)** 바다가 오염되어 푸른 바다가 사라지면, 어떤 일들이 생길까요?
＊ **(후)** 환경오염이 일어나지 않도록 우리가 할 수 있는 일은 무엇일까요?

전개활동2
30분

활동 2-1. 활동명: 고래 피리 만들기(자리 정리 및 활동 준비)
＊ 고래 모양으로 종이를 자른다.
＊ 빨대를 넣고 플라스틱 돔을 연결한다.
＊ 고래를 꾸며준 후 플라스틱 공을 넣고 불어본다.

활동 2-2. 자리 정돈 및 생각 정리
＊ 우리는 지금 어떻게 숨을 쉴까요?
＊ 가위, 풀, 스티커 등을 정리한다.

기타
영상링크 외

※ 수업용 PPT와 워크지는 QR코드를 활용하세요.

※ 만들기 영상 QR

❶

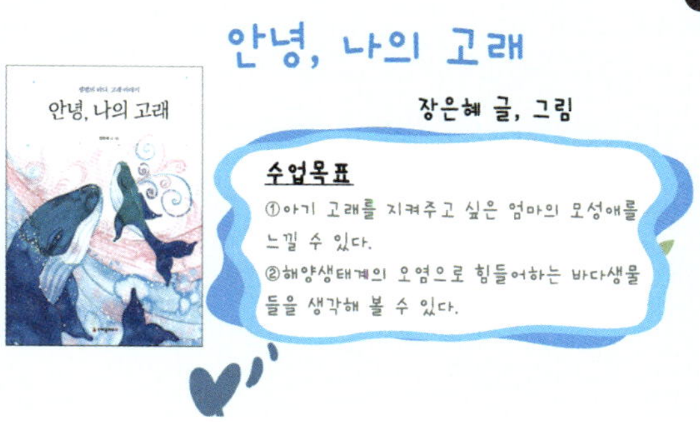

안녕, 나의 고래

장은혜 글, 그림

수업목표
①아기 고래를 지켜주고 싶은 엄마의 모성애를 느낄 수 있다.
②해양생태계의 오염으로 힘들어하는 바다생물들을 생각해 볼 수 있다.

❸

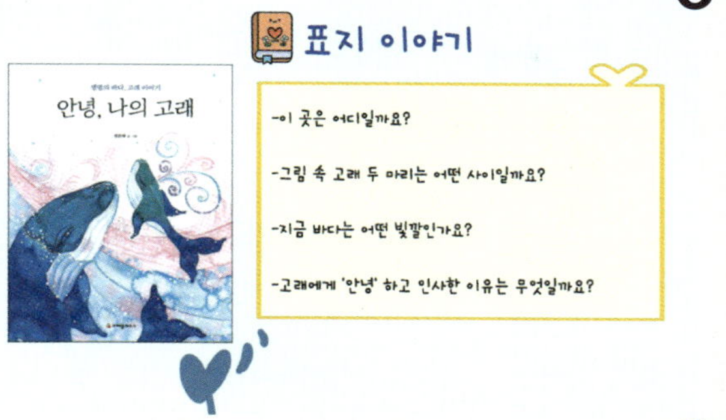

📖 표지 이야기

-이 곳은 어디일까요?

-그림 속 고래 두 마리는 어떤 사이일까요?

-지금 바다는 어떤 빛깔인가요?

-고래에게 '안녕' 하고 인사한 이유는 무엇일까요?

❻

2. 엄마 고래와 아기 고래를 덮친 검은 그림자는 무엇이었나요?

❼

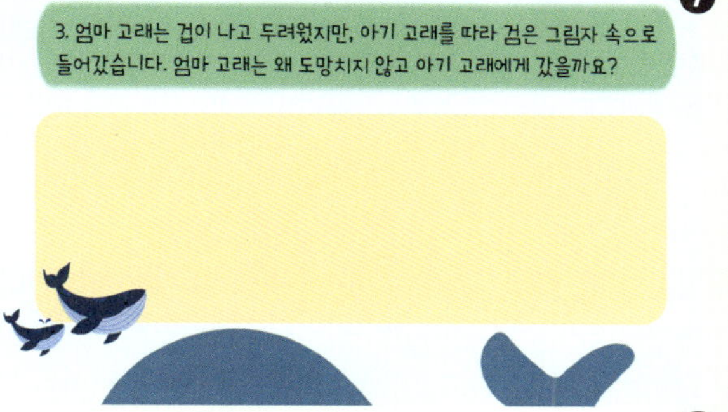

3. 엄마 고래는 겁이 나고 두려웠지만, 아기 고래를 따라 검은 그림자 속으로 들어갔습니다. 엄마 고래는 왜 도망치지 않고 아기 고래에게 갔을까요?

❽

4. 바다가 오염되어서 푸른 바다가 사라지면, 어떤 일들이 생길까요?

❿

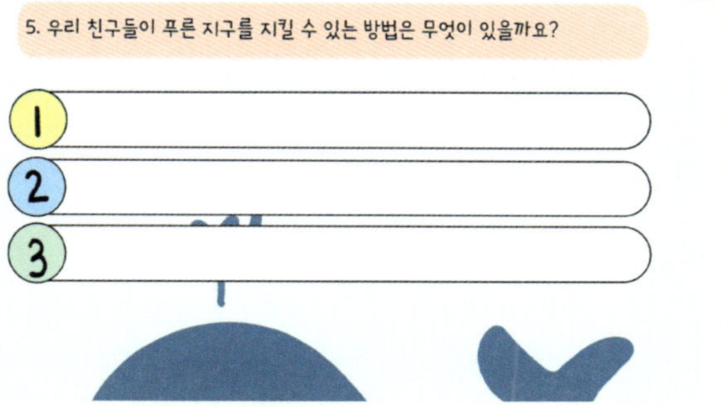

5. 우리 친구들이 푸른 지구를 지킬 수 있는 방법은 무엇이 있을까요?

1
2
3

❶ 수업 목표는 환경오염과 고래의 모성애에 대한 것입니다. 해양오염을 강조하는 수업을 구성한다면 학생들이 해결책을 모색할 수 있도록 합니다. 고래의 모성애에 집중한다면 자신의 가족 이야기로 전환할 수 있습니다. (어머니만으로 제한하는 것은 지양)

❸ 표지를 보며 이야기를 구성해 봅니다. 표지 그림만으로 이야기를 구성할 수 있도록 합니다.

❻ 워크지 ②번은 상징적인 표현 때문에 책을 읽어도 한 번에 이해되지 않을 수 있습니다. 따라서 강사는 책을 읽는 활동을 진행하면서 학생들이 해양오염에 대해 알 수 있도록 도와주어야 합니다.

❼ 워크지 ③번은 주인공에 공감해서 그 생각을 읽어내는 활동입니다. 학생들이 자유롭게 답하도록 해야 하지만, 수업 목표인 모성애가 분명히 인지되도록 합니다.

❽ 워크지 ④번은 책 속에서 알아낸 것을 바탕으로 사고를 확장하도록 합니다. 해양오염에 대해 학생들의 정보가 적다면 책읽기 활동을 수행할 때 미리 제공하는 것이 바람직합니다.

❿ 워크지 ⑤번은 학생들이 능동적으로 문제 해결 방안을 제시하는 활동입니다. 학습자 개인이 개별적으로 수행할 수도 있고 찾아낸 해결책을 표결에 붙이는 방식 등으로 확장해도 됩니다.

50

읽는 사람 김득신

기 관 명	초등돌봄교육/온동네 초등돌봄교육센터/방과후학교
대　　상	초등 1~3학년/최대인원 20명
준 비 물	부채, 압화 스티커, 채색도구, 캘리 펜
소요시간	50분　　　단 가　　2,000원
활동목표	① 자꾸 잊어버려도 끝까지 책읽기를 포기하지 않았던 인물, 김득신에 대해 알 수 있다. ② 속도의 차이는 있지만 노력은 반드시 결실을 맺는다는 것을 알 수 있다. ③ 노력과 꾸준함에 대해 생각해볼 수 있다.

읽는 사람 김득신　　　**도서정보**　전자윤 글, 박슬기 그림　　**출판사**　우주나무

김득신은 양반가에서 태어났지만 어릴 때 앓은 마마라는 병으로 인해 배운 것을 금방 잊어버렸습니다. 그래서 같이 공부하던 또래들의 놀림도 받고, 집안 어른들의 걱정도 있었지요. 그러나 득신의 아버지는 열심히 글을 읽는 아들의 노력을 칭찬하며 따뜻하게 안아주었고, 아버지의 가르침에 힘입어 득신은 한 책을 천 번 만 번씩이나 반복해서 읽었답니다. 다독과 성실함으로 글공부를 하던 김득신은 포기하지 않고 과거시험을 봐서 59세에 급제하였습니다. 그리고 좋은 시도 많이 지어 시인으로 이름을 날렸답니다.

도입
5분

* **인사 나누기**
* **내가 가장 좋아하는 위인 소개하기**

전개활동1
15분

활동 1-1. 그림책 읽기(읽기 전 발문/읽기 중 발문)

* **(전) 표지질문**　이 책의 주인공을 어떻게 소개하고 있나요? 책의 배경은 어느 시대일까요?
　　　　　　　　　옷차림으로 보아 주인공의 신분은 어떻다고 생각하나요?
　　　　　　　　　주인공은 지금 무엇을 하고 있나요?
* **(중)** 김득신이 어릴 때 어떤 일이 있었나요?
* **(중)** 김득신 부모님의 걱정은 무엇일까요?
* **(중)** 김득신의 고민은 무엇인가요?
* **(중)** 친구들보다 늦된 김득신을 바라보는 부모님의 마음은 어떠한가요?
* **(중)** 김득신이 늦은 나이까지 과거시험을 본 이유는 무엇인가요?

활동 1-2. 읽은 후 이야기 나누기

* **(후)** 김득신은 왜 글 읽기를 포기하지 않고 계속 노력했을까요?
* **(후)** 만약 김득신이 친구들의 이야기처럼 과거시험을 포기했다면 어땠을까요?
* **(후)** 김득신에게 노력과 꾸준함이 있다면 나에게는 어떤 장점이 있나요?

전개활동2
30분

활동 2-1. 활동명 : 나를 어떻게 표현할지 생각해보기

* '읽는 사람 김득신'처럼 나를 정의해 보고, 멋진 말 한 문장으로 표현해 보아요.

활동 2-2. 캘리 엽서에 꾸미기

* 캘리 엽서에 나에 대한 정의와 문장 적어보기
　〈캘리그라피로 표현해도 되고, 연필이나 펜도 가능. 그림도 자유롭게 표현하기〉

활동 2-3. 자리 정돈 및 생각 정리

기타
영상링크 외

* **조선시대 독서왕, 김득신**
　https://www.youtube.com/watch?v=XgYWnl2qsUQ

조선시대 독서왕, 김득신

※ 수업용 PPT와 워크지는 QR코드를 활용하세요.

❶
읽는 사람 **김득신**

전자윤 글, 박슬기 그림/ 우주나무

수업목표
①자꾸 잊어버려도 끝까지 책읽기를 포기하지 않았던 인물, 김득신에 대해 알 수 있다.
②속도의 차이는 있지만 노력은 반드시 결실을 맺는다는 것을 알 수 있다.
③노력과 꾸준함에 대해 생각해 볼 수 있다.

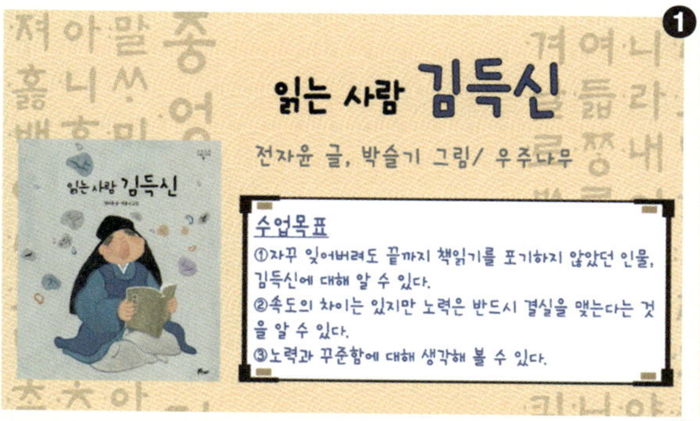

❷

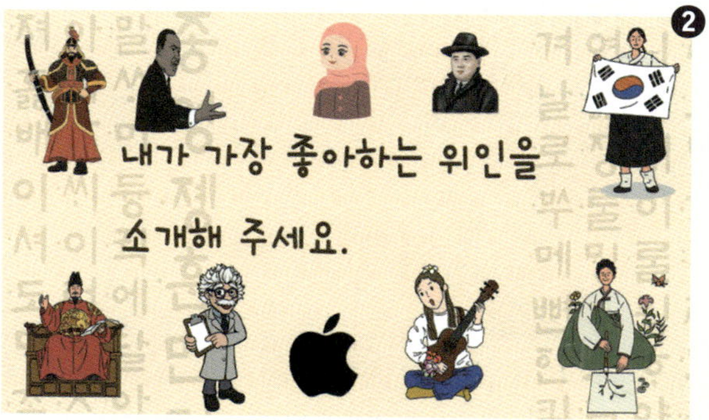

❸
📖 **표지 이야기**

-이 책의 주인공을 어떻게 소개하고 있나요?

-책의 배경은 어느 시대일까요?

-옷차림으로 보아 주인공의 신분은 어떻다고 생각하나요?

-주인공은 지금 무엇을 하고 있나요?

-이 책은 어떤 이야기일까요?

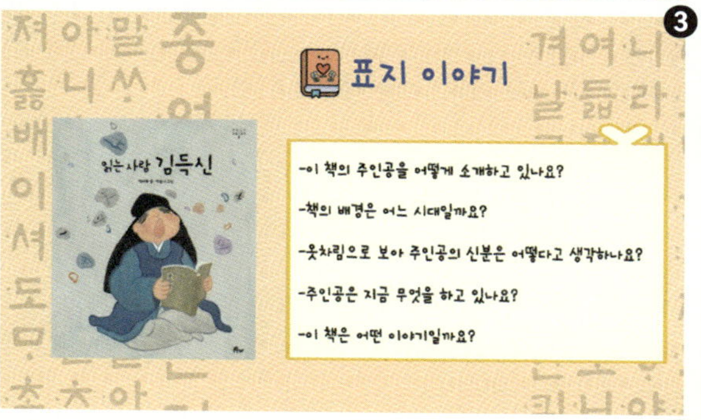

❼
2. 김득신의 고민과 아들을 바라보는 부모님의 마음을 말풍선으로 표현해보아요.

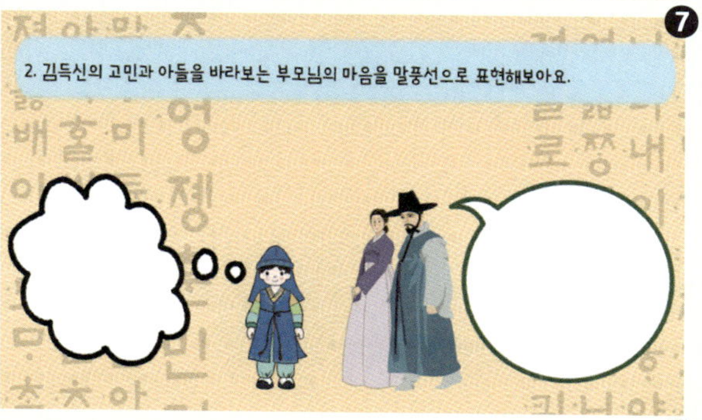

❾
3. 김득신은 왜 글읽기를 포기하지 않고 계속 노력했을까요?

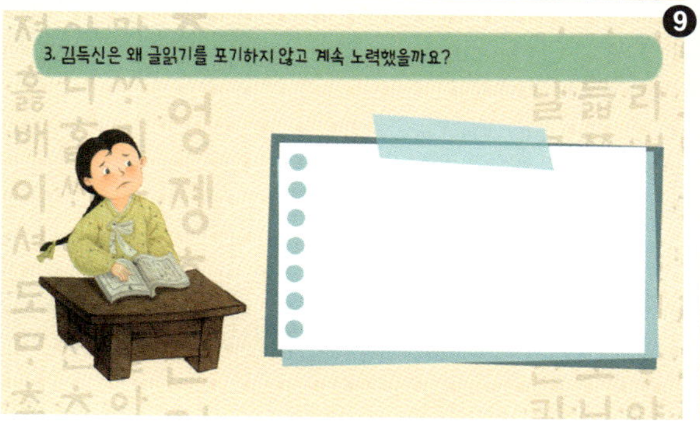

⓭
4. 김득신에게 노력과 꾸준함이 있다면 나에게는 어떤 장점이 있나요?

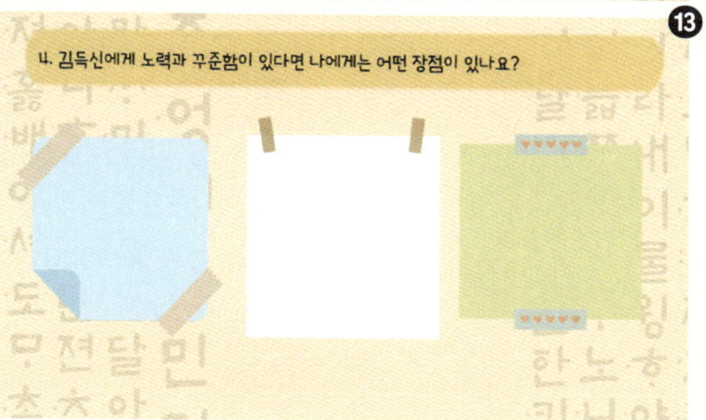

❶ 대상도서는 〈책벌레 이도〉와 연관 지어 활동을 진행할 수도 있습니다. 책읽기와 노력 두 가지를 모두 수용할 수도 있으나 수업 상황에 따라 한 가지에 초점을 맞추어 진행하는 것이 효과적입니다.

❷ 도입 활동을 통해 학생들이 존경하는 인물을 발표하도록 하고 이유도 제시할 수 있도록 수업을 진행하는 것이 좋습니다.

❸ 표지 활동은 학생들이 다소 엉뚱한 대답을 하더라도 수용하고 상상력을 발휘할 수 있도록 유도합니다.

❼ 워크지 ②번은 등장인물의 생각을 추측해보는 활동입니다. 책의 내용을 충분히 이해시킨 후 진행합니다.

❾ 워크지 ③번은 책 속에서 내용을 찾아도 좋고 학생들이 창의적으로 대답하도록 해도 좋습니다. 관점을 넓힐 수 있는 방향으로 활동을 진행하는 것이 좋습니다.

⓭ 워크지 ④번은 책을 통해 이해한 내용을 나에게 적용하는 활동입니다. 학생들이 자신의 장점을 파악하여 표현하도록 합니다.

51

송아지와 바꾼 무

기 관 명	초등돌봄교육/온동네 초등돌봄교육센터/방과후학교
대 상	초등 1~3학년/최대인원 20명
준 비 물	채소 사진(또는 그림), 상품용 채소, 스케치북(또는 칠판)
소요시간	50분　　단 가　5,000원
활동목표	① 농부가 무를 수확하는 과정을 설명할 수 있다. ② 선한 의도와 나쁜 의도를 가진 행동과 그에 따른 결과를 비교해 볼 수 있다.

송아지와 바꾼 무　　　**도서정보**　최래옥·박완서·정채봉 편집, 변정연 그림　　**출판사**　(주)고려원북스

옛날 옛날, 아주 부지런한 농부는 날마다 밭을 일구고 거름을 주었어요. 농부가 땀 흘려 돌보던 밭은 비옥해지고 무엇을 심어도 잘 자랐지요. 농부는 밭에 무씨를 뿌리고 가을이 되자 무를 거두어들였답니다. 하지만 아주 커다란 무 하나가 뽑히지 않아 온 가족이 힘을 합해 무를 뽑았어요. 가족들은 귀한 무를 고을 사또에게 바치고 선물로 송아지를 받았지요. 이 소식은 이웃 마을에 사는 욕심쟁이 농부의 귀에도 들어갔는데요. 이 농부는 소문을 듣고 어떻게 행동했을까요? 함께 이야기해 보아요.

도입
5분

* **인사 나누기**
* **전래동화란 무엇인지 알아보고, 내가 좋아하는 전래동화 소개하기**

전개활동1
15분

활동 1-1. 그림책 읽기(읽기 전 발문/읽기 중 발문)
* **(전) 표지질문**　사람들이 무엇을 하고 있나요? 사람들의 표정은 어떤가요?
　　　　　　　　　어떻게 송아지와 무를 바꾸었을까요?
* **(중)** 농부는 왜 밭에 나가 일을 했을까요?
* **(중)** 농부가 밭에 다른 농작물이 아닌 무를 심은 이유는 무엇일까요?
* **(중)** 무를 수확하는 가을까지 농부는 어떤 마음으로 기다렸을까요?
* **(중)** 커다란 무를 보고 가족들은 각자 무슨 생각을 했을까요?

활동 1-2. 읽은 후 이야기 나누기
* **(후)** 농부가 밭에 나가 무를 수확하는 과정을 순서대로 적어보아요.
* **(후)** 커다란 무는 아무리 잡아당겨도 뽑히지 않았어요. 여러분이라면 이때, 어떻게 했을까요?
* **(후)** 욕심쟁이 농부는 부지런한 농부의 이야기를 듣고, 사또에게 송아지를 바치면 아주 큰 선물을 주실 거라고 생각했지요. 욕심쟁이 농부는 어떤 선물을 기대했을까요?
* **(후)** 송아지와 바꾼 무를 끌고 집으로 돌아온 욕심쟁이 농부의 이야기는 어떻게 이어질까요?

전개활동2
30분

활동 2-1. 활동명: 채소 이름 맞추기
* 5명씩 팀을 이루어서 같은 방향을 보고 한 줄로 서요.
* 제일 뒤에 있는 친구에게 채소 그림을 보여주고, 앞에 서 있는 친구의 등에 그 채소 모양을 손가락으로 그리도록 해요.
* 제일 앞에 있는 친구까지 채소 그림이 전달되면, 그 친구가 칠판에 채소 이름과 그림을 그려요.
* 정답 확인. 가장 많이 맞춘 팀이 우승, 실물 채소를 획득합니다.

활동 2-2. 자리 정돈 및 생각 정리

기타
영상링크 외

* **어린이 농장, 무 수확하기**
https://www.youtube.com/watch?v=3HhLcnFG2j0

어린이 농장, 무 수확하기

※ 수업용 PPT와 워크지는 QR코드를 활용하세요.

❶

송아지와 바꾼 무

최래옥 · 박완서 · 정채봉 편집, 변정연 그림 / (주)고려원북스

수업목표
①농부가 무를 수확하는 과정을 설명할 수 있다.
②선한 의도와 나쁜 의도를 가진 행동과 그에 따른 결과를 비교해 볼 수 있다.

❷

전래동화란 무엇인가요?

전래동화란 사람의 입에서 입으로 전해진 이야기를 다시 쓰거나 재구성한, 어린이를 대상으로 한 이야기입니다.

❹

📖 표지 이야기

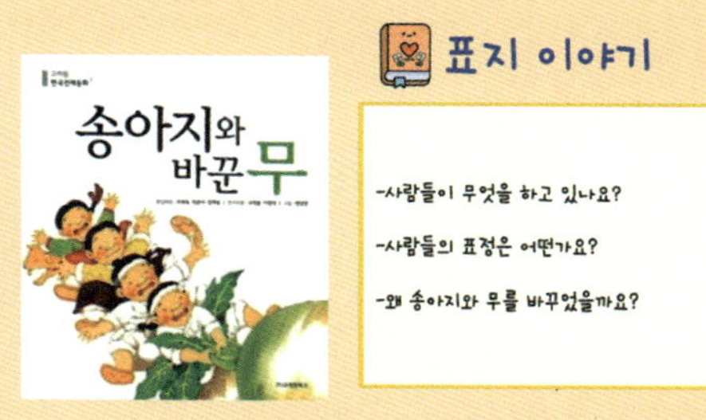

- 사람들이 무엇을 하고 있나요?
- 사람들의 표정은 어떤가요?
- 왜 송아지와 무를 바꾸었을까요?

❼

2. 농부가 밭에서 무를 수확하는 과정을 순서대로 적어보아요.

농부는 날마다 [   ]에 나가 [   ]을 매고 [   ]을 주었어요. [   ]에 [   ]를 뿌리고 정성껏 가꾸었지요.

[   ]이 되자, 농부는 싱글벙글 웃으며 [   ]를 거두어들였답니다.

❿

3. 커다란 순무를 보고 가족들은 각자 무슨 생각을 했을까요? 말풍선에 적어보아요.

⓭

4. 송아지와 바꾼 커다란 무를 질질 끌고 집으로 돌아온 욕심쟁이 농부의 이야기는 어떻게 이어졌을까요? 뒷 이야기를 표현해주세요.

---

❶ 수업목표로 제시된 의도와 결과의 관계가 너무 무겁게 다루어지지 않도록 유의합니다. 권선징악의 교훈을 지나치게 강조하기보다, 활동을 통해 자연스럽게 깨닫도록 하는 것이 바람직합니다.

❷ 전래동화의 개념을 이해시키는 것이 중심이지만, 학생들이 알고 있는 이야기들 대부분이 전래동화라는 사실도 알려줍니다.

❹ 표지의 그림은 다양하게 해석될 수 있습니다. 무를 뽑는 것으로 볼 수도 있지만 무를 서로 잡으려는 모습처럼 보이기도 합니다. 학생들이 인물의 표정이나 동작에서 다양한 상상을 할 수 있도록 합니다.

❼ 워크지 ②번은 학생들이 내용을 정확하게 이해했는지 확인하는 활동입니다. 여기서는 책의 앞부분을 대상으로 했는데, 다른 장면도 이런 활동지를 만들어 이해도를 확인할 수 있습니다.

❿ 워크지 ③번은 속마음을 상상하는 활동입니다. 모둠별로 진행해도 되고, 연극 대본처럼 만들어 연기를 할 수도 있습니다. 나이, 성별, 성격 등에 따라 같은 상황에서 다른 생각을 할 수 있다는 점을 학생들이 이해하도록 하는 것이 중요합니다.

⓭ 워크지 ④번은 모둠활동보다 개별 활동으로 진행하는 것이 바람직합니다. 욕심쟁이 농부의 성격을 이해한 후 추론하는 과정으로, 학생들이 이야기를 완성하면 반드시 이유를 확인해야 합니다.

52

휠휠 날아간다

기 관 명	초등돌봄교육/온동네 초등돌봄교육센터/방과후학교
대 상	초등 1~3학년/최대인원 20명
준 비 물	동물카드
소요시간	50분　　　단　가
활동목표	① 이야기에 등장하는 단어의 의미를 알 수 있다. ② 동물의 모습을 잘 관찰해, 흉내 내는 말이 들어간 이야기를 만들 수 있다.

휠휠 날아간다　　　　**도서정보** 최래옥·박완서·정채봉 편집, 최달수 그림　　**출판사** (주)고려원북스

깊은 산골 오막살이집에 사는 할머니와 할아버지는 아주 다정한 부부였어요. 할아버지는 쫄깃쫄깃한 곶감보다, 새콤달콤한 사과보다 옛날이야기를 더 좋아하는 할머니를 자주 웃게 해주었지요. 이야기보따리가 떨어진 할아버지가 담뱃대만 뻐끔뻐끔 빨아대자 할머니는 삼베 한 필과 이야기를 바꿔오라며 할아버지를 장터로 보냈어요. 장터에서 헛걸음하고 돌아오는 할아버지에게 어떤 농부가 선뜻 이야기를 팔겠다고 했는데요. 농부가 들려준 이야기를 할머니가 좋아할까요?

도입
5분

* **인사 나누기**
* **내가 깊은 산골에서 딱 한 달만 산다면 누구와 무엇을 하고 싶은가요?**

전개활동1
15분

활동 1-1. 그림책 읽기(읽기 전 발문/읽기 중 발문)

* **(전) 표지질문**　할머니와 할아버지는 무엇을 하고 있나요? 할머니와 할아버지의 표정은 어떤가요?
　　　　　　　　　'휠휠 날아간다'는 어떤 이야기라고 생각하나요?
* **(중)** 할머니는 할아버지의 이야기를 들을 때, 어떤 마음이었을까요?
* **(중)** 김 할아버지는 이야기를 사러 나간 장터에서 떡집과 쌀집에 들렀어요. 이곳에서 떡장수, 쌀장수가 이야기는 안 팔고 웃기만 한 이유는 무엇일까요?
* **(중)** 도둑은 할아버지가 "예끼, 이놈!" 하고 손뼉을 딱 칠 때, 깜짝 놀라서 도망갔어요. 도망가면서 어떤 생각을 했을까요?
* **(중)** 할아버지, 할머니가 나중에 도둑이 집에 왔다 간 것을 알게 되면 어떨까요?

활동 1-2. 읽은 후 이야기 나누기

* **(후)** 할아버지의 말을 그대로 따라 하는 할머니에 대해 어떻게 생각하나요?
* **(후)** 나도 할머니처럼 좋아하는 이야기가 있다면 소개해 주세요.

전개활동2
30분

활동 2-1. 동물 움직임으로 이야기 만들기

* 동물카드(또는 사진)를 모아 섞어서, 각자 1~2개씩 뽑아요.
* 동물들의 움직임을 4단계로 생각해보고, 각각 흉내 내는 말들을 찾아요.
* 동물들의 움직임을 이어서 새로운 스토리를 만들어요.
* 친구들에게 발표해요.

활동 2-2. 내가 농부라면

* 옛날 삼베는 지금 우리 돈으로 100만 원 정도 했다고 해요.
　그 정도 가격을 주고 살 이야기에는 어떤 것이 있다고 생각하나요?
　여러분이 농부가 되어 이야기를 적어보아요.

활동 2-3. 자리 정돈 및 생각 정리

기타
영상링크 외

* **천연기념물 황새의 모습**
　https://www.youtube.com/watch?v=TkqZldlbx1g

천연기념물 황새의 모습

※ 수업용 PPT와 워크지는 QR코드를 활용하세요.

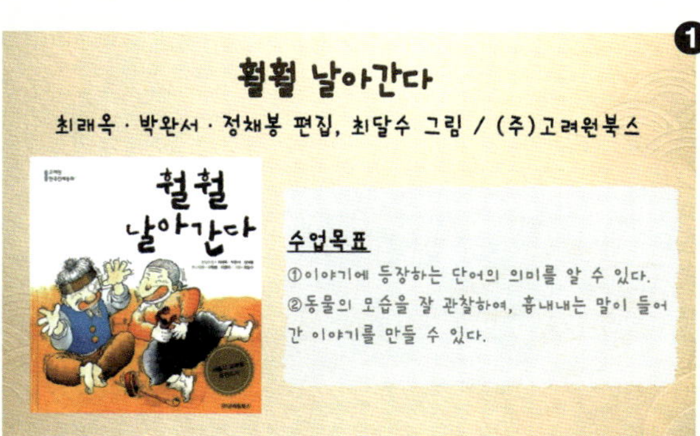

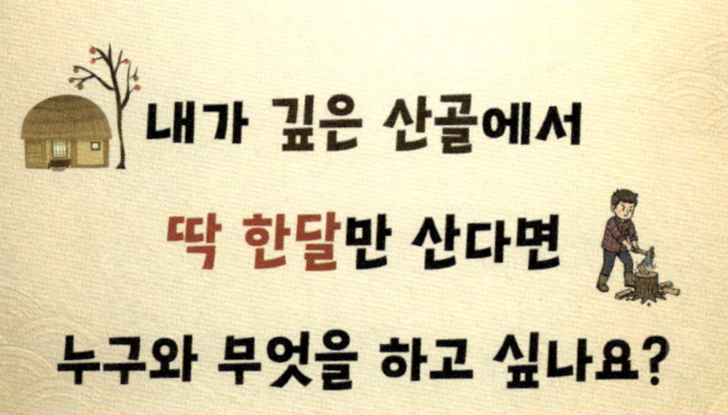

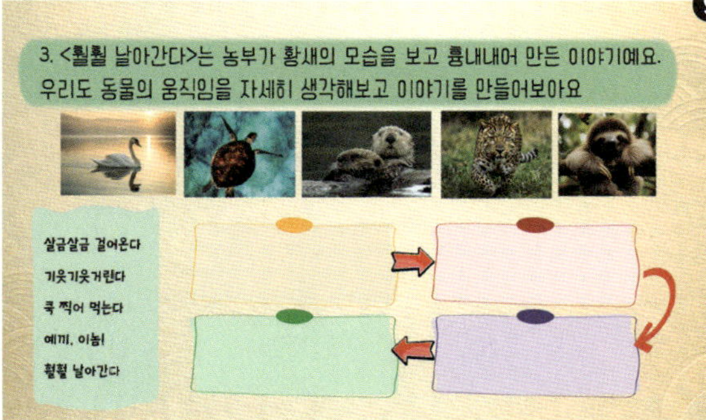

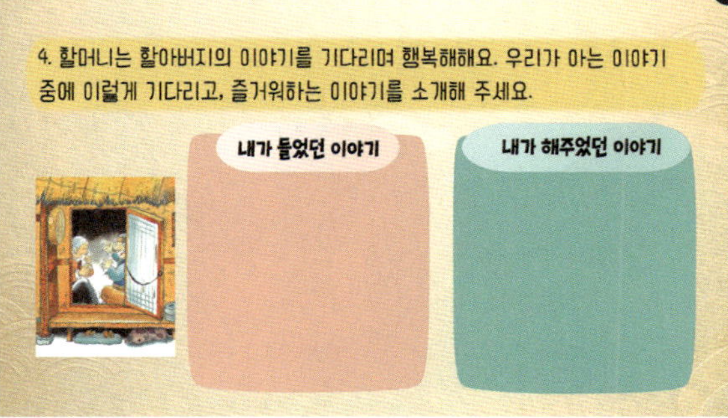

❶ 어휘를 익히고 말소리의 즐거움을 깨닫게 하는 것이 수업의 기본 목표입니다. 또한 동물들과 관련된 의태어와 의성어를 익히는 것도 중요합니다. 이 책은 소리 내어 읽는 것이 훨씬 효과적입니다.

❷ '장소, 기간, 누구와'의 조건을 다양하게 바꾸어서 활동할 수 있습니다. 예를 들어 장소를 산골이 아니라 바다나 모르는 도시, 다른 나라로 바꾸는 것 등입니다. 이 조건을 학생들 스스로 정하게 하는 것도 좋습니다.

❸ 등장인물들의 표정과 동작을 통해 이야기를 유추하도록 합니다. 제목을 통해 상상하도록 할 수도 있습니다. 표지 정보를 세심하게 살피도록 하되, 너무 긴 시간을 할애할 필요는 없습니다.

❽ 내용 확인과 추론 활동으로 사람들이 웃은 이유를 말하도록 합니다. 이어서 이야기를 산다는 것이 어떤 의미인지, 현대에서 이야기를 사고팔 수 있는지 등으로 확장할 수 있습니다.

❾ 워크지 ③번으로 책에 나온 의태어, 의성어 관련 표현을 익히도록 합니다. 워크지에 제시되지 않은 동물 관련 표현이나 의태어, 의성어를 학생들이 찾도록 합니다. 추가 자료나 그림을 준비해도 좋습니다.

⑭ 워크지 ④번으로 자신의 경험과 지식을 정리하도록 합니다. 개인이 알고 있는 것을 모아 게임하듯이 팀전을 진행할 수도 있습니다. 표를 많이 채우는 것보다 어떤 이야기가 기다려지고 흥미로운지 설명할 수 있도록 합니다.

초등돌봄교육 정책과
최고의 독서 강사 되는 법

2장

1 초등돌봄교육 정책과 독서 프로그램 전망

현재 초등학교에서 시행되고 있는 방과 후 수업은 정규 수업 외 시간에 초등학생의 성장과 발달을 위해 다양한 교육과 돌봄 자원을 연계한 종합 교육 프로그램의 체제로 운영되고 있습니다.

2004년 2월 17일 참여정부 교육정책으로 수립되어 2006년 전면 도입되었습니다. 초기 모델인 '방과후학교'의 주된 목적은 사교육비 경감이었는데, 사교육으로 인한 지역 및 계층 간 교육 격차를 줄이는 것이 실시 목적 중 하나였습니다. '방과후학교'는 이러한 사회적 문제를 해결할 수 있는 수단으로 인식되어 2010년대 중반 이후 모든 학교에서 시행되었으며, '방과후학교' 정책의 일환으로 '초등 돌봄교실'이 운영되었습니다. 또한 기존의 '방과후학교'와 '초등 돌봄교실'을 통합하여 개선한 단일체제로 '늘봄학교' 정책이 수립되어 운영되기도 하였습니다.

2026년 2월 정부는 초등돌봄·교육 정책 추진 방향과 2026년 주요 추진 과제를 담은 '2026년 온동네 초등돌봄·교육 추진방안'을 발표했습니다. 온동네 초등돌봄·교육은 기존의 '늘봄학교'를 보완한 것으로, 지역의 학교는 지방자치단체와 함께 돌봄을 희망하는 초등학생에게 질 높은 돌봄과 교육을 제공하고, 관계 부처는 지역별 수요에 맞는 지원을 제공할 계획이라고 합니다.

이처럼 초등학교에서 운영되는 방과 후 수업은 시기와 상황에 따라 명칭과 운영 체계에 여러 차례 변화가 있었으나, 교육과 돌봄이라는 목적은 동일하며 현재까지 대부분 초등학교에서 운영되고 있습니다. 또한 '독서수업'은 여러 차례 이어진 정책 변화에도 불구하고 초등학교 방과 후 수업에서 매우 중요한 위치를 차지하고 있습니다.

이 장에서는 초등학교 방과 후 수업 정책이 어떻게 변화했는지 간략하게 알아보고, 독서 활동 중심의 수업 유형과 운영 현황에 대해 살펴보려고 합니다.

1) 초등학교 방과 후 수업 정책 시행 과정

정규 수업과 별개로 운영되는 방과 후 수업은 정책의 변화에 따라 학습권을 강조한 '방과후학교', 돌봄을 주요 목적으로 하는 '초등 돌봄교실', 학습과 돌봄을 통합한 '늘봄학교' 등이 있었고, 현재는 온동네 초등돌봄교육이 시행 중입니다. 이러한 명칭은 교육사업의 목적과 정책 수립 주체의 의지가 투영된 것인데, 이 책에서는 이들 모두를 합쳐 '초등돌봄교육'으로 지칭하고자 합니다.

연 도	내 용
2004년	방과후학교 정책 도입 발표 및 시범 시행
2010년	초등돌봄교실 정책 정식 시행
2014년	초등돌봄교실 공동 확대
2017년	온종일 돌봄 체계 운영을 위한 추진체계 및 범정부 공동추진단 구성
2018년	관계부처 합동으로 온종일 돌봄 체계 구축 · 운영 실행계획 발표 및 시범 지자체 선정
2022년	늘봄학교 정책이 윤석열 정부 120개 국정과제 중 84번으로 선정
2023년	늘봄학교 추진방안 발표 및 시범 운영 진행 정책 시행 예정 기한이 기존 2025년에서 2024년으로 1년 앞당겨짐
2024년	늘봄학교 전국 시행
2026년	온동네 초등돌봄교육 추진 방안 발표

〈 표1. 방과 후 수업의 변천 과정 〉

방과 후에 이루어지는 수업은 2004년에 처음 시행되었습니다. 정책 수립의 목적은 사교육비 절감과 특기 적성 교육 제공이었으나, 맞벌이 증가 등의 사회적 변화에 따라 돌봄의 영역까지 확장되었고 최근에는 학습과 돌봄이 통합되어 운영되는 추세입니다.

<표1>은 방과 후 수업 정책의 변화를 보여주고 있습니다. 이러한 과정은 정책 도입, 정책의 확대, 통합과 개편으로 간단히 정리할 수 있습니다. 정책의 변화는 각 시기별로 교육 주체의 요구 사항을 반영한 결과로 볼 수 있습니다.

2004년은 방과 후 수업의 도입 시기로 볼 수 있습니다. 2004년 2월 17일 참여정부는 사교육비 경감대책으로 정규 수업이 끝난 후에 운영되는 '방과후학교'를 도입하였습니다. 이 정책은 2006년 전국적으로 시행됩니다. 방과후학교는 정규 수업 이외에 일정한 기간 동안 지속적으로 운영되는 학교의 교육활동입니다. 방과후학교의 주된 목적은 사교육비 경감으로, 사교육으로 인한 지역 및 계층 간 교육 격차를 줄이는 것이었습니다. 또 방과후학교는 특기 적성 수업을 제공함으로써 학생들에게 다양한 학습의 기회를 제공하고자 했습니다.

방과후학교는 학교별로 자율적으로 운영이 되었으며 수업은 외부 강사에게 위탁하는 형식이 대부분이었습니다. 이러한 위탁 수업 형식은 현재까지도 유지되고 있습니다. 초기 정책의 시행과 운영에 대한 수요자들의 만족도는 높은 편이었으나 돌봄 없이 학습에만 집중한 점과 수업별 질적 편차가 큰 것이 한계로 지적되었습니다. 그에 따라 초등학교 저학년을 대상으로 한 초등 돌봄교실이 '방과후학교' 정책의 일환으로 시작되었습니다.

(2) 확장기 - 초등 돌봄교실의 시행과 팬데믹

2010년에 초등 돌봄교실이 정식으로 시행되었습니다. 이 시기를 방과 후 수업의 확장기로 볼 수 있는데, 방과후학교가 전국적으로 확대되었고, 돌봄의 요구에 따라 초등 돌봄교실이 운영되기 시작했기 때문입니다. 학교별로 운영되던 방과 후 수업은 교육청과 지자체의 지원으로 프로그램이 다양화되고 개설 강좌도 늘어났습니다.

'초등돌봄교실'은 별도 시설(전용 또는 겸용 교실 등)이 갖추어진 공간에서 돌봄이 필요한 학생들을 대상으로 정규수업과 별개로 이루어졌습니다. 기본적으로 방과후학교 정책의 일환으로 시작되었으나 목표와 성격은 차이가 있습니다. 방과후학교가 사교육비 경감과 교육 격차 해소를 주된 목적으로 하여 기본적으로는 수익자부담 원칙, 예외적으로 수강권 지원 등의 재정적 지원을 했다면, 초등돌봄교실은 핵가족화 심화, 여성 경제활동 인구 증가 등의 사회적 변화에 따른 돌봄 사각지대 해소를 주된 목적으로 하

고 있습니다. 돌봄의 수요를 반영하고 프로그램의 증가로 학생들의 선택권이 늘어난 것은 주목할 만한 점입니다. 그러나 교육과 돌봄이 분리되어 운영되었던 점은 운영 효율성을 약화시켰다는 지적을 받기도 합니다. 또 이 시기에 발생한 팬데믹으로 대면 프로그램이 폐지되거나 중지되어 정책의 실효성이 약화되었습니다. 학부모의 요구로 반영되었던 돌봄 역시 이 시기에 제대로 진행되지 못해 학습자와 학부모가 학습과 교육의 고립을 경험하기도 했습니다.

(3) 현재 - 통합과 개편의 시기

현재 방과 후 수업은 여러 변화를 겪는 중입니다(2026년 기준). 학습과 돌봄의 분리 문제 해결, 프로그램 다양화, 교수자들의 능력 강화에 대한 요구가 제기되고 있기 때문입니다.

2023년 수립된 '늘봄학교' 정책은 정규수업 외 시간에 초등학생의 성장과 발달을 위해 학교와 지역사회의 다양한 교육과 돌봄 자원을 연계한 종합 교육 프로그램을 지향했습니다. 기존의 방과후학교와 초등 돌봄교실을 통합하여 개선한 단일 체제로서 희망하는 초등학생은 누구나 이용할 수 있으며 학년별로 적합한 교육 프로그램을 무상으로 제공하며 시·도 교육청 및 학교별 특성에 맞는 다양한 모델을 운영하며 전담 운영체제를 구축하는 것을 목표로 했습니다. 2023년 1월 교육부가 추진 방안을 발표하며 시범운영에 들어갔고, 2024년부터 초등학교 전 학년을 대상으로 시행되었습니다. 기존의 돌봄교실과 방과후학교를 통합한 정책이라 할 수 있습니다. 방과후학교와 돌봄교실의 분리 시행으로 공간, 인력, 비용 등이 중복되고 이로 인해 발생하는 사각지대라는 문제를 해소하기 위해 수립한 정책이었습니다.

늘봄학교는 돌봄과 교육이 함께 이루어져야 한다는 점과 학교와 교육 당국만이 아니라 지역 사회의 다양한 인프라까지 수용한다는 점에서 주목할 만했습니다. 또한 전담 인력을 확대하고 전문성을 강화하여 교육의 질을 높이고자 했으며, 이전의 정책과 달리 교내 인력 참여를 확대하고자 했습니다. 그러나 신청자 모두를 수용해야 한다는 점과 학생과 학부모의 시간에 맞춘 '수요 맞춤형 서비스 제공'이 교육 현장에서 현실적으로 반영될 수 있을지 어려움이 예상되기도 했습니다.

2026년 2월 정부와 교육부는 기존에 진행된 돌봄과 교육의 사각지대 해소를 목표로 '2026년 온동네 초등돌봄·교육 추진 방안'을 정책으로 수립하고 발표했습니다.

이 정책은 기존의 방과 후 수업이 지닌 문제 해결과 돌봄과 교육의 사각지대 해소에 방점을 찍고 있습니다. 중앙정부와 지역자치단체, 교육기관이 연계해 지역별로 다양한 돌봄과 교육 체계를 마련하고, 학생의 수요를 고려한 다양한 교육 프로그램을 제공합니다. 또한 지역대학 등과 연계해 소외지역의 방과 후 교육 서비스를 제공하여 지역별 교육격차를 완화하고자 합니다.

구분	2025년	2026년
돌봄 참여 지원	학교 중심(일부 지역만 학교·지역 협력), 초1·2 집중 지원	학교-지역사회 유기적 협력, 초1·2 집중 지원+ 초3 이상 사각지대 해소
무상 프로그램	안정적 참여 시간(매일 2시간) 보장 중심, 초1·2 집중 지원	초3 프로그램 선택권(연 50만 원) 강화, 초1·2는 기존 방식으로 지원
안전 관리	귀가 안전 관리, 프로그램 등 검증·관리	안전 관리 지속 강화

〈 표2. 온동네 초등돌봄·교육 도입 이후 달라지는 점 (초3~6의 돌봄수요가 저조한 점을 고려해 사각지대 해소에 집중) 〉

정부는 수요조사를 통해 초등학교 3학년 이상은 돌봄보다는 교육 수요가 높다는 점을 확인했습니다. 2025년 초3의 돌봄 참여율은 6.0%, 초4는 2.2%, 초5는 1.0%, 초6은 0.8%에 불과합니다. 따라서 초등학교 3학년 이상은 학생·학부모의 프로그램 선택권을 강화할 수 있는 바우처 형태의 지원 방식을 도입했습니다. 또한 학생들의 안전 관리를 지속적으로 강화하고 있습니다.

이처럼 초등학교에서 이루어지는 방과 후 수업과 돌봄은 사회적 변화와 함께 학생과 학부모의 요구를 반영해 '수요 맞춤형 서비스 제공'에 초점을 맞춰 달라져 왔습니다. 학습자들의 다양한 요구를 수용해 교육 프로그램들이 운영되고 있고, 필요에 따라 새로운 수업이 개설되기도 합니다. 상황에 따른 변화는 있으나 방과 후에 이루어지는 수업은 앞으로 지속, 확장될 것으로 예측됩니다.

2) 향후 독서 프로그램 전망

현재 방과 후 수업은 지역과 학교의 상황에 맞춰 다양한 형태로 운영되고 있습니다. 학습을 중심에 두기도 하고 '초등 돌봄교실'을 따로 운영하거나, 돌봄과 교육을 융합한 형태로 운영하기도 합니다. 운영 프로그램 역시 개설 주체의 상황에 따라 차이가 있습니다. 그러나 초등학교 저학년을 대상으로 한 프로그램은 학습자의 발달 상황에 따라 제공된다는 점은 변함이 없습니다. 학생과 학부모의 요구에 따라 학교 적응 지원, 놀이 중심의 예체능 관련 수업, 사회 정서 프로그램을 중심으로 개설됩니다. 학생과 학부모의 수요는 체육, 문화, 예술, 사회, 정서, 창의, 과학, 기후, 환경 분야에 집중되어 있어 이와 관련된 프로그램의 개발과 제공이 주를 이루고 있는 것입니다. 이러한 점은 '온동네 초등돌봄·교육' 정책이 본격적으로 시행되어도 큰 변화는 없을 것으로 보입니다.

방과 후 수업에서 운영되는 프로그램은 매우 다양하지만 언제나 큰 비중을 차지하고 있는 것이 독서와 관련된 활동입니다.

방학 중 1~2학년 중심 돌봄 운영 (예시)

시간	구분	월	화	수	목	금
09:00~10:00	개별 활동	출석 확인, 안전교육 대화 시간				
10:00~12:00	개인/단체활동 또는 교육 프로그램	(단체활동) 뉴스포츠	(개인활동) 한글/수학	(단체활동) 전통놀이	(개인활동) 독서/한자	(단체활동) 미술(공예)
		선택형 교육 프로그램(기존 방과후학교) 참여				
12:00~13:00	점심식사	정리 및 중식지도, 오전 활동 참여 학생 귀가지도				
13:00~15:00	맞춤형 프로그램 또는 개인활동	맞춤형 프로그램 참여				
		자유독서	자유레고	교구활동	종이접기	창의놀이
15:00~15:20	휴식	쉬는 시간				
15:20~15:40	간식 및 자유활동	즐거운 간식시간 및 자유활동				
15:40~16:40	개인/단체활동	(개인활동) 종이접기	(단체활동) 미술(공예)	(개인활동) 미술/글쓰기	(단체활동) 요리활동	(개인활동) 보드게임
16:40~17:00	독서활동	독서활동	독서활동	독서활동	독서활동	독서활동
17:00~17:20	휴식	쉬는 시간				
17:20~17:40	간식 및 자유활동	즐거운 간식시간 및 자유활동				
17:40~18:40	개인활동 또는 단체활동	(단체활동) 미술(공예)	(개인활동) 숙제/독서	(단체활동) 독서/토론	(개인활동) 미술/종이접기	(단체활동) 레고만들기
18:40~19:00	정리 및 귀가	정리 및 귀가				

〈 표3. 초등학교 저학년 프로그램의 예 〉

<표3>은 초등학교 저학년을 위해 개설된 프로그램의 예입니다. 다양한 활동을 제시하고 있지만 가장 비중이 높은 것이 독서와 관련된 프로그램입니다. <독서>, <자유독서>, <독서활동>으로 제시된 것은 모두 독서를 중심으로 한 활동입니다. 3~6학년의 프로그램도 동일하게 독서 관련 활동이 매우 높은 비중을 차지하고 있습니다. 독서 관련 프로그램의 비중이 높은 것은 최근 강조되고 있는 독서 인문 교육 과정과 연계되어 있습니다. 각 지역별 교육청에서는 각급 학교를 대상으로 다양한 독서 프로그램을 마련하고 독서활동을 장려하고 있습니다.

2026년 1월 국가 프로젝트로 제시된 '독서국가 선언'으로 독서와 관련된 프로그램은 앞으로 더 많아질 것으로 예상됩니다. 초등학교에서 운영되는 방과 후 독서 수업은 생애주기별 독서 모델과 매우 밀접하게 연관되기 때문입니다. 생애 주기별 독서 모델은 유아기부터 노년기에 이르는 인간의 전 생애에 필요한 독서 습관과 문해력을 체계적으로 기르는 독서 정책과 교육 모델을 말합니다. 특히 유아에서 초등학교 저학년은 독서 수업을 통해 독서 습관을 기르고 언어와 정서를 발달시킬 수 있습니다. 또 기초 문해력을 강화하고 독서를 통해 자기주도적 학습 능력을 기르게 됩니다. 정규 수업을 통해서도 이러한 능력을 기를 수 있으나 독서 체험을 통한 다양한 능력의 개발과 성장은 방과 후 독서 수업을 통해 더 다채롭게 이루어질 수 있습니다.

초등학생의 경우, 독서활동을 통해 책과 친숙해지고 독서습관을 길러 일상화하는 교육이 권장되고 있습니다. 독서 국가 선언 이전에도 성장 단계에 따라 독서 인문 교육과정을 체계화하여 책읽기를 생활화하고 성장을 이루는 단계별 독서가 강조되어 왔습니다. 경기도의 독서 동기 강화를 위한 독서 프로그램이나 서울시의 독서 토론 기반 프로젝트는 학생들의 독서 교육을 위한 프로그램의 예입니다.

초등학교 저학년 학생의 경우에는 반복해서 책을 읽는 과정에서 문해력의 향상과 정서적·심리적 안정과 함께 집중력과 논리적 사고를 바탕으로 한 학습 능력의 향상을 얻을 수 있습니다. 방과 후 수업에서 독서와 관련된 프로그램 비중이 높은 것은 책읽기가 지닌 이러한 많은 장점 덕분입니다. 학생들은 방과 후에 운영되는 독서 프로그램에서 책을 읽는 습관을 기르고 여러 독서 기술을 통해 이해하고 분석하고 추론해서 창안하는 능력을 높일 수 있습니다.

방과 후에 운영되는 수업은 상황이나 정책의 변화에 따라 영향을 받기도 하지만 변화하고 발전하면서 지속될 것입니다. 또 초등학교 저학년 학생들의 기본적인 언어 능력과 학습능력에 긍정적인 영향을 주는 교육 프로그램으로 앞으로 더 다채로워지고 다양해질 것이 예상됩니다. 따라서 독서 지도를 담당하는 강사들은 초등학교 저학년 학생의 독서 능력 향상을 위한 전문적인 지식과 지도 능력을 갖추어야 할 것입니다. 이 책은 여러분의 여정을 안내할 길잡이가 되고자 합니다.

독서 강사 되는 법부터 수업 잘하는 Tip까지

1) 누구나 할 수 있지만 아무나 못 하는 일

초등돌봄교육 독서수업 강사는 참 매력적입니다. 누구나 할 수 있지만, 모든 사람이 할 수 있는 것은 아니지만요.

놀봄학교 독서수업 강사에게는 공통점이 있습니다. 바로 '어린이'입니다. 어린이를 양육하고 있거나, 어린이와 연관된 일을 하거나, 어린이를 좋아한다는 것입니다. 어린이의 작은 목소리에 귀를 기울이고 그 손짓 하나에 웃음을 짓고 어린이들에게 한가득 칭찬과 격려의 말을 전합니다. 어린이들의 행복이 자신의 기쁨과 보람이 되는 것, 이것이 초등돌봄교육 강사의 가장 중요한 자격입니다.

누구나 한때 어린이였고 어린 시절을 경험했기 때문에 초등돌봄교육에서 어린이들과 책으로 소통할 자격과 능력은 충분합니다. 우리는 누구나 어린이였습니다. 그리고 기억나지 않을 만큼 오래전부터 이야기를 들어 왔지요. 엄마 뱃속에서부터 자신에게 말을 걸어 주는 따뜻한 목소리를 경험했습니다. 태어나서는 그림이 가득한 책으로 감각을 익히고 조금씩 글이 늘어나면서 책 속의 이야기에 빠져들었던 기억이 있을 겁니다. 책 안에서 본 세상을 통해 우리는 감동을 받고 울고 웃었습니다. 짧고 간결한 글과 아름다운 그림은 힐링이라는 단어를 모르던 우리의 마음을 보드랍게 감싸주었지요. 이런 경험은 우리가 어린이들과 소통하도록 하는 강력한 힘이 됩니다. 그리고 책은 그 힘을 증폭시키고 강하게 만드는 무기가 되고요.

아이를 낳아서 길러본 경험은 이런 책읽기 활동에 매우 큰 힘이 됩니다. 부모는 아이와 함께 자라니까요. 대부분의 부모님은 그림책 전문가입니다. 그러나 처음부터 그랬던 것은 아니었지요. 엄마가, 아빠가 되기 전에는 그림책에 대해 잘 몰랐을 테니까요. 그저 아이가 자랄 때 그림책을 읽는 경험이 좋다고 하니까, 그림책이 아이의 발달과 감각의 성장에 도움이 된다고 하니까, 유명하고 좋다는 책을 세트로 구입하고, 도서관에서 책을 빌리고 아이에게 읽어주며 부모는 아이와 함께 자라고 아이만의 책놀이 선생님이 됩니다.

아이와 함께 책을 읽는 건 신비롭기까지 합니다. 책을 읽어주는 사람이 누구라도 말입니다. 그 사람이 엄마일 때도, 아빠일 때도, 때로는 할머니나 할아버지, 이모, 고모, 형, 누나이더라도 아이 앞에서 책 속의 인물을 연기하는 배우가 되고 아이와 함께 책 속의 세계에 빠져 버립니다. 아이와 함께 책읽기를 해 본 사람은 알 겁니다. 아이에게 책을 읽어 주는 일은 단순히 아이에게만 즐거운 일이 아닙니다. 책을 통해 즐거움을 경험했던 아이는 책을 읽는 시간을 간절히 기다립니다. 그리고 어른들은 아이와 함께 읽은 책에서 오히려 감동을 받습니다. 재치 있는 글 때문에 웃고 등장인물의 고난에 슬퍼하고 행복한 결말에 마음이 뿌듯해지지요.

특히 아이들과 가장 많은 시간을 보내는 엄마들에게 아이와 함께 책을 읽는 시간은 매우 특별합니다. 늘 분주한 일상을 사는 엄마에게 그림책은 고된 마음을 위로하고 풍성하게 해줍니다. 아이들은 책 속에서 세상을 만나고 엄마들은 그런 아이와 함께 성장합니다. 책을 읽으며 엄마와 아이가 함께 느끼는 유대감 또한 엄마에게는 잊지 못할 소중한 감정이 됩니다. 한때 엄마들의 그림책 동아리가 유행처럼 생겨난 것이 우연만은 아니었을 겁니다. 그리고 좋은 그림책을 소개해주는 '그림책 활동가'라는 명칭도 생겼습니다. 그림책 활동가는 자연스럽게 강사라는 직업으로 이어졌습니다. 아이를 키우며 경력이 단절되었던 엄마들이 그림책 활동가나 그림책 독서 강사로 활동하는 계기가 되기도 했습니다.

아이와 함께 읽었던 좋은 책을 소개하는 일을 한다는 것은 매우 매력적인 조건입니다. 자신의 직업에 대한 만족도도 매우 높은 편이고요. 그러나 많은 분들이 도전의 문턱 앞에서 머뭇거립니다. 자격증이나 경력증명처럼 조건을 보고 포기하는 분들도 계실 겁니다. 그럴 때는 기억해 주세요. 사물의 한계에 갇히면 대상을 볼 수 없다는 것을. 처음 시작하려는 분들이나 경험이 없는 분들에게 자격증이나 경력은 높은 벽처럼 보일 수 있지만 그것은 결코 장애물이 될 수 없다는 것을요. 그것은 그저 말 그대로 지금까지의 자격이나 경력이라는 '말'일 뿐 앞으로 여러분이 가실 길은 그런 자격이나 경력만으로 갈 수 있는 길이 아니라는 것을 말입니다. 실제 강사가 되어 수업을 진행할 때 가장 중요한 것은 아이들이지 자격증이 아니니까요.

책을 통해 기쁨을 느꼈던 경험, 아이와 함께 책을 읽었던 경험이 있으시다면, 이미 준비가 되신 겁니다. 지금은 이 분야에서 경력이 많은 분들도 시작하실 때는 여러분과 같은 고민을 하셨을 겁니다. 누구에게나 처음은 존재하니까요. 그림책 가득한 도서관 열

람실에서 시간 가는 줄 모르고 책을 보았다면, 좋아하는 작가가 있다면, 그림책의 비하인드 스토리가 궁금했다면, 여러분은 그림책 활동가, 독서수업 강사가 될 자격을 충분히 갖추신 겁니다.

자, 이제 발걸음을 내디딜 준비가 되셨나요?

어떤 자격증을 준비할까요?

독서나 그림책 관련 자격증 중 국가자격증은 아직 없습니다. 대부분의 자격과정은 민간협회나 학회에서 취득하실 수 있습니다. 대표적인 자격증으로는 독서논술지도사, 그림책지도사, 독서지도사 등이 있으나 요즘은 민간자격증 제도가 활성화되어 같은 독서 계열 자격증이라 할지라도 세분화되어 있습니다.

민간자격정보서비스(https://www.pqi.or.kr/inf/qul/infQulList.do) 홈페이지에서 관련 자격증을 검색하실 수 있습니다. 독서, 그림책 등의 검색어를 입력하면 독서 관련 민간자격의 수가 693건, 그림책 관련 민간자격의 수는 476건이 등록되어 있습니다. (2026년 2월 기준) 개인 발급인지 단체 발급인지 지역은 어디인지 관리기관은 어디인지 꼼꼼하게 확인하신 후 받고 싶은 교육과 자격증 과정을 선택하시면 좋습니다.

자격증 취득의 보편적인 과정은 일정한 기간의 교육을 결석 없이 수강한 후 1차 필기시험, 2차 실기시험을 보는 것입니다. 자격증 종류에 따라 필기시험을 수업 교안으로 대체하는 경우도 있습니다. 실기시험 같은 경우 배운 내용을 그대로 시연할 수도 있고 자신만의 수업 교안과 교재를 만들어 실제 수업을 하듯 발표하기도 합니다. 강사로서 수업을 나가기 전에 수업 시연이나 발표의 경험은 좋은 기회라고 생각합니다. 실시간으로 수강생들의 반응을 볼 수 있고 전문가의 피드백을 들을 수 있어 미리 연습한다는 생각으로 임하신다면 많은 노하우를 얻을 수 있을 것입니다.

강사의 취업을 돕는 기관이 있나요?

여성새로일하기센터(https://saeil.mogef.go.kr/hom/HOM_Main.do)는 대표적인 여성취업서비스 제공 기관입니다. 자신이 속한 지역의 여성새로일하기센터를 방문해 보

세요. 취업 알선은 물론 취업에 필요한 교육 등을 지원합니다.

여성가족부 산하기관이기 때문에 교육의 질이 높은 반면 매우 저렴한 금액으로 취업 관련 교육 프로그램을 들을 수 있습니다. 교육 과정에 따라 필요한 수료증과 자격증을 발급하고 동시에 취업의 기회도 제공해주므로 강사로서 첫걸음을 시작하시는 분들에게 매우 든든한 조력자 역할을 합니다.

2) 필요한 서류 꼼꼼하게 준비하기

굳게 마음을 먹으셨다면 이제는 첫 단추를 꿰어야 할 차례입니다. 나에게 적합한 강의처를 찾아보는 것이 그 시작입니다. 이 책은 학교의 초등돌봄교육에서 독서수업을 하시는 선생님들을 위한 것이지만 강의처는 그 외에도 무궁무진합니다.

가장 대표적인 강의처는 바로 도서관입니다. 지역의 크고 작은 도서관에서는 다양한 독서 강의를 엽니다. 도서관은 관내에서 수업이 진행되기도 하지만, 지역사회와 이어져 있어 도서관 주최로 다양한 곳과 연계하여 수업할 기회도 있습니다. 대형마트의 문화센터에서도 강의가 가능합니다. 유아 프로그램이 대표적이지만, 최근 문해력 교육의 이슈와 더불어 주말 초등학생을 위한 독서교육이나 글쓰기 교육도 종종 개강하고 있습니다. 어린이집, 유치원에서는 기존 대형 영유아 교육기업의 교재로 독서교육을 시행했었으나 요즘은 전문 강사를 찾는 일이 잦아졌습니다. 책육아의 중요성이 강조되면서 원장님, 부모님들도 그림책에 대한 수준 높은 인식을 갖고 있습니다. 같은 그림책이라도 전문적으로 수업할 수 있는 역량 있는 강사를 찾고 있는 것이지요.

이렇게 많은 기회를 제대로 잡기 위해서는 첫인상이 아주 중요하겠지요. 강사의 첫인상은 무엇일까요? 바로 서류입니다. 서류는 미리 준비해 두시는 게 좋습니다. 학교에서 강사를 뽑는 교육청 공고는 수시로 나옵니다. 도서관은 매년 새로운 기획의 창의적인 강의를 찾고 있습니다. 문화센터는 연초에 강사를 뽑는 경우가 많습니다. 꼼꼼하게 미리 준비하신다면 강의 기회가 왔을 때 망설이지 않아도 되지요.

다음은 강의처에서 요구하는 기본 서류입니다.

1. 이력서
2. 프로그램 운영 계획서
3. 자기소개서
4 자격증 사본, 경력 증명서 사본
5. 졸업 증명서 혹은 재학 증명서
6. 통장사본

그 외 수업 분야에 해당하는 수상 경력이나 저서가 있다면 관련 증빙 자료를 준비하시면 좋습니다.

서류 양식은 공고를 내는 기관 측에서 제공하는 경우가 대부분입니다. 상시 서류가 아니라면 꼭 양식에 맞추어서 내셔야 합니다. 공고를 확인하시고 기관의 서류를 다운로드하여 작성 후 파일을 첨부하여 이메일로 송부합니다. 물론 서류를 출력해서 기관에 직접 제출하셔도 무방합니다.

이력서도 맥락 있게

채용자가 가장 먼저 보게 되는 것은 이력서입니다. 이름, 나이, 학력과 경력을 한눈에 볼 수 있다는 점이 이력서의 장점이죠. 그만큼 필요한 부분만 부각해 깔끔하게 정리하는 것이 좋습니다. 독서 관련 강사가 쓰는 이력서 안에 그와 관련된 내용이 포함된다면 전문성이 부각됩니다. 독서수업 강사이니 자격증이나 교육 수료증 등 독서 관련된 것만 쓰시는 것이 좋겠지요. 특히 경력에서는 봉사 기록도 적는 것을 추천해 드립니다. 학교의 책 읽어주는 어머니 봉사나 독서 동아리 활동 모두 좋습니다. 경력사항이 많이 없다고 좌절하지 마시고 이런 내용들을 적고 증명서를 제출하면 인정이 됩니다. 이력서는 내가 독서 활동을 꾸준히 했고, 지금 독서 강사를 할 수 있다고 보여주는 것이 중요합니다. 특히 자원봉사는 봉사처에 요청하면 재능기부 증명서를 발급해 주시니 잊지 말고 챙겨 두시길 권합니다.

타 과목의 자격증과 이력 같은 경우 책놀이와 접목시킬 수 있는 과목이라면 가산점을 받을 수 있습니다. 역사, 미술, 공예 과목 등은 시너지 효과를 냅니다. 그러나 아예 관련 없는 과목이라 해도 자기소개서 작성 시 잘 융합한다면 경쟁력 있는 특별한 이력이 될 수 있습니다. 요즘 그림책의 종류와 주제는 매우 다양해서 충분히 가능합니다.

프로그램 운영 계획서는 어떻게 쓸까요?

초등돌봄교육 독서수업 강사들이 가장 정성스럽게 작성하는 것이 프로그램 운영 계획서입니다. 운영 계획서는 1년 동안 책놀이를 진행해 나가는 가이드라인입니다. 물론 1년을 지내다 보면 책 목록이나 세부 내용이 바뀌는 경우도 있으나 기본 틀을 잘 구축해 놓는다면, 1년 수업이 부담스럽지 않습니다. 이 책에 세부 기획안을 첨부한 중요한 이유가 있습니다. '잘 쓴 기획안 하나 열 수업 문제없다'라고 우스갯소리로 이야기하곤 하는데요 신중하게 고민하고, 주제에 맞는 책을 선정하여 여러 번 읽고, 공들여 쓴 기획안이 여러분의 1년 수업을 탄탄하게 이끌어 가기 때문입니다.

1년의 전반적 수업 계획을 하실 때 월별 주제 혹은 분기별 주제를 세우시면 한눈에 들어오는 효과가 있습니다. 주로 계절이나 절기에 맞춘 수업으로 많이 진행합니다. 학교 안에서 하는 수업을 준비 중이라면 학교 주기에 맞춘 수업도 좋다고 생각됩니다. 입학이나 새 학기, 선생님과 친구 관계, 학교에서 시행되는 크고 작은 행사들(예를 들면 운동회나 창작제 등)을 주제로 잡고 계획서를 쓰는 것도 차별성이 있습니다. 월별 주제를 잡고 주차별 그림책을 선정하고 목표와 활동 등을 간단하게 쓴다면 일관성 있고 깔끔한 계획서가 만들어집니다. 필수는 아니지만 그림책 표지 사진을 넣어도 좋습니다. 사람의 눈은 글과 그림이 있을 때 그림을 먼저 보는 만큼 시각적인 효과가 중요하기 때문입니다.

자기소개서

많은 분이 '저는 몇 년도에 어디서 태어났고 어느 학교에 다녔으며…'로 자기소개서를 시작하는 경우가 많습니다만 이 책을 구입해서 보시는 분이라면 서두를 한 번 더 고민해 보시면 좋겠습니다. 자기소개서의 첫 줄은 매우 중요합니다. 눈에 띄는 첫 줄은 다음 내용을 궁금하게 만드니까요.

책에 대한 명언, 내가 좋아하는 책의 구절, 혹은 아이들을 좋아하고 사랑하는 마음을 나타내는 것도 인상적인 첫 줄이 됩니다. 첫 줄로 흥미롭게 이야기를 끌어내신 후 나의 장점을 부각하는 내용으로 이어간다면 한결 다른 자기소개서가 됩니다.

흥미로운 첫 줄 예시
- "한 책은 한 사람의 인생을 바꾼다"라는 이야기를 아십니까?
- 그림책이라는 씨앗을 아이들의 마음에 심어주고 싶은 강사 OOO입니다.
- 미국의 아동 문학 작가인 케이트 디카밀로는 이렇게 말했습니다. "독서는 아이들에게 자질구레한 일이나 의무로 주어져서는 안 됩니다. 독서는 선물로 제공되어야 합니다."

각종 증명서

졸업증명서, 보유 자격증, 경력증명서를 사본으로 준비해 주세요. 사진으로 찍어 스캔본 파일로 저장해 두시면 편리합니다. 요즘 웬만한 스마트폰은 스캔 기능이 기본으로 있어 깨끗하게 사진을 찍을 수 있습니다.

특히 경력증명서는 소홀히 하시는 경우가 많습니다. 나중에 필요한 경우, 수업기관에 다시 발급해 달라고 요청해야 하는 곤란한 상황이 생깁니다. 경력증명서는 받아 서류철 해두시고, 사진 파일로 분류하여 저장해 두시면 필요하실 때 쉽게 찾아서 사용할 수 있습니다.

3) 알면 쉬운 면접의 기술

학교나 기관에서 강사 모집공고를 낼 때 면접 날짜까지 미리 알려주는 곳이 있습니다. 공고문을 꼼꼼히 봐두었다가 서류 전형 합격을 통보받으면 정해진 날짜에 면접을 보러 갑니다. 면접 시간 30분 전에 넉넉히 도착하면 긴장된 마음을 정돈하며 준비할 수

있습니다. 차를 직접 운전해 간다면 근처 주차장을 미리 알아보세요. 학교나 기관 주차장이 있지만 주차할 공간이 부족한 경우 낭패를 보실 수 있습니다. 근처 주차할 수 있는 공간이나 공영 주차장의 위치를 미리 파악하신다면 당황하지 않을 것입니다.

면접 질문지를 미리 주는 경우도 있습니다. 그중에 두세 가지를 뽑아 질문합니다. 질문지를 미리 주는 곳이라면 면접자가 논리정연하게 대답하기를 기대한다고 생각합니다. 그런데 마음속으로만 생각한 말이 논리정연하기는 어렵습니다. 질문지를 받았다면 수첩과 볼펜을 꺼내어 내가 대답할 말을 '말하듯이' 적어보세요 마음속으로만 생각한다면 정돈되지 않은 말로 나올 수 있습니다. 그러나 글로 적어본 문장은 좀 더 정확하게 말할 수 있게 도와줍니다. 내가 쓴 문장을 조그맣게 소리내어 읽어보시고 어색한 부분은 고치면서 면접 대기 시간을 준비해 보세요. 조리 있는 내용으로 자신감 있게 면접에 임하실 수 있습니다.

면접 시 수업 시연을 요구할 때도 있습니다. 이를 대비해 간단히 수업을 시연할 수 있는 책 한 권을 준비하시면 좋습니다. 시연이라고 해서 거창하게 다 보여주실 필요는 없고 동화 구연에 자신 있으신 분은 책을 맛깔나게 읽고, 생각하고 질문하는 수업을 잘하시는 분은 책을 보여주시며 면접관에게 책에 대한 깊이 있는 질문을 역으로 던져 보아도 좋습니다. 의외로 이런 시연이 효과 있을 때가 많습니다.

자주 묻는 질문

1) 어떤 수업을 하셨나요?
2) 주로 몇 학년 수업하셨나요?
3) 수업은 어떻게 진행하시나요?
4) 학습력이 다른 아이들을 함께 지도하는 방법은 무엇인가요?
5) 산만하거나 문제 행동을 보이는 아이들은 어떻게 지도하나요?
6) 선생님만의 수업 특색은 무엇인가요?

수업 진행 학년에 관한 질문을 받았을 때, 초등 저학년에서 고학년까지의 수업 경험이 있으시다면 다 이야기하는 것이 좋습니다. 특히 초등돌봄교육이 고학년까지 확대 시행 예정이기에 넓은 수업 스펙트럼을 가진 선생님이 계신다면 저학년과 고학년을 동시에 수업해 주시기를 원하시는 경우도 있습니다. 한 학교에서 여러 수업을 진행한다면 강사에게는 좋은 기회지요. 초등학교는 학생들의 하교 시간대가 동일하고 방과후나 돌봄이 필요한 시간도 거의 비슷하기에 하루에 몇 군데 학교를 옮겨 가며 수업하기는 버겁습니다. 이동 거리의 단축과 시간 활용을 위해 한 학교에서 많은 학급을 수업하는 것이 강사에게는 훨씬 좋습니다.

학습력이 다른 아이들을 함께 지도하는 방법을 묻는 질문은 학생들 간의 학습 이해도 차이를 어떻게 맞출 것인가 하는 것입니다. 수업 시 강사의 질문 의도를 이해하고 답변하는 내용이나 독후 활동 중 글쓰기에서 학생 간 차이가 나기 마련입니다. 그럴 땐 중간 수준을 평준화하시되 느린 아이들을 무시하거나 배제하는 듯한 답변은 지양하세요. 느린 아이들은 한 번 더 쉽게 풀어서 설명해 주고 도움이 필요한 부분은 적극적으로 개입하여 돕는 것이 학교와 강사, 학생 모두에게 유익한 방법입니다.

학생 수가 적은 학교라면 전 학년이 돌봄교실, 초등돌봄교육에 들어와 있기도 합니다. 그럴 때는 수업 도서를 낮은 학년에 맞추되 너무 유아에 가까운 책은 삼가는 것이 좋습니다. 독후활동은 학년별 난이도를 고려하여 진행하는데, 글을 쓰기 힘든 저학년은 그림이나 단어, 문장으로 표현하도록 돕고 고학년은 자신의 생각을 쓸 수 있는 열린 형식의 독후 활동이 필요합니다.

산만하거나 문제 행동을 보이는 아이들의 지도법은 빠지지 않고 등장하는 면접의 단골 질문입니다. 이 질문에는 애매모호한 대답보다 강사가 할 행동에 대해 구체적으로 이야기하는 것이 좋습니다. '주의를 준다' 같은 애매모호한 대답보다는 주위를 환기할 수 있는 나만의 활동을 소개하는 것이 효과적입니다. 박수 게임, 침묵의 숫자 게임, 침묵의 암호 등을 실제로 보여주시는 것도 좋은 방법입니다. 문제 행동을 보이는 친구는 일단 그것이 심리적 문제인지 발달 이슈인지 파악하여야 합니다. 심리적 문제라면 대화로 풀어 나가면 되지만 발달 이슈가 있다면 강사가 학생의 특징에 대해 파악하여 적절히 대처하는 것이 좋습니다.

선생님만의 수업 특색을 면접에서 많이 강조하세요. 역사에 관심이 많은 그림책 선생님, 환경을 잘 아는 그림책 선생님, 공예를 잘하는 그림책 선생님 등, 그림책을 가르치는 선생님은 공통 사항이지만 여기에 특색 한 스푼을 넣으면 남다른 강사가 될 수 있습니다. 평소에 좋아하거나 관심이 많은 부분을 그림책과 함께 융합하면 됩니다.

"저는 연극 영화를 전공했습니다. 그래서 그림책의 예술적 부분을 잘 찾아내고 아이들

의 감각을 끌어내어 새로운 생각을 창작하게 하는 것을 좋아합니다."

"저는 유치원에서 7세 반을 수업했습니다. 누리과정을 잘 이해하고 있기에 아이들의 마음에 공감하며 학습적인 부분을 잘 녹여낼 수 있습니다."

"저는 미술을 좋아합니다. 말과 글도 좋지만, 명화 책을 함께 보며 그림으로 아이의 마음을 다독인다면 미술이 주는 치유와 독특한 세계를 아우르는 수업이 가능하다고 생각합니다."

이처럼 자기소개 시에 여러분의 전직과 전공을 발판 삼아 책과 융합할 수 있는 수업을 제안한다면 면접에 도움이 될 것입니다.

4) 학기 초, 학기 중, 학기 말 수업 방법

3월 새 학기 시작은 강사들도 새로운 아이들을 만나 설레는 시기입니다. 유치원을 갓 졸업한 1학년 아이들은 정말 귀엽습니다. 그리고 2학년에 올라간 아이들은 언제 이렇게 자랐는지 금세 의젓해진 모습을 보입니다. 강사는 새로운 학교에서 수업하거나 기존 학교에서 갓 입학한 새내기들을 만나는 상황이 됩니다. 아이들과 강사 모두에게 긴장과 설렘의 시간이지요. 특히 이제 막 입학한 1학년 아이들은 모든 것이 처음입니다. 학교의 모든 것이 새롭습니다. 모든 과목이 신기합니다. 처음에는 긴장하지만, 낯설었던 것이 익숙해지면 아이들의 기질과 성격이 드러납니다. 그래서 학기 초반에는 아이들의 기질과 성격을 파악하는 시간이 필요합니다.

첫 시간, 강사는 아이들에게 자신을 소개합니다. 아이들에게 먼저 내가 누구인지 알리는 과정입니다. 이때 평범한 소개 대신 퀴즈로 해보는 것은 어떨까요? 이름을 소개한 뒤, 퀴즈로 '별명 맞추기'를 해보아도 좋습니다. 별명이 '두부'라면 두부에 대한 퀴즈를 냅니다. 처음부터 맞추기 쉬운 힌트를 주지 말고 점진적으로 맞출 수 있도록 하면 어색했던 분위기가 풀어집니다.

혹은 '진진가 게임'도 좋습니다. 3가지 문제 중 2개는 진짜고, 1개는 가짜입니다. 저는 파워포인트로 만들어 정말 퀴즈를 풀 듯이 긴장감을 유도합니다. O, X가 화면에 뜰 때마다 긴장했던 아이들이 언제 그랬냐는 듯 "와! 맞췄다" 혹은 "아! 틀렸네"라고 반응을 보입니다. 크게 함성을 지르며 처음 보는 옆 친구와 눈을 맞추고 대화를 하기도 합니다. 이 활동을 하고 난 후 출석을 부르면 아이들의 목소리에 힘이 들어간 것이 느껴집니다. 퀴즈와 게임으로 아이들 반응을 탐색하며 선생님도 아이의 얼굴을 눈에 담아두세요. 출석을 부르며 이름을 기억해 준다면, 다음 독서수업 시간을 더 기다릴 것입니다.

학기 초반에는 재미있는 그림책을 골라 읽는 것을 추천합니다. 방과 후에 진행되는 초등돌봄교육이라면 하루 종일 수업을 들으며 공부한 아이에게 다시 책을 보자고 하는 상황입니다. 아이들이 좋아하지 않는 티를 팍팍 내지요. 그러나 웃음이 터지는 재미있는 그림책을 읽어주면 아이들의 반응은 달라집니다. 표지 그림부터 아이들의 흥미를 끌 만한 요소가 있으면 좋겠지요. 책을 꺼내는 순간 아이들의 눈에 웃음이 가득하다면 성공입니다. "책놀이는 재미있는 수업이다", "그림책은 재미있다"라는 첫인상을 심어주세요.

학기 중반이 되면 아이들은 학교에 적응하고 강사도 전반적인 상황을 파악합니다. 이 시기는 수업 분위기를 어느 정도 잡아가는 것이 중요합니다. 특히 매일 교실에서 만나는 아이들은 서로가 친해져 있는 상태입니다. 모이기만 하면 이야기하느라 바쁩니다. 심지어 수업을 하기 위해 강사가 교실에 들어와 있어도, 아이들끼리 이야기하느라 모를 때도 많습니다. "떠들지 마", "조용히 해"라고 지시를 하기도 하지만 공통된 이야기 주제를 던져주는 것도 좋습니다. 예를 들어 급식 메뉴에 관한 질문이나 어제 있었던 일 발표하기 등의 주제로 이야기를 풀어가는 것은 자연스럽게 강사가 수업의 주도권을 잡는 방법입니다.

독서수업은 모두가 함께하는 공동체 수업이기에 수업 예의도 필요합니다. 발표 시 규칙을 세워야 하지요. 한 친구가 발표할 땐 다른 친구들은 경청할 수 있도록 교육해 주세요. 저학년 아이들은 자기가 이야기할 때가 아니면 경청을 하지 않아 쉽게 소란스러워집니다. 그러면 발표하는 아이는 속상합니다. 다른 아이의 이야기에 경청하는 친구가 있다면 칭찬을 해주세요. 발표자의 이야기에 자기 의견이나 말을 덧붙이는 활동도 경청의 힘을 키우기에 좋습니다.

학기 중반의 그림책은 학교 생활에서 어려운 점이나 가정에서의 생활, 혹은 교우 관계가 담긴 책 등 아이들이 공감할 수 있는 내용으로 골라보시는 것도 좋습니다. 나의 경험이 녹아 있는 그림책을 보면 의견을 이야기하기 쉽습니다. 학기 중반은 학기 초에 말

을 잘 안 하고 소극적이었던 아이도 말하게 되는 시기로 강사와 아이들의 신뢰도가 어느 정도 형성이 됩니다.

사실은 학기 말이 가장 어렵습니다. 초등돌봄교육의 수업방식에 완벽히 적응했고 친구들과는 아주 아주 친해진 시기이지요. 각자 다른 반에 있다가 함께 모이면 얼마나 즐거울까요? 수업 중에 벌떡 일어나 장난을 치기도 하고 서로 놀리기도 해서 통제에 어려움이 있습니다. 방학을 앞둔 아이들의 어수선한 마음이 그대로 드러나지요. 이때는 짧고 굵은 주의 환기가 필요합니다. 수업하다 어수선해지면 손뼉 치기 등의 짧은 활동을 통하여 잠시 환기하고 수업을 이어나가도 좋습니다.

독후 활동으로 모둠별 협력 활동도 가능합니다. 같이 그림을 완성한다거나 모둠별 퀴즈를 맞히거나 잔잔한 음악에 맞추어 시나 좋은 글을 함께 읽어보세요. 여건이 된다면 교실 안에서 몸놀이를 진행해도 좋습니다. 부딪히거나 다치지 않는 비접촉 게임과 몸놀이도 많이 있습니다. 다만, 교실의 반경을 어느 정도 확보한 후 안전하게 진행해 주세요. 저는 일 년에 한두 번 정도 책 몸놀이를 합니다. 책에 나오는 내용을 바탕으로 연관되는 몸놀이를 하는 것이지요. 아이들이 참 좋아합니다. 땀을 뻘뻘 흘리며 "책놀이 너무 재미있어요" 이야기해 주면 강사는 두 배, 세 배의 보람을 느끼지요.

1년을 지내고 난 후 아이들과 헤어질 때가 되면 아쉬운 마음이 듭니다. 유아 티가 났던 아이들이 제법 초등학생 티가 나기 시작합니다. 책으로 만난 1년의 시간 동안 아이들도 저도 많이 성장했지요. 초등돌봄교육을 졸업한 아이들이 지나가다 빼꼼 고개를 내밀어 인사하기도 합니다. 여전히 책놀이 수업에 호기심을 갖고 있다는 생각이 듭니다. 기쁘고 행복한 순간입니다.

5) 주의 집중과 이야기 끌어내기

주의 집중 유도하기

언제나 교실은 시끌시끌합니다. 어린이다운 모습이지요. 해도 해도 할 말은 넘쳐납니다. 재미있는 동영상 이야기, 게임 이야기, 주말에 놀러 간 이야기, 캠핑 이야기, 곧 떠날 해외여행 이야기로 꽃이 핍니다. 그러나 우리는 강사이기에 주어진 시간에 효율적으로 수업을 해야 합니다. 교실 수업은 짧으면 40분, 길어야 50분입니다. 주어진 시간 안에 책의 감동과 지식을 전하고 독후활동까지 해야 합니다. 아이들을 집중시키지 못하고 어영부영하다가는 시간이 부족합니다.

목소리가 다소 작은 편이라면 시끄러운 아이들을 통제하기가 더 어렵습니다. 한 교실에는 적게는 10명, 많게는 20명 정도의 아이들이 있습니다. 한꺼번에 말을 하면 강사 하나의 목소리로는 소란스러움을 잠재우기 쉽지 않지요. 목이 많이 약하신 강사라면 휴대용 마이크를 추천드립니다. 시중에 높은 출력의 성능 좋은 마이크들이 많습니다. 마이크를 착용하고 스피커 볼륨을 조정하는 모습을 보이는 것만으로 아이들은 "아! 수업이 시작되었구나" 알기도 하지요.

초등학교 저학년이라면 손유희를 활용해 보세요. 손유희를 하자고 하면 "에이 그런 건 유치원 때나 하는 거예요" 하며 부정적인 반응을 보이는 아이가 있습니다. 그때 강사는 "손을 많이 쓰면 머리가 좋아지는 효과가 있단다" 하며 장점을 말해 주세요. 머리가 좋아지는 걸 싫어하는 아이는 없거든요.

1) 호빵찐빵

    호빵을 사러 슈퍼에 갔더니 호빵은 없고 찐빵만 있네 X 2

    호빵찐빵 호빵찐빵 호빵찐빵 호호호
2) 햄버거 아저씨

    햄버거 아저씨 햄버거 주세요. 10개만 골라주세요.

    작은 거 말고 큰 걸로 주세요. 케첩도 뿌려주세요. 찌익!
3) 보글보글 지글지글

    보글보글 짝짝 지글지글 짝짝 보글 짝 지글 짝 보글지글 짝짝

교실에서 해보았을 때 반응이 좋았던 손유희입니다. 요즘 코믹하고 신박한 손유희가 동영상으로 많이 나와 있으니 찾아서 수업 전 짧게 활용해 보세요.

수업 전 아이들과 단어 약속을 해보아도 좋습니다. 예를 들어 '얼음!'입니다. 강사가 "얼음"을 외치면 아이들은 멈춤 동작을 하기로 약속합니다. 전래놀이로 알려진 얼음땡을 활용한 것입니다. "얼음"은 꼭 소란스러울 때만 사용하지 않습니다. 표정 놀이할 때도 이용하고 몸짓으로 무언가를 표현할 때도 이용합니다. 그래서 "얼음"은 떠들 때만

쓰는 부정적 단어가 아니라 집중도 놀이처럼 하게 만드는 마법의 단어입니다.

퀴즈도 아주 좋은 집중 도구입니다. 읽기 전에는 책을 유추하는 퀴즈를, 읽고 난 후에는 책의 내용을 복기하는 퀴즈를 풀어보는 것도 좋습니다. 다만 학습에 치중하는 것은 추천하지 않습니다. 중요한 것은, 틀려도 기분 좋을 만한 퀴즈를 내는 것입니다. 한 예로 여름에 음식과 냉장고에 관한 그림책을 읽고 음식 위생에 대해 알아보는 수업을 한 적이 있었습니다. 그때의 퀴즈는 이런 형식이었습니다.

Q1　다음 음식 중 가장 빨리 상하는 음식은 무엇일까요?

1) 두부　　　　　2) 초콜릿　　　　　3) 마늘　　　　　4) 아이스크림

정답은 두부입니다. 많이 헷갈리지만, 친숙한 식품이 나와 재미있게 풀었습니다.

Q2　상한 음식을 먹었을 때 할 수 있는 행동은?

1) 엄마에게 말하면 혼나니까 가만히 있는다.
2) 나만 먹으면 억울하니 몰래 냉장고 안에 도로 넣어둔다.
3) 손과 발을 깨끗하게 씻는다.
4) 미지근한 물이나 이온 음료를 마시고 부모님께 알린다.

정답은 4번이겠지요. 일부러 1번을 고르는 친구들이 있긴 하지만 그림책의 도입으로 아주 좋은 활동이었습니다.

유난히 집중하지 못하는 날이 있습니다. 아이들이 지시에 따르지 않고 산만할 땐 단호하게 말해 주시고 제한을 두셔야 합니다. 이렇게 계속 소란스럽다면 오늘은 재미있는 만들기를 하지 못할 것이라고 말하고 진짜 그렇게 하시는 겁니다. 소란스럽고 계속 집중하지 못한다면 만들기는 그날 하지 않는 것이죠. 다음 주에 눈치가 빠른 아이들이 다른 아이들에게 이렇게 이야기할 것입니다.

"애들아. 우리 오늘은 집중하자! 만들기 해야지."

이 책의 자료에는 많은 발문이 있습니다. 강사는 질문을 통해 아이들의 이야기를 끌어 냅니다. 책놀이의 매체는 그림책입니다. 글만 있는 책에 비해 그림책은 강력한 발문 도구가 하나 더 있는 셈이지요. 그림책의 "그림"은 아이들의 이야기를 끌어내기 아주 좋은 도구입니다. 그림책에 있는 글을 읽어준 후 책장을 바로 넘기지 말고 아이들에게 그림을 볼 시간을 주세요. 아이들은 그림 속에서 어른들이 발견하지 못한 것을 찾아내는 능력이 탁월합니다.

강사가 의도한 그림을 찾아내면 맥락 있게 질문을 이어 나가봅니다. 때론 강사가 의도하지 않고 심지어 보지도 못했던 그림을 찾아내는 아이들이 있습니다. 강사의 칭찬과 환호성이 필요한 순간이지요. 중요한 그림일 때가 많거든요. 그 그림이 왜 눈에 띄는지 작가는 왜 이런 그림을 그려 넣었는지 생각을 물어보면 기발한 대답이 쏟아져 나옵니다.

그림책에서 가장 많이 다뤄지는 주제는 "성장"입니다. 작은 존재가 용기 있는 선택을 하고 실수하고 실패도 하면서 결국 더 성숙하고 성장하지요. 작은 존재는 어린이와 매우 비슷합니다. 아이들은 그림책을 읽으며 주인공의 성장을 응원하며 함께 자라납니다. 여기서 어떤 이야기를 끌어낼 수 있을까요? 바로 아이들의 경험입니다. 주인공의 우여곡절은 아이들의 현실과 비슷합니다. 주인공이 겪은 일에 자기 경험을 빗대어보는 활동은 공감대를 키울 수 있습니다. 또한, 겪었던 일은 누구나 자신 있게 말할 수 있습니다. 말을 잘하는 아이도 소극적인 아이도 겪은 일을 물어보면 짧게라도 대답합니다. 강사의 어린 시절 이야기도 덧붙이면 더 풍성해집니다. 우리도 어린 시절을 지나왔으니까요. 그땐, 실수하고 실패하고 야단도 맞았습니다. 강사의 미숙했던 어린 시절 이야기는 아이들의 관심과 공감을 불러일으키기에 좋은 소재입니다.

이야기를 잘 끌어내기 위해 잊지 말아야 하는 것이 있습니다. 바로 어렵지 않게 질문하는 것입니다. 정답을 맞추기 위함이 아닌 열린 질문을 많이 준비해주세요. 아이들이 겪은 다양한 경험과 느낌을 나누고, 아이들이 주도적으로 수업 분위기를 만들어갈 수 있게 해주세요. 서로의 이야기를 주고받는 과정에서 존중과 배려를 자연스럽게 알아갈 수 있을 것입니다.

6) 교실에서 맞는 당황스러운 순간

초등돌봄교육 독서수업 강사가 되어 처음 학교에 갔던 그날이 생생합니다. 사실 아이들보다 제가 더 긴장했을 겁니다. 어떻게 하면 재미있어 할까? 그림책을 들여다보고 또 보았습니다. 학교로 들어선 순간 심장이 콩닥거리던 느낌이 아직 생생합니다. 그러나 설렘은 몇 주 안 되어 산산조각나고 말았습니다. 나름은 도서관 베테랑 강사라고 자부했는데 학교에서의 수업은 쉽지 않았거든요. 20명이 넘는 아이들을 혼자 통솔하고 수업을 진행하고 독후활동을 일일이 도와주는 일은 결코 만만한 일이 아니었답니다.

중간에 불쑥불쑥 일어나는 아이, 강사가 책을 읽는데 옆 친구와 떠드는 아이, 손을 들었는데 자기를 시켜 주지 않았다고 화내는 아이 등등. 같은 기질의 아이는 세상에 없다고 하더니 그 말을 학교 교실에서 깨달았던 것이지요. 특히 말을 듣지 않는 아이를 대하는 것은 무척 힘든 일입니다. 별의별 방법을 다 써보지요. 단호하게 말하기도 하고 무시해 보기도 하고 초콜릿, 사탕 등으로 유혹해 보기도 했답니다. 나중에는 엄하게도 대해 보았습니다. 그러나 그 방법들은 일시적 효과는 있으나 장기적으로는 아니었지요.

그래서 저는 '특별한!' 아이를 만나면 좀 더 생각하고 고민합니다. 어쨌건 그 아이와 잘 지내보기 위해 노력하지요. 저는 성인이고 아이보다는 이해심과 지혜가 많으니까요. 이 부분은 저와 같은 경험이 있거나 앞으로 경험할 분들께 도움을 드리기 위해서 썼습니다. 내일 '특별한' 친구를 만날 일에 긴장하며 스트레스를 받고 계신 분들도 계시니까요.

칼로 찔러 죽여버릴 거예요

그림책에서 안타고니스트, 소위 요즘 아이들이 말하는 빌런이 나올 때가 있습니다. 혹은 주인공을 약간 불편하게 하는 조연들이 나오는 경우도 있지요. 그럴 때마다 큰 소리로 이렇게 외치는 아이가 있었답니다.

"그러면 내가 칼로 쳐서 반으로 갈라서 죽여야지!"
"칼로 베어서 지옥 보낼 거야!"

말만 그렇게 하는 것이 아닙니다. 별안간 자리에서 벌떡 일어나 팔을 휘두르며 무언가를 베는 흉내를 냅니다. 저는 참 당황스러웠습니다. 이 친구는 제가 초보 강사 시절에 만난 아이입니다. 저도 서툴렀지요. 처음에는 당황스러워 못 들은 척했답니다. 그러나 시간이 지날수록, 제가 못 들은 척할수록 더 큰 소리로 그런 무지막지한 이야기를 합니다. 안 되겠다 싶어 엄하게 야단쳤습니다. 그래도 그때뿐이었습니다. 학기 후반이 되자 아이의 언어가 더 구체적이 되었습니다. 칼로 찔러, 칼로 베어…. 그 다음 이야기는 너무 잔인해서 표현하진 못하겠네요. 오히려 제가 무덤덤해졌습니다. 그냥 칼 얘기만 나오면 또 시작하겠거니 했지요. 그런데 얘기를 무덤덤하게 듣다 보니 별안간 궁금해지더라고요. 왜 이 아이는 꼭 칼 얘기를 할까? 대체 그건 무슨 칼일까? 수업 끝나고 그 아이에게 다가갔습니다.

"OO야. 선생님이 진짜 궁금해서 그러는데 네가 수업 시간마다 말하는 그 칼은 어떤 칼이야? 어떻게 생긴 건데?"
"선생님! 그 칼은요. 엄청 길어요 약간 휘어있는 모양이고요. 악당을 한방에 벨 수 있는 칼이에요."
"아! 그렇구나. 그러면 그 칼을 가진 사람은 누군데? 뭐하는 사람이야?"
"바람의 검심에 나오는 엄청 멋진 사람이에요 마을에 아주 나쁜 살인자가 나타나 사람들을 괴롭히면 그 전사가 다 처리해 줘요. 머리는 길고요! 얼굴도 엄청 멋있어요!"
"아! 그래서 OO한테 칼은 엄청 멋있는 거구나? 정의로운 거였구나? 응?"

갑자기 아이의 눈이 반짝합니다!

"네! 저는 그 사람처럼 나쁜 놈들을 다 잡는 경찰이 되고 싶어요!"

저는 그제야 아이의 언어를 이해했습니다. 그에게 있어 칼은 정의로움을 표현하는 것이었고 자기 나름으로는 정의의 극단을 말하고 싶었던 것이지요. 그림책에 나오는 나쁜 사람을 자기가 막으려고 했던 것입니다.

"와! 경찰! 멋있다. OO는 멋진 경찰이 될 수 있을 것 같아. 근데 OO야! 경찰은 사람이 잘못했다고 해서 다 죽이진 않아. 법의 이름으로 심판하지."
"네. 맞아요!"
"OO는 멋진 경찰이 되어야 하니까. 이제부터 우리 연습하자. 칼로 찔러 죽인다고 하지 말고 '법의 심판을 받아야지'라고 말을 바꾸면 어떨까?"
"네! 알겠습니다."

그 후로 아이는 저의 든든한 조수가 되었습니다. 아이들이 떠들면 의젓한 모습으로 조용히 시키고 독후 활동에 옆 친구가 도움이 필요하면 성실하게 도와주고 제가 간식을 아이에게 주면 공평하게 나누어 주는 역할을 하였습니다. 칼 대신 진짜 멋짐으로 경찰관이 될 준비를 했었죠. 그 친구는 지금 고학년이 되었고 동생을 데리러 올 때마다 저에게 굵은 목소리로 인사합니다. 강렬했지만 서툴렀던 저에게 많은 깨달음을 준 친구입니다.

〰️ 남자가 싫어요

아이러니하게도 남자가 싫다던 아이는 남자입니다. 느린 기질의 아이였지요. 잘 삐지고 울고 꼬집었습니다. 꼭 여자아이처럼 애교를 부리기도 했습니다. 요즘같이 성평등을 외치는 사회에선 남자아이가 핑크색 좋아하는 건 문제가 되지 않습니다. 여자아이들이 좋아하는 캐릭터를 남자아이가 좋아하는 것이 무슨 문제겠습니까?

그런데 이 아이는 남자가 싫어서 여자가 되고 싶다고 입버릇처럼 말했습니다. 한번은 문구점에서 파는 공주 왕관과 귀걸이까지 하고 자리에 앉아있어 매우 당황스러웠지요. 친구들은 놀려댔고 이 아이는 눈을 흘기고 짜증을 내고 울었습니다. 조용할 날이 없었지요. 자신의 확고한 취향을 이야기하면 남자아이들은 구역질하는 시늉을 하며 놀리고 여자아이들도 가까이하지 않으려 하니 아이가 참 외로워 보였습니다.

시간이 지나 이 아이가 한 부모 가족의 아이라는 것을 알게 되었습니다. 가족에 관한 책을 수업하는 날, 이 아이는 자기 가족을 저에게 소개했습니다.

"선생님 우리 집에는 엄마, 할머니, 이모 이렇게 살아요."

그 말은 가족 중 남자는 유일하게 아이 한 명이란 뜻이지요. 느린 기질의 아이지만 가족 중 자신만 남자라는 것을 알고 있는 듯했습니다. 가족이 다 여자라서 더 여자가 되고 싶었는지도 모르죠.

"선생님 근데요, 엄마가 애인이랑 결혼해 동생을 낳으면 어떡하죠?"
"왜? OO는 동생 생기는 게 싫어?"
"동생도 여자면 어떡해요?"

아이의 불안함을 느낄 수 있는 대목이었습니다. 그 뒤로 다른 아이들이 핑크를 좋아한다고 여자처럼 행동한다고 놀릴 때마다 제가 나섰습니다. 좋아하는 색깔은 사람마다 다르고 '여자처럼', '남자처럼'이란 말은 편견이라고요.

아이도 성장하며 왕관과 귀걸이를 하는 일은 그만두었습니다. 그러나 여전히 산리오 캐릭터를 좋아하지요. 이제는 눈을 흘기며 울지도 않습니다. "야! 너 그러지 마!" 하고 자신을 보호할 줄도 알지요.

만약 진짜 아이에게 동생이 생긴다면 남동생이면 참 좋겠다고 생각합니다.

한시도 가만 있지 않는 아이

제가 무슨 질문만 하면 "똥이요!"라고 대답하는 아이가 있습니다. 얼마나 까불거리는 지 엉덩이가 항상 들썩들썩합니다. 자리에 앉아 있으라고 해도 배를 책상에 깔고 엉덩이를 번쩍 든 채 틈만 나면 일어서서 펄쩍펄쩍 뜁니다. 발표는 어찌나 하고 싶어 하는지, 간절한 목소리에 못 이겨 발표를 시키면 어김없이 이렇게 말합니다.

"음…똥이요!"
"와하하하하하하하하하!"

그 뒤로는 다른 친구들의 대답도 다 똥이 됩니다. 똥을 넘어 똥맛, 방귀맛, 똥냄새로 대답이 물결을 칩니다. 잠깐 웃어넘기기는 좋지만 계속 이런 분위기로 가면 곤란합니다. 그래서 때론 아이가 간절하게 손들어도 시켜 주지 않을 때가 많습니다. 걸핏하면 책상 밑에 들어가고 발표한다고 손을 들고 내 코앞까지 오고 이 아이에게 진지함이란 존재하지 않는 것 같습니다. 독후활동 시간이 되면 재빠른 토끼처럼 "재미없어요!"를 외치는 귀여운 방해꾼입니다. 진득하게 앉아서 하는 활동은 3분 만에 대충 끝내고 "이제 뭐 해요? 이제 뭐 해요?" 앵무새처럼 물어봅니다. 계속되는 질문에 귀가 따갑습니다. 저도 모르게 "OO야! 가만히 앉아있어. 기다려!"라고 얻하게 지시하게 됩니다.

진지함이란 1도 찾아볼 수 없는 아이에 대한 편견이 깨진 건 푸드아트 독후활동을 하면서입니다. 마시멜로에 공예 철사로 팔다리를 만들고 얼굴 표정까지 만들어 보는 활동이었죠. 달콤한 냄새를 참지 못하고 마시멜로를 먹어 버릴 줄 알고 먼저 제안했습니다.

"하나를 만들면 너희들이 먹을 마시멜로를 1개씩 더 줄게"라고 말했더니 웬일로 진득하게 앉아서 진지하게 마시멜로 사람을 만드는 것이었습니다. 빨간 철사로 머리 위 하트까지 만든 아이는 곧 마시멜로를 하나 더 달라고 했습니다.

"선생님 더 만들고 싶은데 하나 더 주시면 안 돼요?"

혼쾌히 마시멜로를 주었더니 사람 2명을 만들었습니다. 엄마와 아빠래요. 지금 느껴지는 감정은 사랑, 뽀뽀라고 합니다. 칼, 총, 창을 만드는 다른 남자아이들과 달리 애정이 넘치는 결과물을 만든 아이는 그제야 자기가 먹을 마시멜로를 달라고 합니다. 자기가 만든 엄마와 아빠에게 뽀뽀하고 엄마 아빠도 뽀뽀를 시킵니다. 그러고는 우물우물 마시멜로를 먹고 말합니다.

"선생님! 저 축구 갈 시간이에요!"

그 외에도 기억에 남는 아이들이 참 많습니다. 버럭버럭 소리를 지르고 남자애들을 막 쫓아다니며 때리던 여자아이는 그림을 참 잘 그렸습니다. 수업 시간 목소리를 한 번도 들어 본 적 없는 아이도 있습니다. 어느 날 발표하겠다고 수줍게 손을 들었는데 목소리가 너무 작아 제가 미처 못 알아들은 날은 어찌나 미안했던지요. 그런데 그 아이는 만들기를 참 잘했습니다. 꼼꼼한 아이였어요.

미래의 꿈이 웹툰 작가라는 1학년 여자아이도 있습니다. 상상의 이야기를 쏟아내는데 제가 받아 적고 싶어질 정도였습니다. 엄마 이야기만 하면 고개를 숙이고 같이 안 살고 있다고 이야기하는 아이도 있습니다. 그런 아이들이 고개를 숙이는 날엔 하루 종일 가슴 한편이 아립니다.

특별한 아이에겐 세밀한 관심이 더 필요합니다. 때론 그 아이를 위한 그림책을 조심스럽게 선정하는 날도 있습니다. 아이가 그림책에 반응하고 조금씩 마음을 열 때 저도 함께 기쁩니다. 특별한 아이를 통해 강사도 특별하게 성장하는 것 같습니다.

7) 독서 강사로 사는 법

그림책이라는 장르가 인기를 얻고 각광받으면서 "그림책 활동가"와 "그림책 강사"라는 직업도 생겼습니다. 가르치는 방법은 세분화되었고 그림책을 다루는 많은 기관과 단체들도 있습니다. 그야말로 "그림책 전성시대"입니다. 그러다 보니 자연스레 비교도 됩니다. 이미 경험이 많은 강사들이 좋은 강의처를 선점하고 있습니다. 내 자리는 어디에도 없어 보입니다. SNS가 활발하니 그림책 강사의 화려한 강의 실력을 어렵지 않게 볼 수 있습니다. "나도 저렇게 활동할 수 있을까?" 의구심이 들며 주눅이 들기도 하지요.

시간제로 일을 하니 수입도 들쑥날쑥하고 일하는 날도 일정하지 않습니다. 사정이 이렇다 보니 야심 차게 시작한 그림책 강사들이 1년을 채우지 못하는 경우가 참 많습니다. 그러나 1년, 2년 경력이 쌓이면 분명히 달라집니다. 대부분 강사의 첫 1년은 별 소득이 없습니다. 그 기간은 강사 생활의 마중물입니다. 좋은 그림책을 많이 보시고 공부도 하시고 작가 강연이나 출판사 강의도 들어 보세요. 그림책에 대한 데이터도 쌓이고 내 나름의 주제별 큐레이션도 생겨납니다. 책을 가까이하는 습관은 책놀이 강사에게 필수입니다.

독서를 즐기세요

독서를 즐기지 못하면 그림책 강사를 할 수 없습니다. 가끔 긴 책은 못 읽겠다며 그림책 수업만 하고 싶다고 말씀하시는 분들이 있습니다. 강사도 전문 분야가 있기에 '그림책 전문 강사'가 되는 것은 매우 반가운 일입니다. 그러나 글이 적다는 이유로 그림책 강사를 원하신다면 다시 한번 그림책을 천천히 보아주시길 바랍니다. 그림책을 촘촘히 읽고 토론하는 수업을 들어 보셔도 좋습니다. 다른 책들 못지않게 그림책도 결코 쉬운 책이 아닙니다. 오히려 긴 내용을 함축적으로 담아낸 축약본이지요. 작가들은 자신 안에 있는 복잡한 얘기를 간결히 담아내려 고심합니다. 그림을 통해 전하고자 하는 이야기도 있지요. 그림책을 읽으면 여운이 남는 것도 그 이유입니다.

강사는 그림책을 읽고 다양한 관점을 제시합니다. 강사가 답을 주는 것은 아니지만 아이들이 다방면으로 열린 생각을 할 수 있도록 유도하는 질문을 고민해야 합니다. 그런데 강사의 어휘와 문장력이 부족하다면 제시하는 방법이 제한적입니다.

독서로 채울 수 있는 부분이 어휘력과 문장이니 아이들보다는 몇 배로 책을 많이 읽어야 합니다.

수업이 원하는 방향으로 진행되지 않는다고 실망하지 마세요

강의하다 보면 여러 가지 딜레마에 빠집니다. 어떤 날은 아이들이 소란스러워 수업이 제대로 되지 않는 날이 있습니다. 독후 활동을 하기 싫다고 버틸 때도 있지요. 그럴 땐 힘이 쭉 빠집니다. 그러나 긍정적으로 생각하세요. 아이들은 각자의 크기만큼 받아들이고 있습니다. 3월과 12월의 아이들은 완연히 다른 모습을 보이거든요. 아주 쉬운 그림책도 보기 힘들어했던 아이들이 학기 말이 되면 조금 긴 내용을 가져와도 뚝딱 읽어냅니다. 그런 모습을 볼 때 내가 준비했던 수업이 아이들의 책읽기에 도움이 되었구나 생각하게 됩니다.

방과후 혹은 돌봄 교실에 오는 아이들은 부모님이 맞벌이하는 경우가 대부분입니다. 집으로 바로 가지 못하는 아이들이지요. 방학에 학교에 나오는 친구들이 입에 달고 사는 말이 있습니다. "아! 집 가고 싶다"입니다.

책놀이 강사는 바쁜 부모님을 대신해 아이들에게 책을 읽어주는 존재라고 생각합니다. 그래서 좀 더 허용적인 마음으로 아이들을 대해주세요. 포용하는 태도는 아이들 마음의 문을 엽니다. 책은 열린 마음 속으로 들어갑니다. 칭찬하며 자주 웃는 공간에서 자란 아이들의 마음은 행복한 성장의 밑거름이 됩니다.

놀이는 아이들의 본능입니다

아이들에게는 움직이는 모든 곳이 놀이터가 됩니다. 오늘 있었던 일을 얘기해 보라고 하면 어김없이 등장하는 장소가 놀이터입니다. 가장 기억에 남는 장소를 물어보면 워터파크나 놀이동산 이야기가 나옵니다. 물론 가보고 싶은 곳도 단연코 놀이하는 곳과 연결됩니다. 게임도, 친구도, 놀이의 범주 안에 있습니다. 교실에서도 아이들은 다양한 놀이를 발견합니다. 휴지통에 휴지 넣기 게임. 딱지치기, 공기놀이, 빙고 게임, 끝말잇기 등 아이들에게 놀이는 빠질 수 없는 유희가 되지요. 독서수업 교실에서도 강사가 도착할 때까지 이 놀이는 이어집니다.

독일의 시인이자 철학자인 프리드리히 니체는 '성숙이란 어릴 때 놀이에 열중하던 진지함을 다시 발견하는 데 있다'라는 말을 남겼습니다. 놀이와 진지함은 얼핏 어울리지 않는 단어처럼 보이지만, 아이들은 이 과정에서 다양한 것을 발견합니다. 놀이에서의 규칙 준수, 서로를 향한 배려, 놀이에서 이기는 방법을 생각하고 상대편의 전략을 분석하기도 하지요. 한 가지를 집중해서 했던 아이들은 다른 일에서도 집중도가 높은 편입니다. 어른들의 세계에서 놀이는 무엇인가를 이루기 위한 수단이나 열심히 일한 나에게 주는 보상이지만, 아이들에게 놀이는 지금 이 시간을 잘 보내기 위한 목적이 됩니다. 초등돌봄교육 강사는 아이들의 놀이를 성장의 과정과 경험으로 이해해 주어야 합니다. 저학년 독서수업이 책을 분석하며 읽기보다는 책을 잘 향유하는 책놀이로 활성화되는 것은 이런 이해를 바탕으로 하고 있기 때문입니다.

스트레스를 즐기세요

"강사님은 스트레스 안 받으세요?" 주위 선생님들께 정말 많이 듣는 이야기입니다. 그럴 리가요. 수업을 준비하면서, 진행하면서, 수업을 마친 뒤의 과정에는 어느 정도의 스트레스가 있습니다. '준비한 수업이 나의 계획대로 잘 될까?', '아이들이 오늘 안 오면 어떻게 하지?', '강사는 내 적성이 아닌 게 아닐까?' 하는 고민이 수업마다 머릿속을 둥둥 떠다니지요. 하지만, 생각해 보면 스트레스가 없는 일은 없습니다. 하물며 아이들과 함께하는 수업인데 고민하고 생각하고 준비하는 게 맞지요. 불편한 스트레스는 마음을 불안하게 하여 안 좋은 영향을 끼치지만, 건강한 스트레스는 좋은 자극제가 되어 동기부여의 바탕이 되기로 합니다. 수업을 준비하면서, 책을 읽으면서, 수업 현장을 오가는 과정에서 스트레스는 그림자처럼 따라다닙니다. 하지만 이 과정을 넘어서면 얼마나 뿌듯할지 성취감을 기대해 보세요. 어느덧 스트레스는 입에 쓰지만 몸에 좋은 약이 되어 나의 강사 경력과 수업 역량을 높여주는 좋은 기폭제가 될 것입니다.

좋은 강의를 많이 들으세요

아이들에게도 인기 많고, 수업의 질도 높고, 인정받는 만큼 경제적인 이득도 따라온다면 얼마나 기쁠까요? 하지만 실상 독서강사의 현실은 왁자지껄한 아이들 틈에서 버벅

대다 준비한 거 다 못 하고, 노력에 비해 박한 강사료를 받는 허울뿐인 선생님일지도 모릅니다. 이 사실을 인지하고 난 뒤, 다른 모습을 보여주신 두 분의 강사를 만났습니다. 초등돌봄교육에서의 수업시간 40분을 대충 때우는 강사와 강의의 질을 높이기 위해 더 많이 공부하고 마치 1시간처럼 알차게 강의를 준비한 강사입니다. 이 두 분의 시작은 같았지만 1년 뒤도 그랬을까요?

좋은 강사는 좋은 강의를 합니다. 저는 처음 강의를 준비할 때 수업 자료 못지않게, 분석과 청강도 많이 했습니다. 강의 주제의 시대적 흐름을 보기 위해 여러 도서관 홈페이지에 들어가서 강좌들을 살펴보았고, 강의 방법과 노하우를 익히기 위해 비슷한 독서수업의 강의를 찾아서 들었습니다. 일타 강사들의 강의에서는 중요한 키워드와 핵심 주제 전달을 어떻게 하는지 공부했습니다. 발성이 중요하다고 생각했거든요. 저는 강사들이 좋은 강의를 많이 듣고, 나에게 맞는 강의 스타일을 찾는 과정이 필요하다고 생각합니다. 좋은 강의를 많이 들으세요. 나에게 어울리는 강의를 찾아 나만의 고유한 색깔을 만들어 보는 것도 좋습니다. 좋은 강의는 잘 전달되어야 그 가치가 빛을 발하니까요.

이 수업은 내가 제일 잘해요

수업을 하면서 만나는 분들 중에는 내향적인 강사님들이 정말 많습니다. 말도 많지 않으시고, 수줍게 미소 지으시지만, 수업을 하실 때면 목소리도 한 옥타브 올라가고 성량도 커집니다. 저는 그 모습을 자신감으로 보았습니다. 객관적으로 보았을 때, 내 강의가 완벽하다고 생각하는 강사가 있을까요? 아마 부족한 부분은 자기 눈에 제일 잘 보일 겁니다. 저는 강사에게 프로답게 강의하시라고 말합니다. 강의 경력이 짧아도, 전공자가 아니어도, 다른 책은 잘 몰라도 말입니다. 적어도 이 수업은 '나의 수업'입니다. 내가 기획하고, 내가 진행하는 나의 수업이지요. 그렇다면 이 수업을 '나'만큼 잘하는 사람은 없어요. 그래서 이 수업은 내가 전문가입니다. 그 타이틀에 걸맞게, 어디 내놔도 부끄럽지 않게 '프로답게' 수업하시기를 바랍니다. 더불어 이 책이 제공하는 자료들을 잘 활용해 주세요. 이 책에 강사님의 지혜를 더해서 전문가다운 강의를 만들어주신다면 열심히 준비한 저희도 더할 나위 없이 기쁠 것입니다.

저자 소개

신영지

문학박사를 취득하고 독서심리상담사, 다문화교육전문가, 동화작가로 활동하고 있으며, 현재는 성균관대학교, 홍익대학교, 배재대학교에서 초빙교수로 학생들을 가르치고 있습니다. 대학과 대학원에서 문학 이론과 독서 지도 이론을 강의하며 문학으로 세상을 보는 법과 책을 잘 읽는 방법을 알리는 일에 힘쓰고 있습니다. 최근에는 대학원에서 독서이론을 강의하며 어린이 독서 전문가들을 양성하는 일에 보람을 갖고 있습니다. 저서로는 『정주영에게 배우는 신념』, 『삶의 질문에 답하다, 책』, 『숲속의 아기 동물들』, 『생각과 표현』 등이 있습니다.

김윤아

국문학을 전공하고, 독서교육지도자협회 이사를 맡고 있습니다. 내러티브상담사, 독서심리상담사, 작가로 활동 중이며, 현재는 도서관 강좌와 온라인 수업, 초등 학부모 독서 연수에서 강의하고 있습니다. <어린이독서교육지도사>, <독서토론마스터> 자격증 과정 강사입니다. 도서관과 학교를 비롯한 다양한 곳에서 책을 좋아하는 사람들을 만납니다. 책 속의 세계와 마음의 이야기에 귀 기울이며 서로가 함께 만들어가는 수업을 꿈꾸고 있습니다. 어린 책 친구들에게 독서가 주는 기쁨을 선물하고 싶습니다. 저서로는 『지속가능발전-그림책을 만나다』(공저), 『삶의 질문에 답하다, 책』(공저) 등이 있습니다.

곽혜린

문학사와 예술치료학사를 취득하였습니다. 동화작가, 스토리작가, 독서교육전문가, 연극놀이전문지도사로 활동 중이며 현재는 도서관과 학교, 마을학교 등에서 독서 및 놀이 강사로 활동하고 있습니다. 눈으로 읽는 책을 체현하는 책으로 표현하는 수업을 늘 연구합니다. 아이들의 개성을 드러내고 예술적인 표현을 할 수 있게 지도합니다. 동화작가로 2025년 KB 창작동화 최우수상, 2025년 정채봉 문학상을 수상하였습니다.

조아라

아동복지학을 전공하였고, 어린이집 교사, 독서논술지도사, 이천도서관 초등그림책 강사, 영유아 오감놀이 강사, 평생교육 그림책 강사로 활동하였으며, 현재는 초등학교 초등돌봄교육 강사로 활동하고 있습니다. 그림책으로 두 아이와 함께 성장하고 있는 엄마 강사입니다. 마음을 따뜻하게 어루만져 주는 그림책의 감동을 많은 아이들과 나누고자 일을 시작했고 지금은 초등학교 방과후 교실과 도서관에서 그림책 공예, 오감놀이, 과학놀이, 신체놀이 활동으로 연계 확장하는 책놀이 수업을 진행하고 있습니다.

김인자

아동보육을 전공하였고, 어린이집 교사, 초등책놀이 강사, 초등공예 강사로 활동하였으며, 현재는 초등돌봄교육 수업을 진행하고 있습니다.

어린이집에서 오랜 기간 재직한 경험을 살려 누리과정과 연계된 초등교육 현장에서 아이들을 만나고 있습니다. 공예를 접목한 책놀이 수업과 독서수업을 진행 중이며, 초등돌봄교육을 통해 더 많은 아이들에게 책의 매력을 알리는 일에 보람을 느끼고 있습니다.

초판 1쇄	2026년 3월 18일
지은이	신영지 김윤아 곽혜린 조아라 김인자
펴낸이	설응도
편집주간	안은주
마케팅	양경희
디자인	㈜예문
펴낸곳	라의눈
출판등록	2014년 1월 13일(제2019-000228호)
주소	서울시 강남구 테헤란로78길 14-12, 4층
전화	02-466-1283
팩스	02-466-1301

문의(e-mail)

편집	editor@eyeofra.co.kr
영업마케팅	marketing@eyeofra.co.kr
경영지원	management@eyeofra.co.kr

ISBN : 979-11-94835-24-0 03370